全民健身与全民健康深度融合研究

姚　智◎著

中国纺织出版社有限公司

图书在版编目（CIP）数据

全民健身与全民健康深度融合研究 / 姚智著 .--北京：中国纺织出版社有限公司，2022.6

ISBN 978-7-5180-9196-6

Ⅰ. ①全…　Ⅱ. ①姚…　Ⅲ. ①全民健身—关系—健康—研究—中国　Ⅳ. ①G812.4

中国版本图书馆CIP数据核字（2021）第257691号

责任编辑：邢雅鑫　　责任校对：高　涵　　责任印制：储志伟

中国纺织出版社有限公司出版发行
地址：北京市朝阳区百子湾东里A407号楼　邮政编码：100124
销售电话：010—67004422　传真：010—87155801
http://www.c-textilep.com
中国纺织出版社天猫旗舰店
官方微博http://weibo.com/2119887771
三河市延风印装有限公司印刷　各地新华书店经销
2022年6月第1版第1次印刷
开本：710×1000　1 / 16　印张：17.5
字数：300千字　定价：88.00元

前言

| PREFACE |

对于现代社会而言,“全民健身”不仅仅是一个词语,它已经成为社会主义建设的一项事业和广大人民的体育实践,是20世纪末期体育的热点和独具特色的社会现象。人们所使用的“全民健身”的含义,已经不仅仅是全国人民来健身的字面意义了,而是“全民健身计划”“全民健身战略”“全民健身工作”等的代名词。从这个角度讲,笔者认为:全民健身是一项由体育行政部门主导的、覆盖全体公民的大型社会民生工程,它以贯彻和落实国家全民健身相关政策法规为主要工作内容,通过构建满足群众需求的全民健身公共服务体系,引导大众科学地参与运动,以形成积极健康的生活方式,最终达到改善和提高健康水平的目的。

2016年8月,在全国卫生与健康大会上,习近平总书记提出:“要倡导健康文明的生活方式,树立大卫生、大健康的观念,把以治病为中心转变为以人民健康为中心,建立、健全健康教育体系,提升全民健康素养,推动全民健身和全民健康深度融合。”在党的十九大召开之后,“全民健身”问题引起人们的高度重视,人们对“健康”问题也越来越重视。如何推进全民健身和全民健康深度融合,成为亟待解决的重要现实问题。

全民健身与全民健康深度融合的本质是探索一条运动促进健康之路,最终目的是解决我国面临的健康问题,促进健康中国战略的实施。全民健身与全民健康深度融合的路径选择要综合考虑历史、现实和国际经验等各方面的因素,在具体路径的选择上要理念先行,解决全民健身与全民健康深度融合的认识障碍;以全面深化改革为动力,破除制约全民健身与全民健康深度融合的体制机制障碍;共建、共享全民健身公共服务体系,实现全民健身公共服务的精准化供给;建立有利于维护和促进全民健身与全民健康深度融合的政策法规;实施系列工程,使全民健身与全民健康深度融合落到实处。

全民健身与全民健康由长期的分离状态向深度融合转变,需要构建相应的体制与机制,实现由强制性的制度变迁到诱致性制度变迁的转换。本书通过逻辑分析,对全民健身与全民健康深度融合问题进行更深一步探究,提出将全民健身与全民健康进行科学有效融合的策略,希望可以为“健康中国”的建设提供借鉴。

姚 智

2021年7月

目 录

| CONTENTS |

第一章 全民健身概述

第一节 全民健身的概念与内涵

一、全民健身的概念

(一) 健身的概念

通过研究健身产生与发展的过程后发现，健身这一活动过程在世界上不同国家和地区都有不同的称谓，因此对其内涵的理解自然也就有差异。在古代，无论是东方国家，还是西方国家，人们对健身的认识是较为统一的，即强健体魄、修炼身心。

现阶段，随着社会经济的快速发展，人民的物质生活水平日益提升，并开始追求健康的生活方式，一些人已将健康作为自己的第一需求了。人们关于健身的认识，大多是浅显的，通常认为健身仅仅就是体育锻炼，实际上健身的含义不止如此。“健身”一词是在20世纪90年代出现的，在当时，除了医疗手段外，其他所有为了人体健康而采用的方法与手段都被纳入了健身的范畴。在众多的健身方法与手段中，人们通过体育运动的方式实现健身的目的被称为体育健身，也称“运动健身”。

20世纪90年代之后，我国从其他国家引入了大量与健身相关的文献和资料，从此，人们对健身一词的理解就更加深入了。例如，林建棣在《体育健身指南》中指出，实质上健身的意思就是促使人的身体健全和体质增强。林笑峰先生认为，人类的身体不能任其自然发展，要对其加以建设，这是人类生长与发展的客观需要。健身是对人的身体进行建设或健全的有效手段，通过这个方法可以使人的体质不断增强。健身时，不仅要对四肢进行锻炼，还要对头脑加以锻炼。因为头脑也是人身体的重要组成部分，头脑不健康，身体就难以实现整体的健全。毕春佑在《健身教育教程》中认为，建设和健全人的身体就是健身，实际意思就是说增强人的体质，这和前面的观点是一致的。朱金官在《健身健美手册》中认为，健身指的是通过对一定身体锻炼方式的运用来实现促进体质强健的目的。

不同的学者对健身含义的界定各有侧重，通过分析上述几种观点之后可得出，健身是促进人体健康，提高生活质量的一种行为方式。我们可以对健身的概念作如下界定：健身是指运用各种体育手段，结合自然力和卫生措施，以发展身体、增进健康、增强体质和愉悦身心为目的的身体活动过程。健身包括一系列的行为过程，既有智力行为、机体行为，也有社会行为，这些行为的实施都是为了改善身体健康状况，而不仅仅是从疾病的状态中脱离出来，由此可见，健康是健身的主要目的。[1]

现代健康新观念认为，健康的内涵不仅包含人的身心全面发展，同时还包括人心智方面的全面发展以及个体与社会的协调统一。可是，在现实生活中并不是每个人都清楚地了解"健康"的概念。人们通常将"健康"理解为没有疾病，"要拥有健康只要加强锻炼、合理饮食就可以了"。其实不然，"健康"的含义远不止这样简单。早在1948年世界卫生组织成立之时，其宪章中就明确指出："健康"不仅仅是没有疾病和没有衰弱的表现，更重要的是在生理上、心理上以及社会适应能力方面的一种完美状态。"健康"至少应该包括三个层面的含义：首先是自然性的健康，人首先是一个自然体，人的组织器官以及生理功能良好，这是生物意义上的一种健康状态；其次是文化性的健康，人不仅仅是一种动物，人具有自己的思维，具有非常丰富的内心世界，他不但要去适应自然还要去改造自然，从这个层面上来讲，健康的心态以及健康的行为与规范是文化层面上的健康；最后是社会性的"健康"，个人与社会之间不仅互为需要，同时还是一种互动的关系，健康的活动大多是一种个体的行为，但一定会受到特定社会制度、道德规范以及人际关系等方面的制约，因此健康的心理品质（如良好的认知、意志品质、处事态度、适度的情感及表达方式、高尚的审美情趣、自尊、自信、自爱等）就是社会意义上的健康。换言之，判断与衡量一个人是否健康，一定要从生理、心理以及行为等多方面进行综合分析，不仅要看所判断对象身体上的器质性或功能性异常，还应观察其有没有主观不适感，身上是否具备社会所公认的不健康行为。

综上所述，健身体现了现在我们通常所说的"发展身体""完善人体"

[1] 张虎祥：《体育文化与全民健身》，北京：九州出版社，2018年。

“增强体质”等。人类健全自己的身体,不仅要使身体从弱变强,还要使身体从不完善到健全与完善。所以,“发展身体”“增强体质”“完善人体”等词语都可以用健身一词来标记。这些词语的内涵在健身中都能够体现出来,所以说健身是一个具有综合含义的词汇,既有强健身体的意思,又有健全身心的含义。

(二) 全民健身的概念

全民健身是指全国人民,不分男女老少,全体增强力量、柔韧性,增加耐力,提高协调,控制身体各部分的能力,从而使人民身体强健。全民健身旨在促进国民体质和健康水平的全面提高,全民健身活动的重点对象是儿童和青少年,全民健身要倡导全民每天参加一次以上的体育健身活动,学会两种以上健身方法,每年进行一次体质测定。

我国之所以会产生全民健身的概念,主要有以下两方面的背景原因:一方面是由于世界范围内大众体育发展对我国产生了广泛的影响;另一方面是因为全民健身是建设中国特色社会主义国家的客观需求和必然产物。对这两个方面的分析具体如下:

(1)世界范围内大众体育发展在中国的体现

20世纪40年代后期,大众体育开始在西方国家尤其是发达国家出现,20世纪60年代,西方发达国家的大众体育的发展规模初步形成,在20世纪80年代后大众体育的发展速度不断加快,其在世界上迅猛发展、势不可挡的趋势也开始越来越突出。在这种背景下,各种类型的世界性民间组织、政府组织都对大众体育给予了高度重视,不仅如此,世界上很多国家都以本国的实际发展情况为依据,对一系列的大众体育发展规划进行了科学制定,大众体育在法律层面上又有了新的发展,发展规划的建立确保了大众体育的健康与可持续发展。

随着世界大众体育运动发展势头的日益强劲,许多国家深受其影响,纷纷对本国的大众体育发展规划进行有组织、有计划的制定,并对长期奋斗目标进行了明确,对具体落实计划进行了科学规划。例如,澳大利亚的《生命在于运动计划》和《积极澳大利亚》;加拿大颁布了有关大众体育的《积极生活》;韩国的《小老虎体育健身计划》;德国制定了《家庭体育奖章制》和《黄金计划》等;新西兰的《国家运动计划》;英国的《年代体育战略规划》和《体育:提升娱乐》;比利时的《每家一公里计划》;美国提出了《最佳健康计划》和《健康公民2010》；日本出台了《东京都增进健康计划》《国家体育促进与大众体育建议》和《迈向21世纪体育振兴策略》。这些计划的实施使得体育与健康、卫生、生活方式及质量等之间的关系日益密切，进一步促进了大众体育运动的发展。

随着大众体育的广泛发展，我国也开始认识到了这一趋势与现象。我国是世界人口大国，我国大众体育的发展会对本国乃至世界造成影响。在观察到世界大众体育运动的发展势头后，政府对大众体育在我国的发展进行了认真规划和科学布局，并对专门的法规性文件——《全民健身计划纲要》进行了制定、颁布与实施，并且实践证明这一决定是英明的。从这一点来看，世界大众体育的发展潮流直接影响了我国全民健身活动的开展，实际上，大众体育在我国的发展正是通过全民健身活动体现出来的。

（2）建设中国特色社会主义国家的客观要求

人是我国社会主义现代化建设的根本力量，社会主义事业的发展程度直接受到人力资源质量的影响。因此，在和谐社会的构建过程中，一个至关重要的问题就是人的健康问题。国际社会也普遍认同在建设国家的过程中要将人的问题充分重视起来。人是社会发展的根本，健康又是人发展的根本。我国经济建设和社会发展要求国民要有良好的整体素质。要从整体上提升全民素质的一个很重要的途径就是全民健身，在促进全民体质增强，促进国民健康水平提升的过程中，全民健身发挥的价值与作用将是积极的、巨大的。

中华人民共和国成立后，我国大力发展体育事业，并取得了可喜的成就。具体表现在：全国各地普遍开展群众性体育活动，而且活动内容丰富，活动形式多样；我国的体育物质条件得到了明显的改善；体育活动的参与者大量增加；人民的体质与健康水平日益提高；在促进人民整体素质提高、加强社会主义建设的过程中，体育发挥着日渐显著的作用。

以上这些成就都说明我国社会各界普遍重视与支持全民健身工作。但需要注意的是，我们不仅要看到全民健身工作开展的成就，也要看到在发展中存在的不足。总体来说，我国全民健身工作的现状与我国现阶段社会主义现代化建设的需要还不完全适应，具体表现在以下几方面：①群众普遍还没有较强的体育健身意识，我国还没有特别广泛地开展群众性体育活动；②群众参与体育锻炼的需求得不到满足，现有体育场地设施向社会开放的情况不多见;③我国还没有先进的全民健身工作科学技术和监测管理系统;④我国对相关法规、文件的执行力度还不够;⑤与社会主义市场经济体制相适应的全民健身管理体制和运行机制还未建立,处于摸索阶段。

我国在发展经济与体育的过程中,要通过合理的政策与有效的措施来对以上这些问题逐步解决。1995年,《中华人民共和国成立体育法》和《全民健身计划纲要》的正式颁布与实施,正是我国相关部门经过反复酝酿和多次论证修改的结果。

这些法律制度的颁布标志着我国全民健身活动正式起步并进入规范发展的轨道。此后,全民健身活动的参与者有法可依,拥有了健身的权利。

二、全民健身的内涵

《全民健身计划纲要》明确指出:"为了更广泛地开展群众性体育活动,增强人民体质,推动我国社会主义现代化建设事业发展,特制定本纲要。"群众性体育活动、人民体质、社会主义现代化建设事业是这句话的三个关键词,全民健身的主体、内容和目的是这三个关键词所传递出的重要信息。

《全民健身计划纲要》中明确指出,全民健身计划的实施是以全体国民为对象的。全民健身中,"全民"指的是全国人民,"健身"就是对人的身体进行健康维护,并不断增强体质。我国一些学者对全民健身概念的界定主要从两方面入手,即对象和方法,因此将全民健身界定为全体人民采取不同的手段、方法达到增强体质的目的。蓝新光在《全民健身大视野》中提到,对于我国而言,"全民健身"已经不仅仅是一个简单的词汇,它已经是我国建设社会主义现代化过程中的一项事业,是我国亿万同胞的体育实践。在20世纪末,全民健身是当时的体育热点,是我国特有的社会现象。"全民健身"的含义已经不仅仅是全国人民来健身这样浅显的字面意义了,它已经成为"全民健身事业""全民健身计划""全民健身战略""全民健身工作"及"全民健身工程"等的代名词了,其内涵变得更加丰富了。

强身健体是我国全民健身的主要功能和作用,但不是唯一的。积极向上、团结合作、遵守规则、公平竞争、和谐发展等都是全民健身所倡导的重要精神及理念,这与我国构建和谐社会的理念基本上是相符的。所以,我国要继续探索如何将全民健身的作用与功能更好地发挥出来,使其在社会主义事业发展和人民生活质量方面都能够起到积极的促进作用,使人们不仅将全民健身看作是身体运动,更看作是一种健康的生活方式。这样,全民健身才有可能成为促进社会进步与发展的重要推动力。

综上可知,全民健身的含义在不断演化,并且向“中国特色的大众体育”层面不断延伸,其具备内涵如下:①全民健身活动的法规法律与组织;②全民健身活动设施与资源开发;③全民健身活动分类与基本内容;④中国社会体育指导员、市民健身、农民健身学生健身、特殊人群健身;⑤全民健身效果评价以及全民健身的国际借鉴等。

三、全民健身的内容与特征

(一) 全民健身的内容

1.普通健身人群活动内容

(1)个体健身活动内容

通过查阅《中国全民健身现状调查结果报告》发现,长走与跑步、足球、排球、羽毛球、游泳、体操、乒乓球、登山、跳绳、台球与保龄球、舞蹈是我国排名靠前的体育健身活动。这些活动内容与过去相比,相对具有一定的稳定性。与过去相比,参加太极拳、气功、武术、门球、地掷球等项目的人数有所减少,而舞蹈球类等有很强的娱乐性与竞技性的项目参与者有所增多,登山的人也较过去有了增加。

(2)群体锻炼健身活动内容

据调查发现,我国城乡居民参与全民健身活动点从事的体育项目排在前九位的依次是健身健美操、武术、秧歌、交谊舞、广播操、羽毛球、气功、门球、网球。与以前相比,气功的参与者有所减少。以前气功在居民的健身项目中排名第一,现在排第七。基本上,有很多居民活动点将这些项目作为长期锻炼的项目,也有少数居民活动点按照季节调整相应的锻炼项目,随体育潮流的变化而更换活动项目的活动点也有,但比较少。

之前,人们只是参与大众健身中几个有意思的项目,现在随着全民健身运动的不断发展,各种各样的项目都逐渐成为全民健身的方式。当前,具有创造性的大众健身锻炼项目不断出现,如太极柔力球就是一个典型,中老年健身人群普遍都喜欢参与这项运动,它是羽毛球与太极拳技术和思想的结合,对于中老年人锻炼身体十分有益。老年拐棍操也是一个比较新颖的项目，它由上海市某社区设计而来，主要是为了满足老年男子锻炼的需要，这一项目动作合理，形式诙谐，颇有趣味，因此对老年男性有很大的吸引力。

2.商业健身人群活动内容

(1)商业健身概述

商业健身全称是“商业健身服务业”，是通过将优质的体育健身产品和优良的服务提供给客户，从而使客户健身需求得以满足的服务行业。作为体育产业的重要组成部分，商业健身服务业在大城市的发展十分迅速。从另一个角度来看，商业健身服务业在大众体育中也是一个重要组成部分。然而，有些人错误地认为，这不是大众体育的一部分，只是那些为富有的人服务的行业，其实从本质上而言，其从属于大众体育的范畴。

(2)商业健身的特点

第一，商业健身服务业中，不管是企业，还是客户，增强体质是他们共同追求的目的。

第二，从第一点商业健身的目的性来看，商业健身属于大众体育健身的一个重要组成部分。

第三，商业健身服务业的客户有良好的经济水平，而且随着社会经济与人民生活水平的提高，这部分群体在不断壮大。

第四，商业健身中，健身设施和环境较为优越。

第五，在健身过程中，客户通常能够得到专业且科学的指导，因此健身的效果通常较好。

第六，健身者在健身过程中必然要投入较大的资金，这是其为健康投入的成本。

第七，商业健身服务业中，企业是以赢利为根本目的的。

(3)商业健身服务业的意义

第一，健身俱乐部拥有高质量的健身设施与良好的健身环境，所以客户个人特定的健身目标(减肥、健身、塑形、娱乐)基本上可以在此实现。

第二，特定社会阶层的健身与心理需要可以在商业健身中得到满足，这也是“市场细分”的必然结果。

第三，商业健身对体育产业的整体发展具有积极的推动作用。

第四，公益性大众健身存在一定的不足，这在商业健身中能够得到弥补,一定程度上可以使公益性大众健身资源有限的问题得以解决。

第五,商业健身有利于增加就业机会,促进社会就业率的提高。

(4)参与商业健身的活动内容

调查显示,客户参与的商业健身活动内容中,排在第一的是操类课程。这类课程具体包括搏击操、健美操、肚皮舞、瑜伽等。普拉提、动感单车、游泳、剑道、跆拳道、有氧功率跑台等也是主要的健身活动内容。在一些高档的商业健身企业中,网球、高尔夫球等也是常见的项目。

以上这些健身项目对人的健康体能的发展十分有益,不同项目侧重发展的体能是不同的,有些侧重发展人的力量,有些侧重发展人的柔韧度,有些侧重促进人的有氧耐力的发展。

有许多健身项目大多来自国外,如韩国的跆拳道、印度的瑜伽、日本的剑道等。从文化角度来看,韩国跆拳道充满各种教育因素,如仁、礼、勇、信等;印度的瑜伽有古老的印度文明的支撑;日本的剑道体现了日本的勇士精神。从这些项目的需求人群而言,白领阶层是喜爱这些产品的主要人群,他们喜欢这些产品不仅是因为可以通过这些项目健身,还因为他们有一定的精神追求,亲其"师",信其"道"。不同项目对应了有不同目的与追求的人群,如力量训练与形体健美是喜欢健美的人士追求的产品,有氧跑台运动是需要减肥的朋友热衷的一个主要项目。很明显,在商业健身服务业中,客户在参与健身活动时对场地、器材等设施以及环境和服务都有较高的要求。

3.全民健身中的竞赛活动

体育活动的基本特点中,竞赛是其中一个特征表现,竞赛也是参与体育活动的一个基本手段。全民健身活动的发展离不开竞赛发挥杠杆作用。

目前,"全国体育大会""民族传统体育运动会"等是我国具有全民健身性质的主要大型综合赛事。全国门球比赛、全民健身路径的比赛、全国舞龙及舞狮比赛等具有全民健身性质的大型单项竞赛活动也有很多。从年龄来划分,全民健身中的竞赛活动有老年人的竞赛活动、青少年的竞赛活动等。

需要注意的是,全面健身活动竞赛的举办目的与手段与竞技体育竞赛是不同的。对大众体育竞赛活动进行组织与举办时,不可以简单用竞技体育竞赛的方法来全面处理。全民健身竞赛比的是更健康、体育素养更高,而不是“更快、更高、更强”。在现阶段，我国大部分大众体育竞赛活动都是通过对竞技体育竞赛办法的盲目套用而举办的，这就需要有关部门的关注与重视，及时纠正这一错误的做法，并采取合理的方式以正确地举办大众体育赛事，明确赛事的目的、任务、内容及价值所在。

（二）全民健身的特征

1.全民性和公益性

全民健身具有全民性的特征，这主要体现在其坚持以人为本的理念，服务对象是全国国民，实行的是大众服务，对公民平等参加体育的权利依法加以保障，让全体国民同等地享有体育，享受乐趣，由此可见全民健身不是惠及一部分人，而是全体大众。人人都有权力参与全民健身活动，但每个人同时也受到一定公共规则和社会道德的约束。

群众性体育事业具有公益性的特征，顾名思义，公益指的是就是公共的利益，而社会公众就是公共的具体表现。作为一项公益性社会事业，全民健身活动的发展离不开社会主义市场经济体制的影响，因此国家不对这项事业大包大揽，其是一项具有福利性特征的事业，政府、社会、公民都有相应的责任，并各自依法承担与履行责任。

2.健身性和娱乐性

群众体育的众多追求中，一个明显的本质追求就是健身性和娱乐性。群众体育具有鲜明的健身性特征，意指经常参加体育活动能够促进人的体质健康，促进体能素质的提高，使人保持长期的活力。群众体育同时具有娱乐性，具体是指人们在体育活动中心灵可以得到放松，精神会振奋。健身性和娱乐性是相辅相成的关系，健全的身体实际上包括了精神的健全，精神健全是以身体为载体的。

3.多元性和灵活性

（1）服务对象的多元性和灵活性

全民健身的多元性和灵活性特征主要体现在服务对象上。全体国民是全体健身服务体系面向的对象，青少年、中年、老年，不同阶层、不同文化程度、不同职业等所有人群都包含在内。所以，全民健身活动面对的服务对象各不相同，因此需要提供不同的服务。

（2）投资主体的多元性和灵活性

多元性和灵活性也体现在全民健身的投资主体上。全民健身计划的实施必然需要投入一定数额的资金,这是基础保障。《全民健身计划纲要》提出:“体育部门要改善资金支出结构,逐步增加群众体育事业费用在预算中的支出比重,鼓励企事业单位、社会团体、个人资助体育健身活动。”实施全民健身计划的资金来源是多元的,主要由政府拨款、社会筹集和个人投入三部分组成。随着我国经济体制的日趋完善,我国全民健身计划的实施也会有更加灵活的投资方式。

(3)工作方式的多元性和灵活性

随着全民健身的深入发展与活动的广泛开展,一个多元的工作体系和工作方式逐渐形成,这个体系中主要由政府组织、社团组织、单位组织、社区组织以及民间健身俱乐部组织组成。在整个体育组织系统中,各个机构都发挥着自身的作用与价值,如政府体育机构、社会体育指导中心、体育社会团体、群众健身辅导站等。

第二节 全民健身体系的建立

一、全民健身体系的概念与内涵

所谓全民健身体系,就是一个能够不断为全体国民提供体育健身的基本环境和条件,满足全体国民体育健身的基本需求,使全体国民健康素质得到明显提高的服务和保障系统。全民健身体系的基本目标就是实现“全民族健康素质的明显提高”的奋斗目标,全民健身体系的基本功能就是不断满足全体国民体育健身的基本需求,在体育服务方面实现“惠及十几亿人口”的目标。全民健身体系的基本任务就是不断为全体国民提供体育健身的基本环境和条件,在体育生活方面实现“人民生活更加殷实”的目标。全民健身体系的基本特征是全面性、系统化、多元化、服务性、保障性和平民化,其核心是服务性的保障性。

二、全民健身体系的基本特征

(一)全面性

这既是“全民健身体系”中“全民”的要求,也是“全面建成小康社会”中

“全面”的规定，它包括服务人群的全面性、服务内容的全面性和服务范围的全面性。全民健身体系要“惠及十几亿人口”，而不是惠及一部分人，在坚持城市体育以社区为重点，关注市民体育的同时，要兼顾单位体育和职工体育；在坚持农村体育以乡镇为重点、关注乡镇居民体育的同时，要兼顾村屯体育和农民体育；在坚持青少年体育以学校为重点、关注在校生体育的同时，要兼顾青少年校外体育和社会上的青少年体育，这样才能实现“惠及十几亿人口”，才能真正做到“始终代表最广大人民群众的根本利益”。

（二）系统化

这是“全民健身体系”中“体系”的要求。它包括服务功能的系统化和保障条件的系统化，最终形成一个能够不断满足全体国民体育健身基本需求的完整的、配套的服务体系，而不是孤立地、零碎地做一两项活动，完成一两项建设。

（三）多元化

这是由社会主义市场经济条件下经济多样化、文化多样化以及人的体育需求多样化所决定的。它包括服务对象的多元化、组织结构的多元化、投资主体的多元化和活动内容的多元化。要满足不同阶层人群的体育健身需求，就要在强化政府对人民体质与健康负总责、负主责的同时，充分调动全社会的力量齐抓共管，形成合力；就要形成政府依靠公共财政提供基本体育公共物品和服务，市场提供私人体育物品和服务的格局；就要提供各色各样、科学文明的体育活动形式和内容，供不同的人选择。只有建立一个多元化的全民健身体系，才能使更多的人参与体育，使更多的人受益。[1]

（四）服务性

这是由党和政府全心全意为人民服务的宗旨决定的。这个体系要为广大人民群众参与体育健身活动服务，为明显提高全民族健康素质服务，为积极形成全民族健全心理服务，为提高人民生活质量服务，为繁荣体育事业、建设先进文化、推动经济发展服务。

（五）保障性

这是由我国群众体育事业的公益性所决定的。党中央和国务院在《关

[1]张旭：《体育文化与全民健身》，长春：吉林文史出版社，2017年。

于进一步加强和改进新时期体育工作的意见》中明确提出“群众性体育事业属于公益性事业”。这个体系要“保障广大人民群众享有基本的体育服务;保障法定的公民的体育权益切实得以实现;保障政府承担的体育责任切实得到落实;保障基本的体育健身环境和条件切实得到改善;保障全民族健康素质切实得到明显提高”。

(六) 平民化

这是由我国社会主义国家性质和社会主义核心价值观决定的。它是指在体现服务人群全面性和服务对象多元化的同时,要突出体现这个体系切实为占人口大多数的普通老百姓和中低收入人群服务,切实保障这些人群的平等参与和平等受益,使其真正“享有基本的体育服务”。

三、全民健身体系的基本构架

从全民健身体系的基本含义和基本特征出发,所构建的全民健身体系分为两大部分,一部分被称为体育服务体系或直接服务体系,主要用于直接为人们参与体育健身活动服务。人们直接与这一部分中的要素打交道,享受这些要素带来的服务;另一部分被称为体育保障体系或间接服务体系,主要用于为体育服务体系中诸要素提供供给、改善、支撑、保护。体育参与者虽然不直接与之打交道,但享受着这个体系提供的成果。没有体育保障体系,则没有体育服务体系,即使有了,也不会健康发展或维持长久。

(一) 体育服务体系的基本构架

体育服务体系包括五个子系统十个要素。一是体育场地设施系统。这是人们参与体育健身活动的最基本的空间条件或物质条件。就像校舍对于学生,医院对于患者。没有多样化的配套体育场地设施,就无法满足人们多样化的体育健身需求。这个子系统包括公益性体育场地设施和非公益性体育场地设施两个要素。二是体育消费市场系统。这也是人们参与体育健身活动的基本空间条件或基本物质条件。同样,没有多档次、多品种的体育物品和体育服务,人们多样化的体育健身需求就无法满足。这个子系统包括体育物品消费市场和体育服务消费市场两个要素。三是体育活动指导系统。它为人们参与体育健身活动提供科学指导。若缺乏科学指导,人们的体育健身活动就是自发的、盲目的、随意的,难以得到科学保障。这个子系统包括体育场所体育活动指导和非体育场所体育活动指导两个要素。四是体育健身组织系统。它为参与体育健身活动的人们提供组织支持,从而依靠组织的力量,发挥组织的功能,使人们获得良好的体育健身活动环境和条件。没有健全的体育健身组织,人们的体育健身活动就是低水平的,很难得到科学地指导。这个子系统包括社区体育健身组织和非社区体育健身组织两个要素。五是体育信息供给系统。它为人们参与体育健身活动与交流提供信息服务。具体为传达与交流体育健身所需要的体育场所、体育消费、体育组织、体育指导、体育知识、体育感受等方面的信息,从而不断提高人们的体育参与程度和体育活动水平,充分发挥体育资源的效益。这个子系统包括平面媒体信息供给和网络媒体信息供给两个要素。

(二) 体育保障体系的基本构架

体育保障体系包括三个子系统和十个要素。一是体育知识与指导系统。它为体育参与者和体育组织者提供体育科学知识支撑和宏观发展指导。避免迷失方向、多走弯路,避免事倍功半、得不偿失。这个子系统包括体育科学知识和体育发展战略和规划两个要素。二是体育条件支持系统。它为体育服务系统提供直接的人力、物力、财力和信息等方面的支撑。没有这个子系统的支持,体育服务体系就无法构建。这个子系统包括体育资金投入、体育宣传舆论、体育科技教育和体育法律法规四个要素。三是体育组织管理系统。它为全民健身体系的健康运转提供组织与管理保障。没有这个子系统,全民健身体系就无法运转,即使运转起来,也是低效率的,甚至容易出现较大的失误。这个子系统包括体育行政机构、体育社会团体、国民体质监测和体育工作评估四个要素。

(三) 加快完善全民健身公共服务体系建设的路径

1.优化政府主导作用

积极将全民健身公共服务融入经济社会建设中,加强沟通协调,推进政府主导、部门协同和全社会共同参与的大群体工作格局的形成。发挥公共财政的主导作用,建立全民健身公共服务发展经费保障机制,将全民健身公共服务预算纳入各级政府财政预算中,同时要在财政、税收、金融等方面给予政策支持。建立全民健身基本公共服务体系推行标准和指标体系,推进全民健身公共服务体系建设的规范化、标准化、精细化。健全全民健身体育服务体系建设评价考核机制，逐步形成客观公正、多方参与、激励先进的评价考核制度，推动全民健身公共服务体系建设。

2.完善全民健身公共服务体系法律建设

通过修订《中华人民共和国体育法》（以下简称《体育法》），确定全民健身公共服务的基本法律框架，明确政府提供全民健身公共服务的职能，对政府全民健身公共服务体系建设各方主体做出相应的基本规定，厘清体育行政部门、体育非政府组织、企业、个人等全民健身公共服务主体的职能定位与法律地位。在《体育法》明确全民健身公共服务基本法律框架的基础上，由国务院制定专门的全民健身公共服务的行政法规，规定促进全民健身公共服务体系建设的具体实施路径和法律措施等。

3.推进全民健身公共服务体系城乡均等化覆盖

推进全民健身公共服务体系城乡均等化覆盖，改变农村全民健身公共服务体系建设整体水平明显低于城市的状况，增加向农村全民健身公共服务体系建设的倾斜力度。推进全民健身公共服务体系区域均等化覆盖，对于相对落后的中西部地区、民族地区等给予资金和政策上的适当倾斜，逐步缩小东、中、西等不同区域之间的差异。推进全民健身公共服务体系人群均等化覆盖和均衡发展，在场地设施建设、组织网络完善、健身服务提供等方面，统筹兼顾不同人群对全民健身基本公共服务需求和获取能力的实际差异。

4.加快体育社会组织的全面参与

推动体育社会组织实体化发展，通过组建经营实体、建立培训基地、创建品牌赛事等方式，拉动体育产业与文化、旅游等相关产业的合作，提高体育社会组织综合服务能力，推进体育社会组织向规范化、规模化、产业化方向发展。加大政府向体育社会组织购买公共服务力度，增加政府购买体育社会组织公共服务项目的方式，拓宽政府购买体育社会组织公共服务项目的范围，使体育社会组织更加常态化、规模化地开展体育公益活动。鼓励具有影响力且愿意为推动全民健身事业发展付出努力的社会人士和机构参与体育社会组织，以增强体育社会组织的实际影响力和活动能力。

四、《全民健身计划纲要》解读

全民健康是国家综合实力的重要体现，是经济社会发展进步的重要标志。全民健身是实现全民健康的重要途径和手段，是全体人民增强体质、拥有幸福生活的基础保障。实施全民健身计划是国家的重要发展战略。在党中央、国务院的正确领导下，近年来，经过各地各有关部门和社会各界的共同努力，覆盖城乡、比较健全的全民健身公共服务体系基本形成，为提供更加完善的公共体育服务，建设体育强国奠定了坚实基础。未来几年，面对人民群众日益增长的体育健身需求、全面建成小康社会的目标要求、推动健康中国建设的机遇挑战，需要更加准确把握新时代全民健身发展内涵的深刻变化，不断开拓发展新境界，使其成为健康中国建设的有力支撑和全面建成小康社会的国家名片。

(一) 总体要求

1. 指导思想

全面贯彻党的十九届五中全会会议精神，紧紧围绕“四个全面”战略布局和党中央、国务院决策部署，牢固树立和贯彻落实“创新、协调、绿色、开放、共享”的发展理念，以增强人民体质、提高健康水平为根本目标，以满足人民群众日益增长的多元化体育健身需求为出发点和落脚点，坚持以人为本、改革创新、依法治体、确保基本、多元互促、注重实效的工作原则，通过立体构建、整合推进、动态实施，统筹建设全民健身公共服务体系和产业链、生态圈，提升全民健身现代治理能力，为全面建成小康社会贡献力量，为实现中华民族伟大复兴的“中国梦”奠定坚实基础。

2. 发展目标

截至2020年，我国群众的体育健身意识普遍增强，参加体育锻炼的人数明显增加，每周参加1次及以上体育锻炼的人数达到7亿，经常参加体育锻炼的人数达到4.35亿，群众身体素质稳步增强。全民健身的教育、经济和社会等功能充分发挥，与各项社会事业互促发展的局面基本形成，体育消费总规模达到1.5万亿元，全民健身成为促进体育产业发展、拉动内需和形成新的经济增长点的动力源。支撑国家发展目标与全面建成小康社会相适应的全民健身公共服务体系日趋完善，政府主导、部门协同、全社会共同参与的全民健身事业发展格局更加明晰。

(二) 主要任务

1.弘扬体育文化,促进人的全面发展

普及健身知识,宣传健身效果,弘扬健康新理念,把身心健康作为个人全面发展和适应社会的重要能力,树立以参与体育健身、拥有强健体魄为荣的个人发展理念,营造良好的舆论氛围,通过体育健身提高个人的团队协作能力。引导发挥体育健身对形成健康文明生活方式的作用,树立人人爱锻炼、会锻炼、勤锻炼、重规则、讲诚信、争贡献、乐分享的良好社会风尚。

将体育文化融入体育健身的全周期和全过程,以举办体育赛事活动为抓手,大力宣传运动项目文化,弘扬奥林匹克精神和中华体育精神,挖掘传承传统体育文化,发挥区域特色文化遗产的作用。树立全民健身榜样,讲述全民健身故事,传播社会正能量,以发挥体育文化在践行社会主义核心价值观、弘扬中华民族传统美德、传承人类优秀文明成果和提升国家实力等方面的独特价值和作用。

2.开展全民健身活动,提供丰富多彩的活动供给

因时、因地、因需开展群众身边的健身活动,分层、分类引导运动项目发展,丰富和完善全民健身活动体系。大力发展健身跑、健步走、骑行、登山、徒步、游泳、球类、广场舞等群众喜闻乐见的运动项目,积极培育帆船、击剑、赛车、马术、极限运动、航空等具有消费引领特征的时尚休闲运动项目,扶持推广武术、太极拳、健身气功等民族、民俗、民间传统和乡村农味、农趣运动项目,鼓励开发适合不同人群、不同地域和不同行业特点的特色运动项目。

激发市场活力,为社会力量举办全民健身活动创造便利条件,发挥网络等新兴活动组织渠道的作用,完善业余体育竞赛体系。鼓励举办不同层次和类型的全民健身运动会,设立残疾人组别,促进健全人与残疾人体育运动融合开展。支持各地、各行业结合地域文化、农耕文化、旅游休闲等资源,打造具有区域特色、行业特点、影响力大、可持续性强的品牌赛事活动。推动各级各类体育赛事的成果惠及更多群众,促进竞技体育与群众体育全面协调发展。重视发挥健身骨干在开展全民健身活动中的作用,引导、服务、规范全民健身活动健康发展。

3.推进体育社会组织改革,激发全民健身活力

按照社会组织改革发展的总体要求,加快推动体育社会组织成为政社

分开、权责明确、依法自治的现代社会组织，引导体育社会组织向独立法人组织转变，推动其社会化、法治化、高效化发展，提高体育社会组织承接全民健身服务的能力和质量。

积极发挥全国性体育社会组织在开展全民健身活动、提供专业指导服务等方面的龙头示范作用。加强各级体育总会作为枢纽型体育社会组织的建设，带动各级各类单项、行业和人群体育组织开展全民健身活动。加强对基层文化体育组织的指导服务，重点培育、发展在基层开展体育活动的城乡社区服务类社会组织，鼓励基层文化体育组织依法依规进行登记。推进体育社会组织品牌化发展，并在社区建设中发挥作用，形成架构清晰、类型多样、服务多元、竞争有序的现代体育社会组织发展新局面。

4.统筹建设全民健身场地设施，方便群众就近就便健身

按照配置均衡、规模适当、方便实用、安全合理的原则，科学规划和统筹建设全民健身场地设施。推动公共体育设施建设，着力构建县(市、区)、乡镇(街道)、行政村(社区)三级群众身边的全民健身设施网络和城市社区15分钟健身圈，人均体育场地面积达到1.8平方米，力达各类公共体育设施的无障碍条件。

有效扩大增量资源，重点建设一批便民、利民的中小型体育场馆，建设县级体育场、全民健身中心、社区多功能运动场等场地设施，结合基层综合性文化服务中心、农村社区综合服务设施建设及区域特点，继续实施农民体育健身工程，实现行政村健身设施全覆盖。新建居住区和社区要严格落实按“室内人均建筑面积不低于0.1平方米或室外人均用地不低于0.3平方米”标准配建全民健身设施的要求，确保与住宅区主体工程同步设计、同步施工、同步验收、同步投入使用，不得挪用或侵占。老城区与已建成居住区无全民健身场地设施或现有场地设施未达到规划建设指标要求的，要因地制宜地配建全民健身场地设施。充分利用旧厂房、仓库、老旧商业设施、农村“四荒”(荒山、荒沟、荒丘、荒滩)和空闲地等闲置资源，改造建设为全民健身场地设施，合理做好城乡空间的二次利用，推广多功能、季节性、可移动、可拆卸、绿色环保的健身设施。利用社会资金，结合国家主体功能区、风景名胜区、国家公园、旅游景区和新农村的规划与建设，合理利用景区、郊野公园、城市公园、公共绿地、广场及城市空置场所建设休闲健身场地设施。

进一步盘活存量资源，做好已建全民健身场地设施的使用、管理和提

档升级，鼓励社会力量参与现有场地设施的管理运营。完善大型体育场馆免费或低收费开放政策，研究制定相关政策鼓励中小型体育场馆免费或低收费开放。确保公共体育场地设施和符合开放条件的企事业单位、学校体育场地设施向社会开放。

5. 发挥全民健身多元功能，形成服务大局、互促共进的发展格局

结合“健康中国2030”等总体发展战略，以及科技、教育、文化、卫生、养老、助残等事业发展，统筹谋划全民健身重大项目工程，发挥全民健身在促进素质教育、文化繁荣、社会包容、民生改善、民族团结、健身消费和大众创业、万众创新等方面的积极作用。

充分发挥全民健身对发展体育产业的推动作用，扩大与全民健身相关的体育健身休闲活动、体育竞赛表演活动、体育场馆服务、体育培训与教育、体育用品及相关产品制造和销售等体育产业规模，使健身服务业在体育产业中所占比重不断提高。鼓励发展健身信息聚合、智能健身硬件、健身在线培训教育等全民健身新业态。充分利用“互联网+”等技术开拓全民健身产品制造领域和消费市场，使体育消费在居民消费支出中的占比不断提高。

6. 拓展国际大众体育交流，引领全民健身开放发展

坚持“请进来、走出去”，拓展全民健身理论、项目、人才、设备等国际交流渠道，推动全民健身向更高层次发展。搭建全民健身国际交流平台，加强国际互动交流。传播和推广全民健身发展过程中的中国理念、中国故事、中国人物、中国标准、中国产品，发出中国声音，提升国际影响力，有效发挥全民健身在推广中国文化、提升国家形象和增强国家实力等方面的独特作用。

7. 强化全民健身发展重点，着力推动基本公共体育服务均等化和重点人群、项目的发展

依法保障基本公共体育服务，推动基本公共体育服务向农村延伸，以乡镇、农村社区为重点促进基本公共体育服务均等化。坚持普惠性、保基本、兜底线、可持续、因地制宜的原则，重点扶持革命老区、民族地区、边疆地区、贫困地区发展全民健身事业。

将青少年作为实施全民健身计划的重点人群，大力普及青少年体育活动，提高青少年身体素质。加强学校体育教育，将提高青少年的体育素养

和养成健康行为习惯作为学校教育的重要内容，保证学生在校的体育场地和锻炼时间，把学生体质健康水平纳入学校工作考核体系，加强学校体育工作绩效评估和行政问责。全面实施青少年体育活动促进计划，积极发挥“青少年阳光体育大会”等青少年体育品牌活动的示范引领作用，使青少年提升身体素质、掌握运动技能、培养锻炼兴趣，逐渐形成终身体育健身的良好习惯。推进老年宜居环境建设，统筹规划建设公益性老年健身体育设施，加强社区养老服务设施与社区体育设施的功能衔接，提高使用率，支持社区利用公共服务设施和社会场所组织开展适合老年人的体育健身活动，为老年人健身提供科学指导。进一步加大对国家全民健身助残工程的支持力度，采取优惠政策推动残疾人康复体育和健身体育的广泛开展。开展职工、农民、妇女、幼儿体育，推动将外来务工人员公共体育服务纳入属地供给体系。加大对社区矫正人员等特殊人群的全民健身服务供给，使其享受更多的社会关爱，让其在融入社会方面增加获得感和满足感。

加快发展足球运动和冰雪运动。着力加大足球场地供给，把建设足球场地纳入城镇化和新农村建设总体规划，因地制宜地鼓励社会力量建设小型、多样化的足球场地。广泛开展校园足球活动，抓紧完善常态化、纵横贯通的大学、高中、初中、小学四级足球竞赛体系。积极倡导和组织行业、社区、企业、部队、残疾人、中老年、五人制等形式多样的民间足球活动，举办多层级足球赛事，不断扩大足球人口规模，促进足球运动蓬勃发展。大力推广、普及冰雪运动，可以利用筹备和举办北京2022年冬奥会和冬残奥会的契机，实施群众冬季运动推广普及计划。支持各地建设和改建多功能冰场和雪场，引导社会力量进入冰雪运动领域，推进冰雪运动进景区、进商场、进社区、进学校，扶持花样滑冰、冰球、高山滑雪等具有一定群众基础的冰雪健身休闲项目，打造品牌冰雪运动俱乐部、冰雪运动院校和一系列观赏性强、群众参与度高的品牌赛事活动。积极培育冰雪设备和运动装备产业，推动其发展壮大。鼓励各地依托当地自然人文资源开展形式多样的冰雪运动，实现3亿人参与冰雪运动，使冰雪运动的群众基础更加坚实。

(三) 保障措施

1. 完善全民健身工作机制

通过强化政府主导、部门协同、全社会共同参与的全民健身组织架构，推动各项工作顺利开展。政府要按照科学统筹、合理布局的原则，做好宏观管理、政策制定、资源整合分配、工作监督评估和协调跨部门联动；各有关部门要将全民健身工作与现有政策、目标、任务相对接，按照职责分工制定工作规划、落实工作任务；智库可为有关全民健身的重要工作、重大项目提供咨询服务，并在顶层设计和工作落实中发挥作用；社会组织可在日常体育健身活动的引导、培训、组织和体育赛事活动的承办等方面发挥作用，积极参与到全民健身公共服务体系的建设中。以健康为主题，整合基层宣传、卫生计生、文化、教育、民政、养老、残联、旅游等部门相关工作，在街道、乡镇层面探索健康促进服务中心的建设。

2.加大资金投入与保障

建立多元化资金筹集机制，优化投融资引导政策，推动落实财税等各项优惠政策。县级以上地方人民政府应当将全民健身工作相关经费纳入财政预算，并随着国民经济的发展逐步增加对全民健身的投入。安排一定比例的彩票公益金等财政资金，通过设立体育场地设施建设专项投资基金和政府购买服务等方式，鼓励社会力量投资建设体育场地设施，支持群众健身消费。依据政府购买服务总体要求和有关规定，制定政府购买全民健身公共服务的目录、办法及实施细则，加大对基层健身组织和健身赛事活动等的购买比重。完善中央转移支付方式，鼓励和引导地方政府加大对全民健身的财政投入。落实好公益性捐赠税前扣除政策，引导公众对全民健身事业进行捐赠。关于社会力量通过公益性社会组织或县级以上人民政府及其部门用于全民健身事业的公益性捐赠，符合税法规定的部分，可在计算企业所得税和个人所得税时依法从其应纳税所得额中扣除。

3.建立全民健身评价体系

制定全民健身相关规范和评价标准，建立政府、社会、专家等多方力量共同组成的工作平台，采用多层级、多主体、多方位的方式对全民健身发展水平进行立体评估，注重发挥各类媒体的监督作用。把全民健身评价指标纳入精神文明建设以及全国文明城市、文明村镇、文明单位、文明家庭和文明校园创建的内容，将全民健身公共服务相关内容纳入国家基本公共服务和现代公共文化服务体系。进一步明确全民健身发展的核心指标、评价标准和测评方法，为衡量各地全民健身发展水平提供科学依据。出台全国全民健身公共服务体系建设指导标准，鼓励各地结合实际制定全民健身公共服务体系建设地方标准，推进全民健身基本公共服务均等化、标准化。鼓励各地依托特色资源,积极创建体育特色城市、体育生活化街道(乡镇)和体育生活化社区(村)。继续完善全民健身统计制度,做好体育场地普查、国民体质监测以及全民健身活动状况调查数据分析,结合国家卫生计生委的营养与慢性病状况调查等,推进全民健身科学决策。

4.创新全民健身激励机制

搭建更加适应时代发展需求的全民健身激励平台,拓展激励范围,有效调动城乡基层单位和个人积极性,发挥典型示范带动作用。推行《国家体育锻炼标准》,颁发体育锻炼标准证书、证章,有条件的地方可以通过试行向特定人群或在特定时段发放体育健身消费券等方式建立多渠道、市场化的全民健身激励机制。鼓励对体育组织、体育场馆、全民健身品牌赛事和活动等的名称、标志等无形资产的开发和运用,引导开发科技含量高、拥有自主知识产权的全民健身产品,提高产品附加值。对支持和参与全民健身、在实施全民健身计划中做出突出贡献的组织机构和个人进行表彰。

5.强化全民健身科技创新

制订并实施运动促进健康科技行动计划,推广"运动是良医"等理念,提高全民健身方法和手段的科技含量。开展国民体质测试,开发应用国民体质健康监测大数据,研究制定并推广普及健身指导方案、运动处方库和中国人体育健身活动指南,开展运动风险评估,大力开展科学健身指导,提高群众的科学健身意识、素养和能力水平。推动移动互联网、云计算、大数据等现代信息技术手段与全民健身相结合,建设全民健身管理资源库、服务资源库和公共服务信息平台,使全民健身服务更加便捷、高效、精准。利用大数据技术及时分析经常参加体育锻炼的人数、体育设施的利用率,进行运动健身效果的综合评价,以提高全民健身指导水平和全民健身设施监管效率。推进全民健身场地设施创新,促进全民健身场地设施升级换代,为群众提供更加便利、科学、安全、灵活、无障碍的健身场地设施。积极支持体育用品制造业创新发展,采用新技术、新材料、新工艺提高产品科技含量,增加产品品种,提升体育用品的质量水平和品牌影响力。鼓励企业参与全民健身科技创新平台和科学健身指导平台建设,加强全民健身科学研究和科学健身指导。

6.加强全民健身人才队伍建设

树立新型全民健身人才观,发挥人才在推动全民健身中的基础性、先导性作用，努力培养适应全民健身发展需要的组织、管理、研究、健康指导、志愿服务、宣传推广等方面的人才队伍。创新全民健身人才培养模式，加大对民间健身领军示范人物的发掘和扶持力度，重视对基层管理人员和工作人员中榜样人物的培育。将全民健身人才培养与综治、教育、人力资源社会保障、农业、文化、卫生计生、工会、残联等部门和单位的人才教育培训相衔接，畅通各类人才培养渠道。加强竞技体育与全民健身人才队伍的互联互通，形成全民健身与学校体育、竞技体育后备人才培养工作的良性互动局面，为各类体育人才培养和发挥作用创造条件。发挥互联网等科技手段在人才培训中的作用，加大对社会化体育健身培训机构的扶持力度。

7.完善法律政策保障

在《体育法》修订过程中，进一步完善全民健身的相关内容，依法保障公民的体育健身权利。加快地方全民健身立法，加强全民健身与精神文明、社区服务、公共文化、健康、卫生、旅游、科技、养老、助残等相关制度建设的统筹协调，完善健身消费政策，将加快全民健身相关产业与消费发展纳入体育产业和其他相关产业政策体系。建立健全全民健身执法机制和执法体系，做好全民健身中的纠纷预防与化解工作，利用社会资源提供多样化的全民健身法律服务。完善规划与土地政策，将体育场地设施用地纳入城乡规划、土地利用总体规划和年度用地计划，合理安排体育用地。鼓励保险机构创新开发与全民健身相关的保险产品，为举办和参与全民健身活动提供全面风险保障。

(四) 组织实施

1.加强组织领导与协调

各地要加强对全民健身事业的组织领导，建立并完善实施全民健身计划的组织领导协调机制，确保全民健身国家战略深入推进。要把全民健身公共服务体系建设摆在重要位置，纳入当地国民经济和社会发展规划及基本公共服务发展规划，把相关重点工作纳入政府年度民生实事加以推进和考核，构建功能完善的综合性基层公共服务载体。

2.严格过程监管与绩效评估

县级以上地方人民政府要制定本地《全民健身实施计划（2021—2025年）》，做好任务分工和监督检查，并在2025年对《全民健身实施计划

(2021—2025年)》实施情况进行全面评估。建立全民健身公共服务绩效评估指标体系,定期开展第三方评估和社会满意度调查,对重点目标、重大项目的实施进度和全民健身实施计划的推进情况进行专项评估,形成包括媒体在内的多方监督机制。

第三节 全民健身的方法研究

一、城市社区体育健身

(一)城市社区体育概述

1.社区体育的概述

(1)什么是社区体育

社区体育是指以基层(微型)社区为区域范围,以辖区内的自然风景和体育设施为物质基础,以社区成员为主体,以满足社区成员的体育需求,以增进社区感情为主要目的,就地就近开展的区域性体育。

(2)社区体育的构成要素和功能

社区体育的构成要素包括社区成员、为保证社区体育正常开展而建立的体育组织、必要的场地设施、一定数量的社会体育指导员、各种具体的体育活动、一定的经费保证。

社区体育的功能包括提高居民的身心健康水平;丰富社区居民的业余文化生活;沟通居民的人际关系,培养和巩固社区感情,增强社区的凝聚力;稳定社区生活秩序。

2.我国现阶段社区体育中存在的问题

(1)体育设施与资金匮乏

社区体育设施中的一部分是开发商为了在售房时吸引住户时修建的,功能单一;另一部分是体育彩票发行后体育局建立起来的。大多社区的体育设施基本一样,重复建设情况严重。许多社区的体育设施只是几个简单的组合器械,多为铁制,露天放置,冬凉夏热,缺少管理,利用率不高。社区体育经费主要以个人缴纳和自筹资金为主,政府仅给予少量的拨款,以致资金短缺成为制约社区体育发展的首要因素。

(2)社区体育缺乏有力组织

目前,我国许多城市社区体育主要是由街委会下设的体育协会来管理和组织的,大多没有设立体育指导中心,也没有专门的社区体育指导员。即便有,他们的工作也只是简单地维护一下体育设施,并未有效开展社区体育活动。对社区体育重要性认识不够,导致了对社区体育活动的组织力度不够。

(3)社区体育人才严重不足

社区体育人才包括组织管理人才、健身指导人才、健康检测人才、科研人才、体育产业经营人才等。当前,街道办事处是社区体育的管理部门,而管理的人才大多是工会成员以及离退休干部等。街道办事处的工作人员大多对体育管理知识缺乏。然而,近年来,各级社区体育指导员通过培训并合格的多达六万人,按全国人口来说,两万人中有一个体育指导员,而分配到社区的体育指导员的数量更是远远达不到社区居民健身的要求。体育教师大多集中在学校,未能与社区体育的主管部门建立实质的联系。专业培养体育人才的院校都没有社区体育这个专业。市、区人民政府以及街道办事处通常没有从事社区体育的专门编制,专业体育人员在社会体育中的缺位是制约社区体育健康发展的重要因素。[1]

(4)社会环境条件制约着社区体育的发展

社会环境条件包括推广锻炼方法、宣传体育知识、健全体育法规政策、建设群众体育指导队伍、社区建设体院场地设施、开放公共体育场馆等。人们参与体育健身活动,不仅取决于个人观念、个人需求和个人条件,还取决于社会环境的容纳程度及其所能提供的保障条件,且重点在后者。

3.发展社区体育的对策

(1)从经济、政策上加大对社区体育的帮助

采取针对体育赞助的特殊税收政策。对非营利性的俱乐部和协会实行减税。政府为大型体育活动提供经费支持。推行体育彩票、体育博彩政策,增加政府对大众体育事业的财政拨款。政府成立专门的大众体育组织机构;制订和规划大众体育发展计划以及各种大众体育政策;给予一定的财政拨款,并积极修建大众体育设施;大力宣传全民健身运动,设立体育节、体育日,激励大众全面参与体育运动,创造一个全民健身的良好大环

[1]王冬梅:《全民健身理念解读与运动方法研究》,北京:中国水利水电出版社,2016年。

境。此外，要想正常有序地开展社区体育活动，必须以建立完善的城市社区体育法制为前提。只有完善社区体育法制，才能使我国城市社区体育走上可持续发展的道路。

(2)完善社区体育组织的管理体系

社区体育的管理体系应由领导体系、协调体系和操作体系三大部分组成，分为市、区、街道、居委会四个层次。各体系、各层次各司其职，街道社区体系以街道办事处为依托，由辖区内的单位和居委会共同组成。街道社区体系为上位管理组织，体育协会、体育俱乐部、晨晚练体育活动站、体育辅导站、体育服务中心、辖区单位体系、居委会体育小组等组织是下位管理组织。晨晚练体育活动大部分由街道社区体系管理，市(区)工会、体协和辖区单位也各自管理一些体育活动。社区体育的这种组织管理，横向上突破了以往大众体育"以单位为主、以条为主"的管理体制，纵向上促使大众体育深入城市的基层，有利于形成"条块结合，以块为主"的新型大众体育管理体系。

(3)建立社区体育人才的开发与共享

确立从事社区体育的人员的公务员编制，借助于体制去培养众多的社区体育人才，每一级社会体育指导员培训站要及时地培养出社区体育的管理人员。体育院校应开设与社区体育有关的专业以及研修班。利用体育教师的丰富经验和知识，培养社区体育人才，组织各种体育竞赛，使学校和社区的体育设施更好地服务于体育人员。

(4)社区体育应走可持续发展道路

由于我国社会经济持续、快速地发展，物质财富不断增加，人民对体育的价值观念也在不断完善，对社会体育的参与程度也在不断提高，导致社区体育的发展规模出现了不断壮大的趋势。近年来，社区体育的发展进程证明了社区体育在我国具有广泛的群众基础，呈现出越来越繁荣的发展景象。社区体育有着良好的发展前景，并将呈现出普及化、社会化、科学化、多样化的发展趋势。

可持续发展观作为一种全新的社会发展观和发展理念，是继经济增长之后人类社会发展史上一次质的飞跃，其基本含义是保证人类社会具有长远的持续发展的能力，因此社区体育应走可持续发展之路。

以街道社区体育为重点的社区体育是当前我国一种全新的体育形式。

必须建立社区体育组织的网络系统，充分发挥社区体育组织的功能与作用，提高管理水平，同时重视体育资源的开发，抓好社区居民的体质监测工作，保证社区体育健康有序快速地发展。

4.我国城市社区体育场地设施概况

（1）我国城市社区体育场地设施严重不足

《城市居住区规划设计规范》修改版中规定：每个居住区文体服务设施建筑面积要达到125～245平方米/千人，用地面积要达225～645平方米/千人；要求区级社区要有1.5万～2.0万座位的体育场一个，2000～4000个座位的体育馆一座，居住小区需配备体育场所200～300平方米/千人。根据第六次全国体育场地普查显示，“完全归属社区的体育场地仅占全国体育场地总数的8.84%，其中居住小区占4.86%，公园占0.7%，广场占0.61%，其他占2.67%”。这说明我国社区体育场地设施非常匮乏，城市社区体育场地的严重缩水严重影响了社区居民的体育活动需求。

（2）新、旧城区发展不均衡

我国城市建设快速发展，兴建了一大批规划合理的新城区。居住在新城区的居民多是社会精英，其在体育公共服务领域掌握了更多的资源和话语权。政府的政策优惠与资金投入会在无形中向新城区的体育场地设施建设倾斜。旧城区或经济相对不发达的社区在争取体育公共服务领域的优势便薄弱许多，同时旧城区改造成本更高、困难更大，这些因素造成其在体育场地设施数量上与新城区存在较大差距。这说明城市社区之间存在着体育资源分配不均衡、体育场地设施建设不同步的问题。为了解决此问题，应大力发展辖区的经济，加大政府的经费投入和政策支持，均衡调配，使各城区的体育场地设施兴建工作同步发展。

（3）相关部门监管力度不够

《中共中央国务院关于进一步加强和改进新时期体育工作的意见》中要求新建居民小区必须具备相应规模的公共体育设施。虽然《城市居住区规划设计规范》对文化和体育用地有具体的指标“每个居住区文体服务设施建筑面积要达到125～245平方米/千人，用地面积要达225～645平方米/千人”，但此项指标是把文化与体育用地合并标注，因此体育部门无法独立监督执行，另外相关部门在工程验收时也不强制执行用地指标，因此经常出现体育场地设施建设不利的现象。

（4）学校及企事业单位的场地设施向社会的开放程度不理想

调查显示，基层社区体育活动场所主要集中在社区空地，距离社区公园较近的居民会选择公园作为健身场地。学校体育场地的开放程度并不理想，主要原因是学校场地还承担着学生的教学与活动需要。到营利性场所健身的居民就更少了，这些场所只能满足少数一些中青年的健身需求。这说明社区空地和公园等不收费的场所是居民健身的主要阵地。

5. 城市社区体育场地设施建设与整合

城市社区体育场地设施的缺乏严重影响社区居民体育需求的满足，是目前影响我国城市社区体育发展的主要因素，同时也对全民健身活动开展、基层体育组织建设、群众体育队伍发展产生不利影响。因此，要改变目前我国城市社区体育场地设施的现状，使城市社区体育健康发展，必须充分调动全社会的力量并对体育资源进行整合，使体育资源合理、高效地被利用。

（1）全民健身工程的投入

为了进一步满足广大人民群众多元化的体育健身需求，继续推进体育场地设施建设，国家体育总局平均每年启用3000多万元公益金作为引导资金，在全国兴建“全民健身活动中心”。国家体育总局为充分调动各地“全民健身活动中心”筹建工作，大力推动体育场地设施建设进展。2001年始，国家体育总局首次提出建设“环太湖体育圈”的构想，并得到江苏、浙江两地政府的大力扶持，三方共同投资数十亿元，并于2004年拉开建设的帷幕，2007年初具雏形，成功打造了我国第一个国家级“全民健身活动基地”。这次尝试与探索，为开发与建设群众体育模式提供了宝贵经验。

全民健身工程、全民健身活动中心和环太湖体育圈建设工程的实施，完全满足了《体育法》“体育基本建设资金列入本级财政预算和基本建设投资计划，并随着国民经济的发展逐步增加对体育事业的投入”的要求，目前在资金投入、实施建设及社会效应方面有了显著成果，日后将继续进步。未来我国城市社区体育场地设施建设将与城市空地、广场、公园和小区建设全方位结合，实现体育、休闲、娱乐一体化，成为政府为广大人民群众办实事的“民心工程”“利民工程”。

（2）企事业单位和学校体育资源的利用

通过目前经济发展较好国家的体育实践经验证实，城市社区体育不能替代企事业单位和学校体育。我国用于大众体育锻炼的资源，有70%以上集中在企事业单位和学校，分布广泛，布局较为合理。为了解决我国体育场地不足的问题，国家体育总局、教育部联合颁布了《关于开展学校体育场馆向社会开放试点工作通知》，这是我国改善体育场地不足的策略，指示部分城市进行学校体育场馆向社会开放的试点工作，进而积极、稳步、有效地促进全国学校体育场馆向社会开放。第一批试点单位分布在北京市、天津市、上海市、广东省、湖北省、吉林省、四川省。各试点城市成立了由体育、教育、社区等部门参加的工作小组，专门负责指导本地区试点工作小组，试点单位已向社会公布并接受媒体的监督。

6.我国城市社区体育场地设施发展探析

第一，要积极吸收国外先进经验，将企事业单位和学校的体育资源纳入城市社区体育建设规划。1959年联邦德国推出了体育的“黄金计划”，总共修建了67095个体育设施，其中包括31000个儿童游乐场、14700个中等规模的运动场、10400个体育馆、5500个学校体育馆、2420个露天游泳池、2625个教学游泳馆、50个游泳馆，以及其他体育设施。德国通过“黄金计划”将学校等体育场馆的筹建纳入整个国家公共体育场地设施的建设规划之中，“黄金计划”从城市建设总体布局上为德国民众的运动、休闲建造了足够的体育场地设施，为德国学校体育资源的对外开放打下了坚实的基础。但是目前我国还没有将企事业单位和学校的体育场地建设纳入整个城市社区的统筹规划之中，因此，我国可以借鉴发达国家的先进经验，通过政府的宏观调控将企事业单位和学校的体育资源建构也纳入整个城市社区的整体规划之中，使体育场地设施布局更合理，资源利用更均衡。

第二，立法促进和保障企事业单位和学校体育场地设施的对外开放。企事业单位和学校体育场地设施的对外开放，会给办公环境和教学环境带来一些变化，因此正常的办公、教学秩序可能会受到一定程度的影响，这将在客观上使企事业单位和学校增加了一些维护成本，而且在组织管理和利益分配方面都存在很多现实问题，因此全面保障其体育场地设施向公众开放，确保开放可以持久、深入、长效，在法律层面加以约束是必要的。通过立法可以理顺关系、明确责任，并提供法律保障。

(二) 全民健身路径的内涵

“全民健身路径”是实施全民健身工程的基础，是一种全民健身的公用体育活动设施，一般安置在室外。因为其具有占地面积小、投资少、美观实用、方便易建的特点，所以在城市和农村社区中被广泛采用，同时受到了广大居民的青睐。“全民健身路径”通常由数种健身器械科学排列组合，在城市、农村社区或人员密集活动的场所合理分布，成为广大群众普遍欢迎的健身活动形式之一。社区常见的健身路径一般有压腰架、平衡木、梅花桩、推手架、太极推手器、上肢牵引器等数十种，这些健身路径在推进全民健身计划的进程中发挥了重要的作用。近年来，随着国民经济的发展和全民健身运动的深入开展，社区健身路径的规模、数量不断扩大，居民健身运动的积极性不断高涨。只有进一步把健身路径建设与全民健身运动有机地结合起来，使健身路径充分发挥出其最大功能，才能真正实现全民健身计划。

（三）当前社区健身路径开展现状

随着《全民健身计划纲要》的出台，各地都积极贯彻全民健身计划，大力发展社区体育，可以说，社区是实现国民健身计划的主阵地，其开展的好坏对提升国民的身体素质、增进居民的身心健康有着重要的影响。在20多年后的今天，全民健身计划不断深化，“全民健身路径”有了翻天覆地的变化，经历了从无到有、从小到大、从弱到强、从简单到精细、从单一到丰富的跨越式发展，国民的整体素质得到显著提升。但是随着时代的发展，人们的健身需求也在日益增长，当前在社区健身路径的设置上，还存在一些不同程度的问题，这些问题对社区居民参与健身的积极性产生了直接的不利影响。

1. 健身路径发展不均衡

据有关调查数据显示，目前我国健身路径在数量上还不均衡，在西部和贫困地区健身路径的数量明显不足，较东部和发达地区较为落后。总体上西部少于东部，农村少于城市社区。健身路径建设工作开展得很不均衡，建设资金投入多以政府补贴、财政拨款为主，通过社会资金或企业赞助的资金来源匮乏，这一定程度上造成了发展不均衡，设备资金投入普遍不高的现状，以致很多地方严重缺乏健身路径，居民的健身活动受到了较严重的影响。

2. 社区健身路径缺乏有效的管理

在当前的社区健身路径建设管理中，还存在许多薄弱环节。首先对健身路径管理工作重视不够，大多是将健身器材安装到位后就认为万事大吉了，对健身器材的使用、维护、检查等工作关注不多，没有指定专人对器材进行定期维护和检查，致使有些器材在损坏之后得不到及时维修，处于瘫痪状态。有的社区的健身器材严重滞后，缺乏维护更换的资金支持，致使健身路径很难满足居民的健身需要，更谈不上开展体育活动了。或者早期安装的健身路径，绝大部分"超龄服役"，设备老化、破旧、锈迹斑斑，或"缺胳膊少腿"，器材损坏之后，不能及时进行修理或拆除，给居民健身带来了安全隐患，于是健身路径失去了应有的职能，成为摆设和样子。另外，有的社区即使配备了维护人员，但他们也只是负责对器材进行看护，并不具备一些专业的体育健身常识，对体育锻炼方法了解得不够，因此很难对社区的体育工作提供科学的指导。再加上这些人员只是定期地对损坏的器材进行简单维修，与上级有关部门之间缺少沟通联系，使健身路径的作用不能得到高效发挥。

3.社区健身路径布局不够合理

在当前寸土寸金的大城市，一些开发商通常追求最大的建设效益，容积率较高，加上必需的绿化之后，很难找到较大面积的空地来布置、安装健身器材，这导致大部分社区的健身器材都安装得过于密集，或者一些社区不同种类的健身器材被零散地安装在一些边边角角的空闲地带，不能得到良好的衔接。然而，锻炼者最需要的是合理的练习方法和手段，要想使身体的各个部位得到锻炼，就需要用到不同的器材，用它们来进行不同方向、不同动作的交叉锻炼，从而使身体各部位得到最大限度的放松，缓解疲劳。因此，如果器材安装得过密或者太过分散，就不便于居民进行锻炼，而器材的作用也就不能得到充分发挥，这就影响了居民锻炼的心情，健身效果不能保证。

(四) 社区全民健身路径的发展对策

1.加强社区体育管理，科学合理规划社区健身路径

当前我国城市中大部分社区体育管理的制度体制还不完善，各级政府及相关部门要加强指导和扶持，把社区健身路径的发展规划作为体育工作的前提和基础；要结合本区域、本社区的实际情况，统筹考虑场地、资金及健身群体的需求，通过社区的民意调查，根据健身路径的优势，有计划地、有前瞻性地科学安排和设置健身路径，确保安装的每一个器材都能发挥出

最大的功用；要指导社区管理人员制定相关的开展体育工作的制度，建立体育组织机构，把社区的体育工作纳入所辖乡镇的管理考核当中，通过制度约束来不断加强社区的体育工作。

2.强化对全民健身路径的宣传

加强社区体育工作，通过社区健身路径的使用推广宣传，来营造全民健身的氛围；要通过社区宣传栏、广播或定期组织健身活动比赛等多种形式，调动全民参与健身的积极性，使广大居民增强自我锻炼的意识，认识到健身的重要性；相关部门要组织各社区间相互学习，通过开展路径器材展示、健身知识测试、健身表演等活动，培养居民参与健身、热爱健身的观念，使社区居民都积极投入健身路径的锻炼中来，用强健的体魄来证明社区体育工作开展带来的显著成效。

3.健身器材的管理

社区健身器材的及时修理、维护和淘汰、更新是开展体育工作的根本保障。社区要配备专门的健身器材管理人员，定期对健身器材进行检查维修，确保健身器材不“超龄服役、带病上岗”，使社区居民能在保证安全的情况下得到锻炼。政府及相关部门要加大对社区路径建设的投入，不断更新和完善必需的健身器材。同时，要吸引社会资本、企业家、社区能人等投入资金参与健身路径建设，为健身路径建设提供坚强的资金保证。

(五)社区健身器械健身方法指导

1.组合单杠

使用方法：人跳起，双手正握杠，做引体向上或者做悬垂举腿运动。注意事项：双手紧握横杠，防止摔下受伤。

2.平衡滚筒

使用方法：双手紧握横杠，双脚站在滚筒上，用脚缓慢向前或向后滚动滚筒。注意事项：紧握横杠，平衡滚筒静止时，才能上下器械，运动开始时要慢，然后逐渐加快。老年人、身患疾病者不能使用该器械。

3.太空漫步机

使用方法：手握扶手，双脚在踏板上，调整身体重心，双脚前后走动。注意事项：握扶杆时要拇指和食指相对，握紧扶杆，避免松脱摔伤。

4.健腰器

使用方法：双手紧握手柄，双脚平衡地站在圆形踏板上，或坐在转腰盘上，脚踏踏板，腰部发力带动下肢或身体左右滚动。注意事项：扭转时腰部要有所控制，幅度不宜过大；切记手始终不能离开手柄；留意自己是腰与肩同转还是只扭转腰，假如习惯只扭转腰的话，要保持扭腰的转角在45°以下，扭转速度要缓慢和平均，这样才能做到健身而不伤身。

5.腰背推拿器

使用方法：人体紧靠推拿器，上下左右缓慢运动。该器械较适合于老年人使用。注意事项：用力适中，动作要由缓到快。

6.跷跷板

使用方法：两人分别坐于坐板上，双手紧握扶手，腰部用力使主梁振荡。注意事项：两手应紧握扶手，振荡频率不应过快、过大。

7.单人健骑器

使用方法：坐在座椅上，双手握紧手柄，两脚踏牢踏板，脚向下蹬，同时手向后拉。注意事项：操纵时应抬头挺胸，双足踏稳。

8.划船器

使用方法：坐在划船器上，脚蹬踏板，双手前抓把手向后拉，重复模拟划船动作。注意事项：上下器械时要把握好平衡，以免摔倒。

9.跑步机

使用方法：双手握紧扶手，双脚分开站在踏板上做慢跑或走步运动。注意事项：双手应紧握横杠，防止掉下；双腿摆动幅度不宜过大，避免肌肉拉伤。

10.多功能锻炼器

使用方法：可做引体向上、曲臂撑、俯卧撑、扩展胸背、悬垂举腿等运动。注意事项：老年人及心脑血管患者须遵医嘱。功能：锻炼上下肢、肩、胸等部位的肌肉和活动技能。

11.蹬力器

使用方法：先坐上座椅，手扶两手把，脚蹬挡管，以自身为重量，反复多次蹬腿，训练5～8分钟。评分标准为连续蹬腿50次为优，连续蹬腿40次为良，连续蹬腿30次为中，20次为差。功能：增强腿部肌肉力量及提高下肢的运动能力。注意事项：禁止儿童使用。

12.压腿训练器

使用方法：根据自身的身高选择合适的杠高，单腿伸直放在杠上，收手拉脚尖,身体向前弯曲。功能:增强腿部肌肉力量及提高下肢的运动能力。注意事项:禁止儿童使用。

13.上肢牵引器

使用方法:手握把手,一上一下,转动转架。功能:提高上肢灵活及手脑协调能力。注意事项:适用于10岁以上人员;器械安全使用范围为2米;使用该器械时禁止嬉戏打闹;禁用该器械做使用方法以外的动作;运动者需注意单臂不可突然撤离,以免造成伤害。

14.双杠

使用方法:①分腿骑坐前进;②杠端跳起越杠追逐跑;③杠上外侧坐越两杠,摆动跨杠下;④双臂屈伸运动;⑤双杠举腿:双手握杠跳起成直臂支撑,双腿提起与上体成90°,然后返回原位为1次。功能:增强肩带肌群力量。注意事项:使用者体重不超过100千克;限用人数为1人。

二、社会不同群体的健身方法研究

(一)不同年龄群体的健身方法指导

5~17岁:每天60分钟中强度运动

少年儿童身体正处在生长发育期,心血管系统的重要器官——心脏还没有发育成熟,因此在体育锻炼中应对大强度、剧烈的运动加以控制,时间不要过长,应选择具有灵活性、协调性及速度性方面的运动项目,如跑步、游泳、篮球、乒乓球、足球、排球等运动。由于少年儿童的骨骼与肌肉还处在生长发育阶段,肌纤维横径还不够粗,力量素质相对较弱,在进行器械力量锻炼时,要注意掌握好适宜的负荷,应以中小负荷为主。

5~17岁的人应该每天累计至少做60分钟中等强度到较大强度的体力活动。60分钟以上的体力活动可以提供更多的健康效益。日常体力活动以有氧运动为主,每周至少应进行3次较大强度的体力活动,包括强壮肌肉和骨骼的活动。这就是说,对于少年儿童而言,活动不要太温和,强度要大一点,不能做到每天1次活动,至少也保证每周有3次活动。增强肌肉的活动主要是力量练习,增强骨骼的活动主要是撞击力的运动。比如走路对脚底的撞击力就不如跑步大。并且户外运动时紫外线照射在皮肤上,皮肤内的维生素D前体物质就容易转化成维生素D,促进钙的吸收。

18~64岁:每周150分钟有氧运动

中青年可以根据自身的条件和爱好来选择健身运动项目。中青年人由于休闲时间较少,因此健身时来去匆匆。有的人刚开始锻炼就有很大的强度和密度,这是不科学的健身方法,不仅容易造成肌肉和关节软组织损伤,还会对人体的心血管系统造成损害。因此,健身时先要做一些准备活动,如慢跑,做柔韧体操等。另外,中青年的运动健身项目要多样化,可多选择球类、游泳、韵律体操等全身性运动项目,这样才能使身体机能和素质得到全面提高。

18~64岁的人每周至少做150分钟中等强度的有氧运动,或每周至少做75分钟较大强度的有氧运动,或中等和较大强度两种组合的有氧运动。对于年轻群体,推荐较大强度的有氧运动;对于体质弱一点的人、刚开始运动的人或年龄大的人,推荐中等强度的有氧运动。运动时长可以是每周150分钟,每天30分钟,每周锻炼5天。但要注意的是,每天30分钟的运动最好一次完成。如果没时间,也可以每次锻炼10分钟,累计30分钟。为获得更多的健康效益,要达到每周150分钟的有氧运动,每周至少有两天进行大肌群参与的强壮肌肉活动。

65岁以上:每周3天练平衡

老年人如若健身方法不当,其健身效果将不理想,甚至会事与愿违。老年人进行体育健身活动的一个重要原则是"因人而异,循序渐进,持之以恒"。健身初期的运动量不宜过大,经过一段小运动量健身后,若身体感觉适应了,再适当增加运动量;若感觉身体不佳,一定要及时调整,减少运动强度和时间。老年人进行体育健身活动的另一个重要原则是要进行有氧运动,即运动自始至终以有氧代谢为主。这就要求运动强度不大,动作柔和缓慢,呼吸畅通,不感到憋气和心慌。散步、慢跑、打太极拳、健身舞、交谊舞等都是比较适合老年人的有氧健身项目。有游泳爱好的老年人也可以坚持这种健身项目。需要强调的是,老年人不适宜进行力量训练,如一些重器械的负荷练习或身体悬垂向上的力量练习。这类运动将引起血压急剧上升、心脏和大脑缺氧,会对老年人的心脑血管造成伤害。只要身体条件允许,老年人坚持每日健身是非常必要的。

老年人与成年人的运动建议基本是一致的。活动能力比较差的老年人,每周至少需要三天做提高平衡能力和防止跌倒的活动。因为随着年龄的增长,肌肉变得比较弱,一些骨关节疾病的发病率也提高了,再加上一些慢性病,平衡能力就比较差。所以,预防老年人跌倒是运动科学中非常重要的内容。老年人每周至少应有两天进行大肌群参与的强壮肌肉活动。有些老年人因为体质弱或疾病不容易达到推荐标准。对于他们来说,动比不动好,多动比少动好,在自己能接受的范围内,还是应该适当多做运动。对于一些坐轮椅的老年人,多做一些上肢运动也是可以的。

(二)不同性别群体的健身方法指导

1.男女身体差异

(1)男女激素水平造成肌肉不同

肌肉,人体的任何运动都是骨骼肌收缩的成果。男女的激素水平不同会造成男女肌肉的形状、大小也很不一样。

人体内同时存在着雌雄两种激素,只是男性以雄性激素为主,女性以雌性激素为主,正常情况下,两种激素比例是平衡的。在运动领域,雄性激素确实可以增加肌肉的体积、力量和持久力,也可以刺激血红蛋白的合成,从而提高血液携带氧气的能力。这也是很多奥运会上优秀的女性运动员,她们的身材、脸型具有一些男性特征的原因。

女性的肌肉中慢肌纤维比例明显高于男性,这种肌纤维的收缩速度慢,力量小,但能持续很长时间。换言之,女性区别于男性的激素水平和肌肉纤维,使其更加适合较长时间以及较大运动量的训练方式。

(2)男女脂肪水平不同

1)体脂肪量不同

女性的体脂率为18%时就能清晰地看到马甲线,如果是15%再加上适当的腹部训练基本上就可以练出腹肌了。

国外的文献指出,维持月经正常的体脂率至少为17%,维持女性繁殖能力的体脂率至少为22%。当然,这里面存在一个东西方人种差异性的问题,这个数值不一定适用于中国女性,但大概也可以说明问题。

相比男性动不动低于10%的体脂率,女性的体脂率比男性高出10%,因为脂肪是用来产生和储存雌激素的。女性自身的生理构造、内分泌系统决定了其体脂率必须在9%~12%,而男性的体脂率在2%~4%。

女性的体脂水平过低会出现很多健康问题,月经不规律就是其中一个最大的问题。不论是节食还是过量运动,短时间内迅速地改变人体的热量都有可能导致暂时性的闭经。这是一种天然的生理保护机制,机体在察觉到热量短缺和营养摄入不足后会断定“如果此时进行受孕行为一定会对母体和胎儿不利”，所以自动关闭了这一功能。所以，女性不来月经的原因除了怀孕，还有运动过量或者减脂过度的可能。

2)体脂分布不同

男人的美在于肌肉，而女人的美在于脂肪。女性脂肪最好能沉积在胸部和臀部，中间保留一个细腰，以便于能突出上面和下面丰满的地方。

2.男女训练差异

因为女性的体脂率以及脂肪堆积分布明显不同，所以在运动健身减脂的方式、方法上与男性也存在较大不同。

(1)训练方式不同

简单总结就是男人的要领为“大重量、低次数、高组数”；女人的要领为“低重量、高次数、高组数”；女人应该少做些高强度爆发力训练。

高强度爆发力训练有很多，如一次性怒举大重量、短距离冲刺等。女人的神经系统没有男人的有效率，所以就算女人有较佳的忍耐力，她们的爆发力也比男人的低。

因为肌肉纤维具有差别(前面说过的慢肌纤维)，所以在同一种强度的运动中，比起男人，女人更能忍受疲劳，可以做更多次的练习。另外，在组与组的训练之间，女性不需要那么多的休息时间，一方面是因为女性单次训练的强度或者重量不会太大；另一方面是因为女性忍耐疲劳的能力比较强。一般男性需要休息1分钟，女性可能只需要45秒就可以了。

(2)具体训练动作不同

男性健身主要是围绕力量训练来进行的，而女性相较于男性来说不需要发达的肌肉和分明的肌肉线条，所以女性的健身计划里不需要大重量的力量训练和非常细分的局部肌肉训练。女性的健身计划应当围绕着胸、腹、背、手臂以及臀、腿，以这些人体大肌肉群的训练为主。这些训练可以使女性的身材凹凸有致，更能体现女性线条的柔美。

因为女性在下肢力量上与男性差距较小，所以下肢的训练方法，无论是练腿的还是练臀的动作，男女几乎都是相似的。但是女性的上肢力量却不到男性的一半，甚至更低(25%～35%)，所以女性在训练上肢的动作上是有明显差异的。具体说，就是背、上肢、胸。

第四节 我国全民健身的现状及发展解析

一、我国全民健身的现状

(一) 体育锻炼的场地和设施状况

众所周知,每一项体育运动的开展,都需要一定的场馆和设施,场馆和设施是体育运动顺利开展的有力保证,也是全民健身运动顺利开展的重要条件之一。纵观我国的历史,虽然历经多年的努力,政府在体育场馆和设施建设上都有很大的投入,但距离满足大众的健身需要还存在很大的差距。体育场馆的建设速度极为缓慢,数量严重不足,人均占有场地量仍然很少。即便是北京、上海这样的国际大都市也是如此。

(二) 大众体育的消费状况

近年来,人民的生活水平有了大幅提高,在物质生活达到一定水平之后,人们把目标放到了生活质量上。"健康第一"的指导思想不断涌入人们的脑海,体育锻炼越来越受到重视。体育消费已成为大众消费领域的新话题,"花钱买健康"的理念越来越被人们接受。这时体育已从福利向消费过渡,从而走向市场化。文献资料表明,即便体育走向市场化,"健康第一"的指导思想慢慢被人们接受,但东部沿海地区的消费明显高于西部地区,城市的消费明显高于农村,这与经济发展不平衡的现状基本相符。迫于生活的压力,大部分人还是把精力投入了工作方面,为生活而奔波,没有过多的精力去关心自己的身心健康,也就更谈不上体育结构的消费水平了。

二、全民健身计划实施中亟待解决的问题

(一) 建立积极健康的全民健身意识

世界卫生组织(WHO)界定:健康不但包括没有身体缺陷和疾患,还应包括有完整的心理、生理和社会适应能力;健康不但包括不生病,还应包括正常的心理、生理、精神状态和对社会的适应性。健康是人人追求的崇高目标,是一个国家实现现代化的基本保证,也是社会进步的重要标志和潜在动力,达到尽可能高的健康水平是世界范围内的一项重要的社会目标。

促进健康是社会共同的责任，公民参与体育锻炼是显示综合国力的重要方面。青壮年公民更应该参与其中，因为其是社会推进全民健身的主力军。因此，要增强青壮年的全民健身意识，加大宣传教育力度，使其建立积极健康的全民健身意识[1]。

（二）加大投资力度，推进全民健身的持续发展

《全民健身计划》颁布以来，群众体育的开展取得了一定的成就，但各区域在经济发展上有较大的差距，于是不同地区的人们在消费观念上持有不同的态度，这导致部分地区的群众体育开展得并不理想，需要政府给予一定的扶持，只有这样，才能把《全民健身计划》这项活动落到实处。

（三）高度重视和保障体育指导员的培养

要想发展大众体育事业，真正提高全民体育锻炼的水平，就必须重视体育指导员培养的目的性。如果这一最根本保障都不能实现，那么即便其他方面的条件十分完善，其他各项事业取得了十分出色的成绩，也还是会陷入本末倒置的错误之中。有关部门首先应出台明确翔实的体育指导员认定制度，地方政府、公共社会团体、体育协会应为体育机构、场所、社区配备体育大学毕业或参加过体育指导员培训、具有资格证书的社会体育指导员。

（四）选择适宜的体育锻炼的负荷强度

增进健康的主要途径是参与体育锻炼，体育锻炼的效果是一个人获得健康的主要影响因素。据芬兰科学家报道，经常参与体育锻炼的人比不锻炼的人早死率低56%，偶尔锻炼的人比久坐不锻炼的人死亡率低23%。由此可见，锻炼对人体寿命的影响是很大的。参与体育锻炼必须以身体练习为基本手段，并承担一定的锻炼负荷，但是过高的锻炼负荷则损害健康，过低的锻炼负荷则达不到健身的目的，因此选择适宜的负荷强度也就成了进行身体练习获得健康的有力保证。

（五）体育锻炼场馆和设施不足且相对落后

近年来，我国体育锻炼场馆数量增多，绝对数量似乎可以满足大众需求，但是，其在分布结构、分布地点、利用率等方面存在很多问题，主要表现为：①居民参与体育锻炼活动的场所主要是自家庭院、居民小区、公路街

---

[1] 王金花：《健康中国与全民健身的融合发展研究》，北京：北京理工大学出版社，2018年。

旁，这些场所缺乏专业的体育设施和体育指导，并不正规；②由于区域差异和城乡差距。导致我国体育场所东部地区多，中西部地区少，城市地区多，农村地区少，且主要分布在学校和企事业单位周围，可以供普通民众利用的场馆和设施十分有限，利用率低；③与国外发达国家相比，我国体育锻炼场馆和设施设置相对落后，缺乏国际先进体育设施。

（六）体育市场发育不良，大众体育消费水平低

一方面，受经济收入和时间限制，我国体育消费主体需求量少，买方市场难以成型，大众体育消费水平偏低；另一方面，由于体育主体市场敏感度低，对产品质量问题不够重视，中介组织不健全等，所以体育产品品质差、市场主体缺乏自主性，难以形成健全的体育市场运行机制。

三、我国全民健身的发展趋势

（一）我国全民健身事业发展的总趋势

全民健身事业是社会全面发展的一项重要内容，全民健身事业的发展受到政治、经济、文化发展的制约和影响。因此，全民健身事业的发展趋势与国家政治、经济、文化的发展方向和发展水平呈相关性、适应性和一致性的特点。随着国民经济的持续、快速、健康发展，物质文明和精神文明的共同进步，经济和社会的协调发展，我国全民健身事业也将保持一个持续、快速、健康的发展态势，人民参与社会体育的物质条件会越来越好，全民健身计划的奋斗目标将会全面实现。随着人民的小康生活更加富裕，全民健身活动将会成为更多人的生活中不可缺少的内容。

我国全民健身事业的管理体制和管理水平将会随着社会主义市场经济体制逐步完善，随着经济增长方式由粗放性向集约性转变，而转变得越来越适应社会主义市场经济体制的要求，越来越适应人民群众日益增长的体育需要，建立起一个社会化、产业化、科学化、法治化、高效协调规范的有中国特色的全民健身体系，从而有效地保障人民体质的普遍增强。我国农村体育将会随着农村经济的全面振兴、农业现代化登上一个新台阶、农民收入显著增加、农村全面实现小康水平；我国职工体育将会随着公有制为主体、多种经济成分共同发展的格局的形成，随着以按劳分配为主、多种分配方式并存的分配制度的完善，随着国有企业现代企业制度的建立；我国落后地区体育随着区域经济协调发展，地区发展差距逐步缩小，城乡建设

的很大发展以及规模结构、布局合理的城镇体系的逐步建立，随着把社会全面发展放在重要战略地位的进一步落实，一定会改变落后、被动的局面，迈上一个大台阶。

(二) 我国全民健身发展的走向

1.全民健身将成为一种普遍流行的社会现象

进入21世纪以来，我国改革开放基本国策的稳步推进，社会、经济的快速发展，使我国体育事业的发展面临着良好的经济、社会发展环境和难得的历史机遇。国民经济持续稳步发展，产业结构和居民消费结构不断升级，城镇化水平不断提高，城乡居民人均可支配收入持续增长，群众生活水平显著提高。这些发展和变化使群众对生活质量有了新的、更高的追求，参与体育、享受体育成为他们的内在需求，体育将在群众生活中扮演越来越重要的角色。经济社会的发展为体育事业的进一步发展奠定了更加坚实的基础，创造了更加有利的环境和条件，群众日益增长的体育需求成为全民健身活动发展的强劲动力。

随着全体国民生存状态的日益改善和生活水平的不断提高，国民的工作状态和休闲状态必将逐步分离。五天工作制、日益增多的节假日、带薪休假制等法律法规的出台和日益规范，不断改变着国民的工作观和休闲观。缩短的工作时间要求有高效的工作业绩和工作质量，国民的体质状况、健康状态和身体素质成为适应大强度工作压力的基本要求和重要保障。“健身就是工作、健身就是健康、健身就是高的生活质量”的理念将越来越深入人心。

2.科学性、时效性和普及性是全民健身工作的目标和重点

全民健身在全面建成小康社会、构建社会主义和谐社会中起到十分积极的作用。国家体育总局和各级体育部门关于群众体育事业的未来发展都一致强调，全民健身工作一定要紧紧围绕党和政府的中心任务，服从和服务于国家社会经济发展的大局，坚持从实际出发、从基本国情出发，不断解放思想，与时俱进，在改革中发展，在创新中完善。充分发挥各级人民政府在推进群众体育发展中的主导作用，制定政策措施，积极宣传和强化各级政府在为人民群众提供良好体育公共服务的基本职能，广泛动员和引导社会各界支持群众体育事业，参与群众体育工作，努力探索群众体育社会化发展道路；坚持将满足人民群众不断增长的体育健身需求，提高人民群

众体育健身意识，增强人民群众体质健康水平作为工作的根本出发点和归宿；在思考问题、出台政策、完善措施等方面，坚持以人为本，切实关注民生，把“人民群众高兴不高兴、满意不满意、赞成不赞成”作为衡量我们工作的基本标准。

为了实现上述目标，国家体育总局指出未来的全民健身工作要深入研究和认真思考我国全民健身发展的现实基础，要摸清发展现状，总结成功经验，把握工作规律，破解发展难题，为长远发展提供依据。因此，开展全国、各地的全民健身现状调查，获得科学真实有效的基础数据，为未来全民健身的进一步发展提供科学的基础性数据；开展全民健身状况、活动方式喜爱项目、场地实施的研究，为他们提供科学的指导，解决突出问题；开展全民健身效果的研究、全民健身组织的研究等都将是未来全民健身发展的重要走向。全民健身事业的科技水平的不断提高，将使人民群众体育锻炼日益科学化。

3.全面实现小康社会将是全民健身事业的重难点

青少年是全民健身事业发展的重心，而农村是其发展的难点。对中共中央、国务院《关于加强青少年体育增强青少年体质的意见》进行认真贯彻落实，做好青少年体育工作。由于我国青少年的体质和身体玩的“天性”正在退化，在玩中自发学习和自我教育的机会的失去对于成长中的孩子来说是莫大的损失，也在一定程度上有损孩子的身心健康。为此，加强青少年体育组织建设，创建青少年体育俱乐部和青少年户外体育活动营地，继续加强国家级和省地市体育传统项目学校是全民健身事业重点。通过多种渠道为青少年提供更多更方便的体育活动场地，提倡在社区试点建设满足青少年参加体育活动的公共体育设施，组织丰富多彩的青少年体育竞赛活动，组织名家编写有知识、有吸引力、有趣味的健身知识读物，举办“全民健身大讲堂校园行”活动，与教育部、团中央共同组织举办“全国亿万青少年阳光体育运动会”等全国性青少年体育活动，都将是未来全民健身工作的当前和长期措施。

4.公共体育设施将以建设与开放并举为发展方向

建设和开放是未来我国公共体育设施建设水平全面提升的发展重点。我国公共体育设施建设在相当长的一个时段是以全民健身工程为龙头，求实创新推进全民健身工程建设。更好、更快地推进农民体育健身工程建设、丰富路径工程器材种类，探索路径工程创新发展之策，继续推进"全民健身活动中心""全民健身户外活动基地"建设，加强对体彩公益金的使用和全民健身工程器材质量的监督管理，使我国公共体育设施建设水平再上台阶。另外，学校体育场馆逐步面向公众开放，推进社会体育场馆向青少年学生开放，全面提升我国公共体育设施使用效率。

5.全民健身将要走一条社会化之路

随着我国政治体制的变革、经济体制的转轨，体育作为一种文化现象，社会化程度日益加大。政府包办一切的时代将日益弱化。目前，我国全民健身管理体制也正在向政府与社会结合型体制过渡。尽管政府行政部门在全民健身管理中仍发挥着重要的作用，但政府转变职能，走政府宏观调控，依靠事业单位、群众体育组织、中介机构等社会力量发展全民健身事业的道路变得越来越清晰。从国外发达国家的经验看，硬件建设靠政府，投入多元化、组织管理靠社团和健身活动依托各类俱乐部等，在我国也将是大势所趋。

从长远来看，我国全民健身新型运行机制必将会快速建立，全民健身的快速发展和积极推动必然会促使政府机构的改革和职能转化，政府将会越来越多地担负起宏观调控、协调、监督、引导的责任，全民健身的实际操作将会被交给社会各方，特别是各级各类体育协会去承担。随着体育改革的深化，我国全民健身将出现政府宏观协调，各级体育总会管理，各体育协会和群众社团具体操作的网络型组织结构。目前活跃的晨晚练点、辅导站，将同各种体育俱乐部一起纳入体协的组织系统，成为体协的基层组织单元。群众体育社团将不再徒有虚名，将真正成为我国群众体育组织体系的主体。

6.体育健身产业将促进经济的不断发展

随着社会的进步与发展，未来学家预测到，发达国家将进入休闲时代，专门提供休闲的产业在美国将占有国民经济的50%的份额。休闲时代也正大步向我们走来。我国体育健身和体育休闲产业将以前所未有的跃进姿态成为我国经济增长的新的生长点。体育健身、休闲娱乐、运动康复、体育旅游、新型户外运动、体育竞赛和体育表演以及相关的体育健身产业和附属健身服务业等都将极大刺激体育消费市场。全民健身在带给人们健康、快乐的同时，必将会对我国社会主义精神文明和物质文明的建设推波助澜,发挥着重要作用。

7. 社区体育逐步将向多元化方向发展

(1)社区体育组织网络化

随着人们体育利益取向的改变,社区体育必然要形成网络化的组织来满足居民的体育需求,街道办事处作为城市基层政府的派出机构,是城市基层社区的管理部门,该部门有责任、有能力,也有可能成为社区体育组织网络的依托。

(2)社区体育主体多元化

学生、在职人员、离退休及其他人员的体育利益取向的社区化趋势,必然会导致社区体育参加者的多元化。由于受闲暇时间的限制,日常性社区体育活动的参加者可能仍会以离退休人员为主。周末、节假日的社区体育活动参加者将成多元化趋势。

(3)社区体育活动业余化

目前社区体协和一些区域性体协开展的活动还没有做到完全业余化。今后随着企业经营机制的强化、事业单位的缩编、工作节奏的加快,非业余化的体育活动将受到越来越多的限制,清晨、傍晚、周末、节假日的时间将会被充分利用,社区体育活动时间的业余化程度将会不断提高。

(4)内容与形式多样化

人们对体育需求的不断增长,要求多样化的体育活动内容和活动形式。晨晚练活动中,现有的韵律性、表演性、传统性的活动内容将继续受到人们的青睐。随着社区体育场地设施的改善,其他竞技化、非竞技化的体育活动内容也将受到人们的欢迎。晨晚练活动和每年几次的比赛、表演等将难以满足全体社区成员的体育需求,楼群、庭院、里弄、家庭等多种形式的体育活动和竞赛将得到发展。

(5)设施有改善,利用率提高

社区发展滞后导致社区体育场地设施匮乏,条块分割导致社区内的体育场地设施利用率低下,随着人们体育需求的增长,体育价值取向的改变,全民健身计划的实施和社区的发展,将推动社区体育场地设施的建设和社区现有体育场地设施的充分利用。

8. 与全民健身有关的国民体质建设将进一步加强

个人的身体总是处于动态的变化之中,个人体质的好坏与遗传、环境、营养、体育锻炼等多种因素有密切关系。影响体质水平最为重要与最为现实的是三大要素，即遗传、营养、体力活动。体育锻炼是有目的、有意识、有计划的体力活动；营养和体育锻炼是两种自身可控制的因素，人们可以通过改善营养和参加体育锻炼增强体质。有计划、有目的、科学地进行体育锻炼，是增强体质积极有效的途径。科学研究证实，体育锻炼能改善神经系统的功能，提高循环系统、呼吸系统的功能，增强人体运动系统的功能，提高机体对外界环境的适应能力，进而提高人的体质水平。全民健身的不断发展将会逐步促进人们体质的提高，进而促进国民体质系统的建设。

四、我国全民健身运动发展对策研究

(一) 更新体育场所建设理念，合理布局体育场所

一方面，应及时更新体育场所的建设理念，根据民众的健康需求塑造最新理念，向“场园一体化”和“多功能”格局方向发展；另一方面，体育场所的分布结构应根据体育人口的年龄结构、分布特点、社会阶层等合理布局，以满足不同体育人口的健身需求。

(二) 大力培育体育市场，提高大众体育消费水平

培育体育市场，提高大众体育消费水平，最根本的是要提高国家经济发展水平，增加居民收入。经济是基础，经济收入在很大程度上影响消费水平。促进国家经济发展，提高居民收入水平，是实现这一目标的根本举措。此外，根据体育人口喜好增加健身运动项目，建立不同类型的健身俱乐部、体育协会等，提高居民参与体育锻炼的热情，完善体育市场运营体制，建立全国统一的、开放的体育市场体系。

(三) 大力培养体育专业人才

随着经济的发展和人们生活水平的提高，人们对健身、体育锻炼的需求逐渐增加。体育市场的拓展是大势所趋，一旦体育市场拓展了，各层对体育专业人才的需求将迅速增加。因此，各大体育院校增强了体育专业人才的培养力度，以便满足社会对各类体育专业人才的需求。同时，高等院校应积极承担社会体育指导员的培训工作，提高体育指导员的综合素质，壮大社会体育指导队伍。

(四) 加强宣传力度,提高全民健身意识

政府相关部门应加强宣传力度,在全社会范围内普及健身知识,弘扬体育精神,以提高民众对“全民健身计划”的认知,促进民众理解全民健身运动的价值。政府相关部门要利用报刊、广播、电视、网络等媒体形式,积极宣传全民健身运动的重要意义,提高全民健身意识,弘扬体育精神。

第二章 健康、亚健康与全民健康覆盖的内涵

第一节 健康与亚健康的内涵

一、健康

“健康不仅是免于疾病和衰弱,而是保持体格围内的一项重要的社会性目标”,这是世界卫生组织对健康所下的定义。健康是一个立体的概念,健康不仅指没有疾病,还指身体和精神的健康,是社会适应能力的良好。健康是人的第一状态疾病是人的第二状态人的第三状态就是亚健康。

(一) 健康的四个层次

健康有四个层次:①生理健康(身体健康);②心理健康(心理与环境的统一、心理与行为的整体性、人格的稳定性);③道德健康(每个人对健康有责任、对社会健康承担义务);④社会适应能力(人在社会生活中的角色适应,包括职业、家庭、婚姻、工作、学习娱乐角色的转换与人际关系)。

(二) 健康是基本人权

“达到尽可能的健康水平,是世界范围内的一项最重要的社会性目标”。每一个具备健康素质的人,不仅是自身客观上拥有健康而且要懂得基本的健康知识,具有追求健康的信念和安全意识,具备健康的生活方式,同时对他人、社会承担健康责任。

(三) 健康的级别

健康的级别:一级健康满足生存条件,无饥寒、无病、无体弱,能精力充沛的生活和劳动满足基本的卫生要求对健康障碍的预防方法的疾病和灾害,能够做到采取合理的预防措施;对健康的障碍能够及时采取合理的治疗和康复措施。二级健康(满意度条件),一定的职业和收入,满足经济要求;日常生活中能够享用最新科技成果;自由自在地生活。三级健康(最高

层次的健康),通过适当训练,掌握高深知识和技术并且有条件应用这些技术;能过着为社会做贡献的生活。

(四) 世界卫生组织对健康的十项标志

世界卫生组织对健康的十项标志有:①有充沛的精力,能从容不迫地担负日常繁重的工作;②处事乐观、态度积极,勇于承担责任,不挑剔要做的工作;③善于休息、睡眠良好;④身体应变能力强,能适应外界环境的变化;⑤能抵抗一般性的感冒和传染病;⑥体重适当、身体匀称,站立时头、肩、臂位置协调;⑦眼睛明亮且反应敏捷、眼睑不发炎;⑧牙齿清洁、无龋齿、不疼痛、牙龈颜色正常;⑨头发有光泽、无头屑;⑩肌肉丰满,皮肤富有弹性。

(五) 世界卫生组织提出新的身心健康的八个标准

世界卫生组织提出新的身心健康的八个标准有:①快食,吃得痛快;②快睡,睡得舒畅;③快便,顺利快速排泄大小便;④快语,说话流利、头脑清楚、思维敏捷;⑤快行,行动自如、轻松有力;⑥良好的个性,性格温和、调适情绪、适应环境;⑦良好的处世技巧,看待问题、做事以实现自我为基础,能被大多数接受;⑧良好的人际关系,有选择地与朋友交往,尊重他人、助人为乐[1]。

(六) 健康相关行为

1.行为

行为指的是有机体在环境影响下所引起的内在的生理、心理变化的反应。(有机体对外界刺激的反应)行为干预是指在行为诊断和分析的基础上,根据行为改变的方法和技巧,采取综合的促进行为转变的手段促使行为向健康的方向发展。

2.行为的分类

行为分为本能行为和社会性行为。人类的生物性决定人的本能行为:①个体生存本能:对饥渴的满足;②种族保存本能:繁殖抚养下一代;③自我防御本能:对外来威胁的反抗。人类的社会性决定人类的社会性行为。社会性行为是人类个体与环境相适应的行为是个体参与社会生活并接受良好的教育塑造而成的,是通过社会化过程确立的。

---

[1] 宋卉,刘华:《健康管理概览》,北京:中国轻工业出版社,2016年。

3.基本健康行为

基本健康行为有:①每天正常规律的三餐而不吃零食;②每天吃早餐;③每周2~3次适量的运动;④适当的睡眠(每晚7~8小时);⑤不吸烟;⑥保持适当的体重;⑦不饮酒或少饮酒。

二、亚健康

(一) 概念

所谓亚健康是处于健康和疾病之间的一种过渡状态,是从健康到疾病的一个量变到质变的准备阶段。世界卫生组织(WHO)称其为第三状态,国内常称为亚健康状态。据中国国际亚健康学术成果研讨会公布的数据,目前中国人中有15%是健康者,15%是病人,亚健康者多达70%。

(二) 亚健康的表现

亚健康与“慢性疲劳综合征”有许多相似之处最主要的是长期工作效率低下,容易疲惫,做事提不起精神;或者长期心绪不宁、失眠、健忘;或者长期食欲不振、精神萎靡、焦虑忧郁;或感到身体虚弱、心情沮丧、人际关系恶化。以上都是亚健康状态的表现。

第二节 全民健康覆盖的内涵界定

健康是人全面发展的基础,促进公民健康对于一个国家的经济社会可持续发展不可或缺。1977年,联合国大会提出了“人人享有卫生保健”,成为各国政府致力于改善公民福祉、促进社会公平的重要目标。1978年世界卫生组织《阿拉木图宣言》提出,“初级卫生保健是实现人人享有卫生保健目标的途径。”2005年第58届世界卫生大会提出的“全民健康覆盖”这一概念引起了各国政府和学界的广泛关注,众多研究者围绕这一概念进行了深入研究,并对实践这一目标开展了多种形式的探索。但学术界对“全民健康覆盖”仍存在着不同的理解和诠释。本研究拟从“人人享有卫生保健”角度,结合中国实践,探讨“全民健康覆盖”的内涵及其核心要素。

一、"人人享有卫生保健"的提出、实现途径及内容

1977年，针对国际和各国内部存在的四大问题，即不同人群之间健康状况存在明显差异；国家间、城乡间普遍存在卫生资源分配和利用的不平等现象；贫穷病、富裕病和社会病对人群健康和生命带来极大威胁；国家卫生计划和管理工作不足，世界卫生组织认为进行一场全球性卫生变革已势在必行。据此，联合国大会提出了"人人享有卫生保健"的目标。世界卫生组织在总结了包括中国在内的九个国家卫生工作经验的基础上，于《阿拉木图宣言》中提出，初级卫生保健是实现"人人享有卫生保健"目标的途径和方法。1979年，联合国大会将实现"2000年人人享有卫生保健"列入全球经济社会发展新战略。世界卫生组织在2005年第58届世界卫生大会又提出了"全民健康覆盖"的概念，并在《2013年世界卫生报告》里提出应进一步广泛深入地研究"全民健康覆盖"的内涵和实现方法。

人人享有卫生保健，包含两个方面的核心要素：①提供基本卫生保健；②覆盖全体人口。其中，"基本卫生保健"阐明了与社会经济水平相适应的基本服务内容，"人人享有"明确了全体民众都享有平等的健康权益。人人享有卫生保健战略的提出，明确了健康是每一个公民的基本权利，使得社会成员健康权利的实现有了明确的指导思想；强调了基本卫生服务的公平均等，保障全体公民得到基本卫生服务是各国政府的责任，政府必须采取行动予以保障。"人人享有卫生保健"既是志向性目标，又是一个不断实现的过程。所谓"过程"，意味着实现"人人享有卫生保健"不是时点的概念，而是涵盖不同层面、不同阶段的连续过程。"人人享有卫生保健"目标适用于不同社会制度、不同经济发展水平的国家和地区。虽然因社会经济发展水平和优先要解决的卫生问题不同，不同时期所要达到的阶段性卫生目标不尽一致，但"人人享有卫生保健"战略将发挥其现实和深远的指导作用。

《阿拉木图宣言》指出，初级卫生保健是一种基本的卫生保健，它依靠切实可行、学术上可靠又受社会欢迎的方式和技术，是社区中的个人和家庭通过积极参与能够普遍享受且负担得起的卫生服务；是个人、家庭和社区同国家系统保持接触，使卫生保健深入居民生活与劳动的第一环节。我国对初级卫生保健的定义为：最基本的、人人都能得到的、体现社会平等权利的、人民群众和政府都能负担得起的、与经济社会发展相适应的基本卫生保健服务。初级卫生保健的基本原则是大卫生观念、以基层为重点、预

防为主、采用适宜技术、提供综合服务。初级卫生保健的基本服务包括四大领域,即促进健康、预防保健、合理治疗和社区康复。初级卫生保健的基本服务内容与一个国家或地区影响健康的主要问题、社会经济状况和医学科技水平相一致。世界卫生组织提出的内容包括:对当前主要卫生问题及其预防和控制方法的健康教育,改善食品供应和合理营养,供应足够的安全卫生水和基本环境卫生设施,妇幼保健和计划生育,主要传染病的预防接种,预防和控制地方病,常见病和外伤的合理治疗,提供基本药物,预防和控制非传染疾病和促进精神卫生。八项千年发展目标均会对健康产生影响,其中有三项将健康置于首位和中心——儿童健康、孕产妇健康和控制艾滋病毒/艾滋病、疟疾、结核病及其他主要传染性疾病[1]。

二、科学理解"全民健康覆盖"

"全民健康覆盖"这一理念由来已久,全民健康护理、全民健康路径、全民健康保护等概念也曾反复出现在国内外文献和政策之中。2005年第58届世界卫生大会上,世界卫生组织正式提出实现全民健康覆盖的卫生系统目标,要求各成员国于2005年承诺建立本国的卫生筹资体系,从而保证其国民能够获得卫生服务,同时不会因为支付这些卫生服务费用而遭受经济困难。这一目标遂被定义为"全民覆盖",也被称为全民健康覆盖,并逐渐引起人们的关注并被广泛应用。之后,世界卫生组织在《2010年世界卫生报告》中又一次重申各成员国要实现全民健康覆盖的目标,将2010年世界卫生报告的主题确定为"卫生系统筹资:实现全民覆盖的道路"。2012年5月,第65届世界卫生大会的主题为"走向全民健康覆盖",并指出"全民健康覆盖与每个人相关,是一个强有力的平衡机制,能够消除穷人和富人、特权者和边缘人、年青人和老年人、不同种族、男人和女人之间的差距。"

世界卫生组织对全民健康覆盖的阐述如下:每个公民在产生卫生服务需求时,均能公平地获得经济能力范围内的医疗、预防、保健、康复服务;同时指出,平等获取和经济风险保护是全民健康覆盖的重要特征。为实现这一目标涉及四方面的要素:①有力、高效、运转良好、能够提供综合保健服务(包括为艾滋病毒、结核病、疟疾、非传染性疾病、孕产妇和儿童健康提供的服务)、满足重点卫生需求的公共卫生系统。这一系统可以为人们提供

[1]张雷:《高校体育文化教育与全民健身研究》,天津:天津科学技术出版社,2020年。

信息，并鼓励人们保持健康、预防疾病，及早发现健康方面的问题，有能力治疗疾病，帮助患者康复；②卫生筹资体系，确保人们在利用卫生服务时不经历财务困难(这可以通过多种方式实现)；③基本药物制度和诊断技术，便于诊断并处理医疗问题；④良好的医疗卫生人才队伍。同时，实现全民健康覆盖需要各政府部门的沟通合作。

对于“全民健康覆盖”的理解应该更加全面和深刻。回顾近代对健康概念的升华、服务模式的转变、制度影响因素的判断，可以清晰地看到全民健康覆盖理念形成和发展的轨迹。可以说，从“人人享有”到“初级卫生保健”再到“全民健康覆盖”，是事物发展具体深化的认识过程。全民健康覆盖的提出不是孤立的：“人人享有卫生保健”提出了未来一定时期内将要实现的发展目标；“初级卫生保健”则提出了实现人人享有卫生保健目标的途径和方法，其服务的具体内涵和任务根据本地区的社会经济发展水平及主要卫生挑战而设定，并随着社会经济发展和主要卫生问题的变化而调整；“全民健康覆盖”则更关注实现这一目标和任务的关键影响因素和应对措施，重点是制度保障。三者之间从纵向看是承接深化关系，从横向看也有交叉重叠部分。比如，对一些地区而言，在一个时期卫生筹资可能是实现全民健康覆盖的首要的、绝对的、根本的掣肘，故而卫生筹资体系成为其优先要考虑的关键。

因此，从人人享有卫生保健，到初级卫生保健，再到全民健康覆盖，卫生筹资都是一个永恒挑战。然而，一项政策和制度实施的影响因素是多方面的。实现全民健康覆盖的经济可负担，医疗保险制度全覆盖虽然非常关键，但也仅仅是实现全民健康覆盖的要素之一。经济可负担不等于卫生机构能提供服务；经济可负担和服务可提供不等于人人能平等获得服务；经济可负担、服务可提供和可获得不等于服务有效果。从我国深化医改的实践来看，在考虑卫生筹资的同时，还必须考虑卫生服务提供，以及实现人人享有基本医疗卫生服务目标所需要的相关体制、机制等制度性安排。无论从公共卫生服务系统，还是卫生筹资体系等角度看，实现全民健康覆盖深层次的矛盾是体制机制问题，最终必须通过制度性的安排来实现基本医疗卫生的全覆盖。因此，全民健康覆盖应是多维度的概念。

综上所述，全民健康覆盖是指围绕“人人享有”卫生战略目标，采用“初级卫生保健”策略，以制度、体制、机制作为保障，为全体公众提供公平、全面、有效的基本医疗卫生服务，并降低费用风险，最终达到改善公众健康的目的。全民健康覆盖的要点：一是“全民”，指全体国民公平享有基本健康权益；二是“健康”，指全民健康覆盖是以健康改善为最终目的，医疗卫生服务与风险保护都是为这个目的服务；三是“覆盖”，指不仅应关注费用问题，还应关注服务能力问题，更要关注体制、机制问题，以保证卫生体系能持续有效运转。不仅应关注基本公共卫生服务的均等化，还应关注服务质量、效率，更重要的是必须关注服务效果，即对健康的影响。

三、全民健康覆盖的核心要素

根据以上分析，全民健康覆盖的核心要素应主要包括风险保护、服务提供、服务获得和服务结果四个方面。

第一，风险保护覆盖，是指人们在获得促进健康、维护健康、恢复健康所需的基本医疗卫生服务时，不会有难以承受的经济风险或有陷入贫困的危险。为体现公平性，在风险保护政策设计上应充分考虑地域间、城乡间的经济发展水平差异、不同人群的经济负担能力，并设计适用于所有人群经济可承担的医疗卫生服务。风险保护覆盖反映的是制度所覆盖的范围、项目和补偿程度。

第二，服务提供覆盖，是指人们应当能够在居住地的适当范围内得到基本医疗卫生服务，而该服务的水平应当满足基本要求，服务质量可靠。服务提供覆盖反映的是服务体系覆盖的程度、服务能力和服务质量。

第三，服务获得覆盖，是指通过政府、社区、个人共同参与，每个人都能得到基本的、规范的基本卫生服务。服务获得覆盖反映的是真正能投射到公众身上的卫生服务的公平性程度。

第四，服务结果覆盖，是指国家卫生服务体系提供的基本医疗卫生服务、建立的医疗保险制度，对于改善健康状况的效果。服务结果覆盖反映的是国家投入、服务及制度对于公众健康改善的作用和卫生体系的效率、效益。其中卫生体系的效益应包含社会效益、宏观经济效益和满意度等。

第三章 全民健康背景下社会个体的健身需求

第一节 全民健康背景下大众体育健身的意识

一、全民健康背景下我国社会个体的身心状况分析

全民健康背景下，我国社会个体存在普遍而多样的心理健康需求。跨年代的研究显示，多种不同人群的身心健康问题有增多趋势，但与此同时，在心理健康服务体系比较完善的高校中，学生心理健康呈现改善趋势。这些现状提示了加强心理健康服务的迫切性和重要价值。

近年来，我国政府及有关部门日益关注国民的心理健康服务需求。2016年12月30日，国家卫健委、中宣部等22部门联合印发《关于加强心理健康服务的指导意见》（以下简称《意见》）。《意见》指出，“加强心理健康服务，开展社会心理疏导，是维护和增进人民群众身心健康的重要内容，是社会主义核心价值观内化于心、外化于行的重要途径，是全面推进依法治国、促进社会和谐稳定的必然要求。”《意见》提出了加强心理健康服务的基本目标，即“到2020年，全民心理健康意识明显提高。各领域各行业普遍开展心理健康教育及心理健康促进工作，加快建设心理健康服务网络，服务能力得到有效提升，心理健康服务纳入城乡基本公共服务体系，重点人群心理健康问题得到关注和及时疏导，社会心理服务体系初步建成。到2030年，全民心理健康素养普遍提升。符合国情的心理健康服务体系基本健全，心理健康服务网络覆盖城乡，心理健康服务能力和规范化水平进一步提高，常见精神障碍防治和心理行为问题识别、干预水平显著提高，心理相关疾病发生的上升势头得到缓解”。我们期待着各地心理健康服务能力日益提高，能够更好地满足国民心理健康需求，维护和提升各类人群的身心健康水平。

二、我国大众体育健身意识的基本概况

体育意识是指人们对体育及其重要性的认识以及由此产生的思想观念、心理活动等的总和。改革开放以来，随着经济、社会的不断发展，特别是全民健身计划的推行，我国大众对体育健身有了一定程度的认识，对身心健康也倾注了越来越多的关心，人们感受到了体育的重要性，这无疑是社会的一大进步。

但总体来讲，人们的体育意识还不够强，参与体育的热情还不高。目前，我国体育人口数量十分有限。

因此，为了推动《全民健身计划纲要》的贯彻落实，切实有效地引导和培养大众的体育意识，有必要对影响和制约大众体育意识的深层原因有一个清醒的了解和认识。

三、我国大众体育健身意识淡薄的原因探析

(一) 历史的回顾

中华民族具有善武的传统，历史上产生了丰富的健身术。从远古到冷兵器时代，种族的延续、家园的保卫、资源的争夺等都是以士兵的体力、体质、武艺为依托。面对恶劣的自然环境和残酷的社会环境，强身习武，提高体能便成为当时主要的生活方式，并由此形成了一个强劲的、得以持续发展的健身活动的社会氛围。遗憾的是，当时社会主体价值观念的健身和崇尚武力的精神自汉武以后开始遭到扫荡，文弱之风骤起，重文轻武的价值观念和社会心理逐渐形成，并在宋明理学的影响下达到了前所未有的严重程度，其惯性延续至今，伴随而来的还有审美观念的畸变[1]。

(二) 经济的制约

经济因素是一切社会因素中最基本也是最重要的因素。经济的发展取决于技术的进步，技术决定着生产方式和生活方式。人们的观念总是社会历史的产物，由所处时代的实践方式，生存方式所决定。技术、经济的发展推动和导致观念的变革。根据怀特的文化进程理论，技术系统理应有足够的发展，才能为人们提供足够的提炼意识的领域，才能真正做到意识的进步。由于历史的原因，我国经济一直处于较低发展水平。虽然改革开放

[1]刘芳，李田天，张蕊：《全民健身背景下》，长春：吉林文史出版社，2018年。

以来，我国经济增长速度较快，但总的说来，我们还处于经济落后国家行列。目前我国大众体育意识淡薄与现有的经济发展水平不无关系。

(三) 传统文化的影响

体育，作为一种社会文化现象，正逐渐进入人们的生活中。但同时我们也应该看到，在对生活方式的选择面前仍有不少人迷惘困惑。从深厚的民族文化的土壤里培育出来的传统价值观念和心理积淀，还深深地影响着人们体育意识的重建和体育生活化的进程。

中国文化价值体系中的“重义轻利”，知足、安贫、不争、克己和“万般皆下品，唯有读书高”等一系列的固定的文化心理模式，成为支配人们生活行为模式的普遍理想和要求，其惯性延续至今，时隐时现地支配着人们的生活意识、观念和行为，也直接或间接地影响着体育意识的生成和体育生活化的全面推行。同时以“小农”经济为基础，官本位利益为根本的传统思想还深深地影响着人们的生活行为。我国社会主义市场经济初期，权本位和钱本位思想仍然主导着人们的生活目标，成为人们追求成功的价值取向，使人们对各种事物的价值评价和选择的秩序上把体育置于无足轻重的地位，在智慧和信仰方面表现为现实利益的实用功利性。人们追求名誉和地位，追求物质财富的满足并以自身的身体健康作代价，忽视了人体自身的发展。

(四) 教育的滞后

1.家庭教育

在我国，由于受生活水平和传统价值观念的影响，家庭文化建设一直是一个薄弱环节。不仅人们的生活方式忽视了体育的存在，而且家长为孩子设计的理想和人生目标也表现出极强的功利性。其结果是对孩子进行单纯的、甚至是过度的智力开发而普遍忽视健康体育、忽视孩子身体、智力和人格的协调发展。同时家长本身的体育意识十分薄弱，对体育健身和健康缺乏足够的了解和认识，对体育健身表现出消极的态度和行为。这无疑会对孩子造成极大的负面影响。

2.学校体育

学校教育的作用是培养能适应社会的人，不仅培养人的生存和发展的技能，而且要培养人的思想意识和观念。学生在校期间接受系统的体育教育对培养学生的终身体育意识和能力具有不可低估的作用。但缺乏生机的学校体育教育却无法担当起这个重任,致使大部分学生离开学校后便放弃了体育活动。主要表现在:①传统学校体育缺乏终身体育意识、兴趣、习惯和能力的培养,追求短期效应,忽视长远利益;②全国范围内统一大纲、统一教材、统一要求的大一统的学校体育无法满足不同民族、不同地域的学生的需要。同时,中国人比较注重保健的文化传统,喜欢自娱式的健身方式,在项目选择上主要是健身、健美保健和体疗康复等内容。而以竞技运动项目为主的学校体育显然难以满足大众健身的需要,表现出学校体育与终身体育的脱节。这无疑会影响学生在校期间和进入社会后的体育兴趣的产生和体育习惯的养成,妨碍终身体育意识的建立和发展。

四、体育认知、体育情感、体育态度——当代大众体育意识培养三部曲

2007年美国运动医学会协会提出了“运动是良医”这一理论概念,并将该理论视为一项解决全球性的健康促进行动用以解决公共卫生问题,目前已在全球许多的国家和地区得到应用和推广。2012年6月在我国正式启动。“运动是良医”的目的就是以增加体力活动为手段,促进全民健身推广、预防慢性疾病的形成。在倡导全民健康的时代背景下,体育意识如何养成已逐渐发展成为一个具有高度研究价值的领域。

体育意识是一个人对体育有关知识以及体育活动的自觉认识以至于自觉自愿参与其中的思维活动,包括了“知”“情”“意”“行”四个部分。“知”的含义就是大众对体育的认知了解的过程;“情”代表了人们对于体育认知之后所产生的情感;所谓“意”,是指人们对于体育活动参与的主观意愿,也就是个体体育参与意识的养成;而“行”指的就是借助意识的能动性而产生体育行为。体育意识养成问题的析出,是源于当代大众体育意识还尚存一定的不足。在对健康与运动关系的反思中,人们认识到体育锻炼作为一种增进健康的有效手段,能够并且能有效促进人的全面发展。体育参与意识的强弱直接关系到人们体育活动的参与度,因此,加强体育意识培养显得尤为重要。

(一)体育认知是体育意识培养的“基石”

当今高度发展的社会是一个媒体化的时代,在如今多媒体化的社会

里，国民大众对于事物的获取更多的源于各种媒介终端，如手机、iPad，以及各种电视平台。传媒业已然成为大众获取体育消息与社会交流的主体。国民大众对于体育的认知，也更多地源于手机、电视或网络等媒体的赛事转播，以及体育新闻和各种广告宣传。

1.如何理解体育认知

我们先了解一下有关概念。认知，即“cognitive”或“cognition”，意指知道或具有某方面的知识。我们现在所说的“认知”，原本是心理学中的一个专业术语。《美国百科全书》对此的解释是：“认知是生物个体从客体处获得某些思想或理解认识的心理过程，也是个体从外界获取世界知识的一个过程。”

由此我们可以总结出，体育认知是人们通过认识体育、了解体育或者是参与体育活动之后所获取和产生心理活动的过程。人们去认识体育，了解体育，认识到体育活动对于自身的重要性，这些重要性包含心理方面和生理健康方面。

2.体育认知与体育意识培养的关系

国民大众对于体育类事物的认知无非是以下两种情况。

第一，认识了解尚未接触的体育活动或事物(体育认知)→在接触该类事物后产生情感(体育情感)→喜欢→养成参与的习惯(体育态度)。

第二，认识了解尚未接触的体育活动或事物(体育认知)→在接触该类事物后产生情感(体育情感)→不喜欢→未养成参与的习惯(体育态度)→尝试其他事物。

因此我们可以看出，人们参与体育活动的一大因素便是对体育的喜欢与否，而对于体育的喜爱与否，关键在于其对体育的认知。意识是人类这一生物体所拥有的特殊精神活动，其中包含了感性认识和理性认识以及情感、信仰和意志等多个方面。因而，体育的认知过程是多方面的，也是有层次性的，是由感性认识过渡上升到理性认识的一个过程。人们最初对于体育的了解，是通过视觉系统配合听觉等感官系统，引发自身大脑的思维活动，并对与自己所中意的体育活动产生兴趣。例如，有的人喜欢动作飘逸美观的花样滑冰，有的喜欢荷尔蒙爆棚的散打与拳击。在感性的认识上升到理性认识之后，才会慢慢深入认识体育活动，也逐渐对下一步体育情感的产生起到了良好的推动作用。对体育意识的认知层次有深浅之分，但唯有上升到理性认识的体育认知才能更好地发挥其能动性，并通过体育行为的方式作用于参与者。

3.如何去培养体育认知

那么如何来培养国民大众的体育认知？我们要根据体育认知培养的需要来提供方法。国外有关认知培养的方式方法已有很多，并且针对体育认知培养和训练的方式方法进行了大量的实验研究。多项研究表明，个体主要通过实际的练习操作自然而然地去感知和获得有关认知方面的知识，特别是自身对于实际体验的获得。持这一类观点的学者认为，认知体验只有在具体实际的认知操作活动中才有可能获得认知体验，强调的是参与，而元认知体验恰恰是认知培养的关键因素。因此，我们不难看出，体育认知的培养注重的是实际操作。

体育认知的途径是多方面的，出于对体育的喜爱，多数人群会以各种不同的方式，不同程度地参与体育运动，并获得相关的体育体验和体育认知。在现代化技术的今天，移动终端、大众传媒以自身独特的优势和特点已经成为我国大学生获得体育认知的主渠道。在大数据时代的今天，各种消息推送、赛事直播能够随时获取，各项移动终端能够随处可见，我们可以充分利用媒体这个绝佳的传播媒介，去认识体育、了解体育。

（二）体育情感是体育意识培养的“中心点”

情感作为人类独有的意识特征的一部分，其与认知具有协调一致性，是一种较复杂而又稳定的生理评价和体验。情感在形式上表现为喜、恶、同情、关爱、思念、迷恋等意识理念；在行为上有笑、哭、动等表现形态。情感作为由情绪的升华而形成的对一定事物而产生的稳定态度，对人的行为的影响是深层次的、持久的。

1.什么是体育情感

体育情感包括情与感两个方面：感是对有关体育事物信息的集中接受，是感悟、是理解；情是对体育的感情喷发、发泄，是在认知、理解、感悟的基础上发生的意识共鸣。当人对于体育相关的事物有了深入的了解之后，便会爱不释手，难以舍弃，于是便产生了体育情感。有关心理学的书籍中所提到的情感，解释了情感作为人类所特有的心理现象之一，指的是个体同自身的社会性需要相关的主观体验。人类所具有的高级社会情感主要包括道德感、理智感、美感。体育情感，可以归属于美感之列，即人们对于体育活动的参与，感知而逐渐产生了内心情感体验，产生了对于美感的追求。作为情感分类中美感的一种表现形式，体育情感是由主体在客观环境中参与体育活动产生的。

2.体育情感与体育意识培养的关系

体育运动心理学的书籍中曾经提到，情感具有动机功能，是动机系统的一个组成部分，其能够激励人的活动、提高人的活动效率。就此看来，体育情感的培养是通过产生体育动机的来激发大众参与体育活动的意识的。因此我们可以理解为，产生了体育情感，便会产生体育参与的动机，而体育动机便是体育意识养成的"中心点"。

体育情感既可以成为自己参与体育活动的内驱力，也可以促使自己学习体育相关的理论知识。体育情感不仅影响着行为，同时也影响我们的身心健康。因此，我们要试着从多种途径去培养自己的体育情感。体育情感的培养取决于对体育的认知。当我们正确认识健康的重要性以及体育所能带来的对健康的益处之后，我们自然而然地就产生了对体育的情感。学者伊扎德认为"情绪与情感处于人格结构的核心位置"，并且众多有关现代情绪与情感的理论也揭示了情感在对个体的人格结构培养中的核心地位。因此，这可以表明体育情感对于自身体育意识养成的重要性。

3.怎么去培养体育情感

体育情感的培养，重点在于自身的参与体验。体育活动的参与体育情感的养成，两者形成了一个良性的循环。获得的体育情感越高，自身所产生的体育参与积极性就越高；而由体育积极性产生的体育参与度越高，自身所获得的体育情感反馈越是更好。因此，要想培养体育情感，首先要培养对身边有关体育的事物的兴趣，并积极参与其中，获得初步的体验；其次要简单地学习一些有关体育的理论知识，无论是通过各种书籍或是媒介了解体育本身对于健康、心理以及社会适应性的益处；最后充分将情感与行为二者相结合，以达到体育情感培养的目的。

（三）体育态度是体育意识培养的"最终目标"

1.什么是体育态度

体育态度的养成即为个体形成了终身体育的观念，把体育生活化。体育态度是个体对体育以及参与体育活动的认可，也是个体在长期的家庭、社会等外界环境影响下，从一定的体育直接经验和间接经验中所获得的。体育态度对体育活动有明确的指向，体育态度一旦形成，就会直接影响到个体的体育参与行为并对其产生明确效果。

现今的生活节奏不断加快，工作生活压力也逐渐增大，因此养成良好的健康卫生习惯，以及有效的疾病预防习惯，已经刻不容缓。养成良好的健康健身意识显得尤为重要，不要等生病再去看医生，不要等到肥胖之后再去考虑减肥。

2.体育态度与体育意识的关系

从体育情感的养成至产生体育行为之间，体育参与动机是关键。动机作为个体进行活动的内部动力，能够推动一个人参与活动。而运动动机正是推动人们去参与到体育活动中的内部动力。体育动机根据自身需要的特点，可分为体育参与的直接动机与间接动机。直接动机是以直接的兴趣为主，自身主观有参与活动的意愿，并参与到体育活动中去；间接动机则是指自身参与体育活动是由于一定的客观条件或需求。体育情感的培养，即对体育直接动机的培养。

体育运动动机的产生有两个充分必要的条件。其中之一是个体对体育运动的需求，即内驱动；另一个是行为的目标即外驱动。体育活动参与的外驱动包含诸多，主要有建成环境、邻里交往关系、设施客观条件等。研究表明，安全，美观，低污染的社区环境以及能够容易进入的娱乐和公共设施有助于增强中国城市中老年人的休闲性体力活动的参与度。另外，内驱动是指自身对体育的认识。在有关对体育类活动的倾向进行测量中，内隐锻炼态度效果显著，显著地提高了对大学生体育锻炼行为的参与有准确的解释力。当驱动力大于制动力时，锻炼欲望会使增强提高，锻炼的欲望增高，锻炼持续下去，反之欲望消退，锻炼终止。

3.如何培养体育态度

一项有关高中生体育态度的研究表明，对体育态度的培养与转变的措施主要包括积极地参与各项体育有关活动；提高体育活动在日常生活中各项活动中的地位；多接触体育有关的书籍、期刊等理论相关的内容等。尤其是在体育态度的培养过程中，一定要避免消极态度的产生，防止出现懒于活动、羞愧自卑的态度。

体育态度的转变的过程是由同化阶段向内化阶段的转变。体育态度的同化阶段是指自身参与体育锻炼的态度是出于自愿；内化阶段指的是参与者自身已经将对体育的认识纳入了自身的价值体系，并且成为自已态度体系的一部分。体育态度的内化阶段支配下所产生的体育行为是最为自觉和稳定的。因此,在培养体育态度由同化阶段转向内化阶段的过程中,可以借助外界环境,增强体育活动的趣味性,娱乐性等方面,合理降低体育活动的难度,减少参与者的挫败感,进而起到良好的效果。

五、全民健康背景下提高大众健身意识的对策

"全民健身计划"是一个跨世纪的、宏伟且系统的工程,体育健身意识是通过个人,由对体育健身重要性的认识转化为对体育健身的归属观念。要想增强大众的体育健身意识,实现具有中国特色的全民健身体系,就必须从增强全民健身意识入手,纠正对体育健身认识的偏颇造成的负面影响,使人们重新认识体育健身的意义和功能,营造出一个全方位、多层次重视发展全民健身的社会氛围,逐步实现全民健身与全民健康的目标。

(一)把《全民健身计划纲要》真正落到实处

改革开放以来,由于国民经济的快速发展,人均收入的不断提高,逐步为大众参与体育健身提供了前提条件和基础。根据社会和国民的需要,政府决策者大力强调竞技体育和群众体育要协调发展,并颁布了《全民健身计划纲要》说明了党和政府意识到群众体育发展对社会主义市场经济的建立和国民体质增强的重要性,也说明了对发展群众体育活动的决心和重视程度。作为执行者的各级体育职能部门应抓住这一契机,积极转变"金牌"战略为主导的体育观念,将全民健身放在与竞技体育同等重要的位置来抓。在具体实施过程中,不能只是为了配合某种需要或一时应景,将全民健身与"万人××大行动"等形式主义等同起来,不能让群众体育的水平仅仅停留在一年一度的地区、行业和单位的运动会上。要认真领会并坚决贯彻执行《全民健身计划纲要》,脚踏实地做一些让广大人民群众看得见、摸得着的实事,从舆论引导、组织管理、活动场地、经费落实等方面给全民健身提供优惠政策和条件,放开手脚大力扶持符合国情、民情的社区体育、休闲体育组织形式,尊重体育发展的客观规律,为群众体育创造一个良好的发展环境。

(二)引进新的经营机制,改变运作形式,形成全社会共同组织管理群众体育的格局

长期以来,我国体育都是由政府统一管理的,是一种公益事业,属典型

的政府行为。在体育经费严重不足的情况下,国家将有限的资金投入影响较大有完善评价体系的竞技体育中,这在一定的历史时期取得了明显的效果,国家声誉不断提高,国民精神为之振奋,但群众体育也因此长期处于一种缓慢发展的境地。要从根本上解决这一矛盾,就应遵循体育应按照经济和社会法则“自由”运作的规律,将经营机制引入群众体育中来,打破群众体育投资主体、组织管理形式单一以及各单项体育协会“垄断”比赛的局面,并鼓励、支持、吸引社会各界的资金、力量,大力发展符合中国国情、民情的体育健身俱乐部,使体育投资体制向多元化方向发展。要认识社会办体育虽然初衷不同,但繁荣群众体育的客观效果是一致的,最终必将殊途同归。各级体育职能部门应将工作重点放在宏观调控群众体育发展上来,制定相关的法律法规和完善的评价体系,加强对健身及娱乐市场的管理,积极引导、扶持,使群众体育能够完全按照市场经济规律和“自由”运作的法则稳步健康的发展,形成全社会共同组织管理群众体育的格局,从而使全民树立对体育价值意义的社会共识,使其动作方式更有利于扩大其社会效益。

(三) 体育健身内容、方法应丰富多彩,吸引更多体育人口

体育的主要功能是教育、健身和娱乐,群众体育作为体育的一方面也是如此。所以,其目标、内容、方法体系应是多元化的、多层次和包罗万象的。在强调教育、健身功能的同时,还应考虑到娱乐和消遣作用,健康的概念不仅是身体的强壮,也包括心理和精神的健康。要想使大众体育健身活动蓬勃开展,就必须从娱乐体育入手,逐步引导体育健身意识和行为的成熟。健身的内容、方法应从做操、跑步、打球这种单调枯燥的“老三样”中解放出来,引进和发展国内外的游戏、民间体育、休闲体育等非奥运竞技体育内容。在城市、社区、集体单位之间,大力发展能体现民族特色、地域特色、职业特色,充满娱乐和竞争,符合个人兴趣的运动项目。如德国各城市间举行的《夺标》比赛,使群众体育内容和方法更加丰富多彩,吸引更多的体育人口,把他们从看别人夺标、为别人欢呼的文化娱乐方式中引导出来投入自己参与、为自己欢呼的体育健身娱乐方式中去。

(四) 树立生命在于运动、自我健康投资的现代生活观念,变被动为主动

调查表明,我国在校青少年由于体育教学形式单一,通常在被动状态

下参加体育活动，使身心不能同时得到健康发展，进入社会的年轻人和肩负重任的中年人，迫于工作、生活的压力则很少进行体育锻炼，其身体健康受到了不同程度的损害，导致英年早逝的现象屡见不鲜。在全民健康背景下，继续坚持改革开放，以经济建设为中心，加速发展经济，增强综合国力，提高国民收入，为大众体育的发展奠定雄厚的物质基础，满足人们日益增长的物质和精神需求。引导大众树立正确的体育健身消费观念是摆在我们面前的重要任务之一。通过积极倡导自我健康投资这种现代文明的生活观念和方式，使大众的体育消费与衣、食、住、行一样，成为人们生活的重要组成部分。这既是建立和强化大众体育意识的前提，也是社会主义建设的终极目标。

（五）运用各种媒体广泛宣传，营造全民健身的良好氛围

体育活动的组织完善，内容形式丰富多彩、简便易行，为大众所喜闻乐见，符合中国人的生活水准和生理、心理特点，科学地指导和监控等，对人们参与健身活动可产生积极的影响。只有人们参与体育锻炼的自我意识得到强化和端正，树立了正确的体育锻炼意识，其参与大众体育活动的行为才能更加积极和主动。在大众体育健身意识还未真正提高的今天，我们应充分利用各种传播媒体的强大优势，像宣传和炒作奥运会、亚运会、甲A联赛等竞技体育一样，运用电视、广播、网络、新媒体等工具广泛、深入、细致、持久地宣传全民健身的重要意义和科学的体育健身观念。注重传媒“隐性的教育”作用，重点报道群众体育的内容，重视体育健身科普杂志、文章和读物的出版发行，强化大众参与体育健身的意识，以营造出一个火热的崇尚健身、参与健身的社会氛围。

（六）由政府支持，合理地规划和布局体育设施，大力发展大众性体育社团

政府在进行体育设施的规划时，应同国民经济、社会发展计划和城乡建设计划一起相互融合，与城乡建设相结合，在交通便利的情况下，尽可能地考虑接近服务对象，不同类型的体育设施要相对集中，这样才能有助于促进全民健身的发展。大众性体育社团发展的瓶颈是资金问题，光靠体育社团的自身发展是远远不够的，政府在正确引导其健康良性发展的同时还要适当地给予其资金的支持，这样才能让其更好地服务大众体育，让大众体育更好地开展。

第二节 我国城市居民的体育健身需求分析

改革开放40多年以来，我国经济发展取得了长足进步。随着人均可支配收入水平的不断提高，体育需求已成为人们生活需求不可或缺的一部分。分析和研究城市居民的体育需求，对倡导城市居民树立正确的体育健身观念，形成正确的体育健身心理，促进我国城市居民体育的发展具有一定的指导作用。

一、我国城市居民体育需求的现状

我国城市体育虽然在近年来取得了一定的成就，但是在整体水平上还是远远落后于发达国家大中小城市的体育水平，我国城市地区的体育无法与发达国家城市地区得到的体育水平同步，其主要原因在于体育项目仍未合理有效地在我国城市地区得到普及。通过对网络渠道了解到我国一些中小城市的体育现状得知，在我国经济社会快速发展的时代背景下，城市地区的公共体育设施得到较大的改善，尤其在一些城郊地区，体育项目也开展得丰富多彩。

在一些城市社区每年都会定期举行具有社区特色的体育运动会，让城市农民主动积极地参与进来，了解和掌握一些基本的体育知识。除此之外，区政府的政策宣传发挥了很好的促进作用，城市居民积极响应“全民健身”的号召，运动锻炼的热情十分高涨。然而，对于我国广大的城市地区而言，目前还有部分较不发达的城市对于体育的开展还没有达到普及，但是总体而言，城市居民的体育参与度虽然很高，但是由于对基本体育技能不了解或者不熟悉，因而无法准确地开展一项体育运动技能；而对于某些社区体育运动会的开展没有较高的活跃度，体育专业技能不高。由此可知，我国城市居民的体育需求现状仍面临着诸多关键性和实质性的问题。

二、我国城市居民体育需求存在的问题

（一）我国城市居民对体育需求满足度不高

现阶段，我国城市居民对于体育组织管理类的需求层次较高，而体育资源类需求以及体育指导类的需求属于次级，随着体育运动的不断发展，

体育观赏类需求呈现出不断上升的总体趋势。实际上，这在一定程度上反映了现阶段我国城市地区的体育组织管理相当薄弱；仍未形成优良的体育运动氛围；缺乏优厚的体育运动资源；缺少专业的体育运动指导人才；无法充分满足城市居民的体育需求[1]。

(二) 我国城市居民对体育需求较为传统老旧

现阶段，我国城市居民对体育运动项目的需求普遍较为传统，大体上都集中在一些具有较强的健身性、竞技性和娱乐性的体育运动项目，且绝大多数居民喜爱大众化的体育活动，如羽毛球、乒乓球、跑步、竞走等。

(三) 我国城市居民的体育意识较为薄弱

现阶段，我国城市居民对体育的了解和认识的程度通常仅限于表面上具有增强体质、锻炼身体的功能，对于更深层次的体育需求认识程度并不是非常透彻。根据相关体育部门的调查统计数据显示，目前，我国居民每星期参加体育锻炼5次以上仅占全体城市居民的29.6%，而每星期参加体育锻炼少于1次的占据了全体调查人数的32.60%。因此可以看出，现阶段大部分城市居民的体育运动意识还较为欠缺，每星期锻炼的频率仅为1次或2次。

三、完善我国城市居民体育需求的对策建议

(一) 发挥社区作用，提高体育指导员带头作用

城市社区中的体育指导员要主动发挥作为指导员的带头作用，积极引导所在城市的居民进行基础体育的学习，使城市居民能够基本掌握一些与体育运动相关的技能和方法，定期地组织城市居民进行户外体育活动锻炼，开展娱乐性体育比赛项目，协助医疗机构开展对社区居民的身体健康检查活动，并且城市中的各个社区还应该加强对体育运动项目的推广，加大体育锻炼宣传力度，为城市居民营造一种良好的体育健身氛围。

(二) 倡导健康运动，大力开展大众化体育项目

我国城市居民参加体育活动最主要目的是使自己的身心得到全面发展。在经济高速发展的时代环境下，同样需要城市居民养成一种积极向上的心态参与各种体育健身活动。追求多元化的体育活动形式，参与可行性

[1]王金壮，王发昌：《休闲体育与社会体育的发展》，北京：中国戏剧出版社，2012年。

较高、品味较高的体育项目，追求体育运动质量的升华，努力提高城市居民生活的满意程度，让城市居民的体育运动生活倍感舒适。同时，还要大力开展大众化的体育健身项目，不断满足城市居民多种多样的体育需求，使城市居民的体育需求朝着多元化方向发展，使城市居民参与体育活动的热情度不断提高。

(三) 培养体育意识，正确引导居民体育需求

在我国全面建设小康的社会历史阶段，快节奏、高压力的现代社会生活进一步要求城市居民应该具备良好的身体素质才能更好地适应社会发展。只有不断加强对体育锻炼的社会宣传力度，才能让城市居民充分意识到“健康第一”的重要性，才能进一步提高城市居民的体育健身意识。同时，还需要正确引导城市居民的体育需求，使城市居民的体育需求日益完善化，进一步满足不同年龄城市居民的不同形式的体育需求。

第三节 我国农村居民的体育健身需求分析

农村群众体育作为社会主义新农村建设重要组成部分，其在新农村建设中发挥的重要作用正在日益凸显。然而，我国群众体育城乡发展差距显著，农村群众体育现状明显落后，这在一定程度上难以满足农民日益增长体育健身需求。为了加快农村体育事业发展，逐步满足农民体育健身需求，缩小城乡群众体育差距。笔者从农民体育健身需求的状况入手，分析了当前我国农民体育健身需求相关的社会支持存在的问题，并提出了当前构建农民体育健身社会支持体系。

一、农民体育健身需求

随着我国农村经济的不断发展，广大农民逐渐过上了富裕日子，闲暇时间增多，但文化生活却相对贫乏，生活质量没有明显改善。据全面建成小康社会与我国农民体育发展的研究显示，农村体育发展水平明显落后于城市，农村体育场地器材条件也明显落后于城市，但是农民的休闲体育锻炼和观赏比赛需求却在明显增长，农民在热衷传统健身项目的同时，对于现代健身运动，对于时尚运动项目也有明显的向往。可见，农民对体育活

动和体育观赏都有着较强烈的需求，体育锻炼的动机在增强，体育健身可以满足农民身心全面发展的需求，丰富农民日益增长的文化生活。通过湖北省农村大众体育需求和供给现状的调查发现：农民形成了比较正确的体育需求动机，迫切需要能够有较充足的体育锻炼场地、体育健身器材、体育技术指导和体育政策法规保障，尤其是需要更好的体育环境和政策扶持。而目前，湖北农村体育资源匮乏，体育活动场地、体育用品和器材短缺。这反映了农村体育资源与农民体育健身需求矛盾越发凸显，农民体育健身需求亟须得到社会支持。

二、农民体育健身需求相关的社会支持存在的问题

1.制度性支持薄弱

自从2006年国家体育总局印发了《关于实施农民体育健身工程的意见》以来，各级政府部门颁布实施了诸多与农村体育和农民群体健身相关的规章制度，近年来农村体育和农民体育健身取得了可喜的成绩。但是，这些规章制度大体都具有较强的指导性和宏观性，在地方农村体育健身活动实施过程中尚缺少可操作性必要的制度和政策保障。与此同时，广大农村地区在农村体育发展和农民体育健身活动方面出现管理缺位、责任缺位。如根据袁文惠对我国新农村体育健身工程的实施状况调查显示，81.3%的行政村没有建立体育组织；有专职体育指导（管理）员的占0.5%，有84.9%的人不清楚有体育指导（管理）员。说明我国农民体育健身工程对农民健身的制度性准备不足、支持不够[1]。

2.社会环境支持力度不够

目前，我国社会经济已取得瞩目成就，然而城乡差别仍然明显存在，就体育而言，农村体育和农民体育健身现状也是如此。据中国城乡居民参加体育活动调查表明，没有兴趣、经济实力不足和不懂锻炼方法是目前农民不从事体育运动的主要理由。根据第五次全国体育场地普查数据显示部分省市农村体育场地数量与第四次普查数据相比，不仅没有增加反而有一定程度的下降，其中很主要的一个原因就是对农村公共体育产品投入不足。其中，被调查的许多区县农村内没有固定的体育经费，致使部分农村公共体育设施荒废或被挪用。由此可以看出，当前社会环境对农村体育和

[1] 卢文云，王兴宇，等：《新农村建设背景下西部农村体育发展研究》，成都：电子科技大学出版社，2012年。

农民体育健身支持力度不够，难以满足农民的体育需求，同时制约了农村体育发展。

3.农民体育健身意识淡化制约了社会支持的推进

从人们对体育健身相关的认知与行为来看，体育健身意识与人们的文化素质和生活习惯有着直接的关系。目前我国农民文化素质明显低于其他职业群体，大多数农民文化水平在初中以下，农民文化素质低，从而形成了缺乏对体育健身活动的正确理解和体育健身参与意识。同时，在传统的生活习惯影响下，农民认为"没病就是健康""体育活动都是城里人做的事情"等导致农民体育健身意识淡化。淡化的体育健身意识不仅会让农民难以形成经常体育健身的行为，而且也会使其逐渐地淡忘了对体育健身活动的需求，致使制约社会支持对农民体育健身活动推进。

三、当前农民体育健身社会支持体系的构建

1.完善制度性支持

制度性支持是社会支持体系的构成要素，在社会支持体系中处于中心地位。它主要包括法律支持和体制支持：

(1)法律支持

随着国家经济实力的增强，我国9亿农民的生活持续改善，农村体育也发生了较大的变化。面对新形势，我国部分法律法规需要进一步完善，并制定适应当代农村体育发展的相关问题的立法。例如，为了农民体育健身提供有利的法律保障，使农民体育健身有法可依，形成法治化、规范化的农民体育健身管理体制，1995年颁布实施《体育法》中有关农村体育和农民体育健身的内容应重新修订。

(2)体制支持

就2006年国家体育总局制定下发了《关于实施农民体育健身工程的意见》而言，针对在实践过程中由于体制支持薄弱，农村体育工作在基层组织中出现了与上级政府之间衔接不畅的问题。对此，应进一步加大体制支持力度。做到农民体育健身应既有上级政府及其职能部门认真执行国家的方针政策，又要保障农民体育健身权利维护，并通过政府，尤其是基层政府体制改革建立农民体育健身良好的保障运行机制，使基层组织对农民体育健身工作落到实处且有章可循。

2. 引导社会力量支持

由于我国农村人口众多政府直接投向农民体育健身的财力支持是极其有限的。农民体育健身等要仅靠政府的财力支持是不够的，应实现农民体育健身资金来源的多元化。因此，政府应加大政策支持力度，以社会政策为保障，引导和利用社会力量发展农村体育事业。一方面，既要通过体育彩票发行，社会募捐和慈善事业等途径扩大筹资渠道发展农村体育事业，又要鼓励支持志愿者为农民体育健身服务；另一方面，利用优惠的政策，政府与企业以共同集资、企业出资和个人出资等多种形式完善农民体育健身服务体系，积极发展农村体育产业。再者，舆论支持也是不可或缺的，社会力量支持建设的必备条件应有舆论的支持。通过新闻媒体、信息网络、书画广泛地宣传报道，能够形成社会上更多的人都来关心、关注和支持农民体育健身的舆论氛围，进而促进农村体育事业的快速发展。

3. 强化农村社区支持力度

农村社区支持在社会支持体系中具有举足轻重的地位，因为国家和政府等层面的社会支持不管何种形式，最终都要落实到农村社区，并且社区支持是最基层的，它对农村环境最熟悉，对农民体育需求最了解，对农民接触最直接。因此，以农民体育健身需求为中心，建立含农村基层组织、群众性团体（妇联、共青团等）、农民非政府组织等在内的相互联系、相互配合的社区支持，成为急需解决的问题：①建立社区体育服务中心，为社区群众提供体育资讯、体育消闲娱乐、健康保健、体质测试、体育文化教育等各种服务；②整合社区资源，组织驻区单位（学校、企业）及各种社区组织以其所拥有的人力、设施、场地、等资源优势参与社区的体育健身活动；③做好社会体育指导员的培训工作，建立体育健身志愿者队伍，建立社区农民体育健身需求的社会支持基金。

第四章 全民健身与全民健康融合的理论基础与实践逻辑

第一节 全民健身和全民健康融合的内涵及其必要性

一、全民健身和全民健康融合的内涵

健康是促进人的全面发展的必然要求，是经济社会发展的基础条件。健康的内涵随着时代的进步而不断变化。从最初的"无病即健康"，到"人体各功能正常、器官系统发育良好、精力充沛、体质健壮并具有良好劳动效能的状态"，再到"健康不仅是没有疾病，还包括躯体健康、心理健康、社会适应良好和道德健康"。同时，健康的价值也随着人们认识的深入而更加科学，从个人的生存追求逐渐上升到国家、民族的发展战略。《"健康中国2030"规划纲要》指出："实现国民健康长寿，是国家富强、民族振兴的重要标志，也是全国各族人民的共同愿望。"全民健康成为健康中国建设的根本目的[1]。

全民健康建设突出全人群和全生命周期两个着力点。全人群指全民健康要惠及全人群，特别是要照顾到老人、妇女、儿童、残疾人、低收入人群等重点特殊人群的健康问题；全生命周期，指全民健康要实现从胎儿开始的生命不同阶段的健康保障和健康服务。结合健康的定义，本研究认为，全民健康指全体人民在全生命周期的全方位的健康，其中全方位包括身体、心理、精神、社会适应等各方面。"改善人民的健康状况，增强人民体质，是新时代党和政府的重要任务""发展体育运动，增强人民体质"，一直是指导我国体育工作的基本方针。

"全民健身"一词最早的明确表述可追溯至1987年8月召开的全国第2届体育发展战略讨论会。其后，随着《全民健身计划纲要（1995—2010年）》

[1] 李霖：《基于健康生活视角下的全民健身研究》，北京：人民体育出版社，2019年。

的颁布,全民健身成为学者研究的热点。仅核心期刊的发文量就多达千余篇,大多集中于全民健身实施的政策、机制、体制等方面,仅有极少数的文章对全民健身的定义或内涵进行了探讨。例如,刘国永指出,全民健身是一项面向全体人民的社会事业,其以科学健身形成健康生活方式、增强体质、促进健康、实现人的全面发展以及推动经济社会和文化发展来提升国家综合实力为追求。卢文云认为,全民健身是一项覆盖全体公民的大型社会民生工程,其由体育行政部门主导,工作内容以贯彻和落实国家全民健身相关政策法规为主,通过构建全民健身公共服务体系,引导大众形成健康生活方式,达到改善和提高健康水平的目的。笔者认为,全民健身是以健康促进为主要目的的体育活动。其有别于以提高运动技能为目的的竞技体育。全民健身的内涵与《全民健身计划》精神比较吻合,即"全民健身是指全国人民,不分男女老少,全体人民增强力量、柔韧性,增加耐力,提高协调、控制身体各部分的能力,从而使人民身体强健"。

生活方式、生存环境及医疗卫生服务等诸多因素均可成为健康促进的影响因素,其中,全民健身是全民健康的重要途径和手段。因此,全民健身与全民健康融合的基本内涵是全民健身融入全民的健康促进之中,通过全民健身达到全民健康。

二、全民健身与全民健康深度融合的必要性

全民健身是全体国民增强体魄和幸福生活的基础保障,是实现全民健康的重要途径和手段。全民健康体现了国家的综合实力,是经济社会发展进步的重要标志。因此,全民健身与全民健康深度融合非常有必要,这是因为全民健身是基础,是健康中国战略实施的有力保障,人们只有拥有健康的身体才能够向着幸福生活目标迈进。不管是在思想理论上还是在技术层面上,全民健身和全民健康两者的指导思想、原则及目标都是相通的,都是能够实现《全民健身规划纲要》的伟大愿望的。全民健康只有通过全民健身才能实现,全民健身是实现"健康中国"的有效途径。全民健身与全民健康深度融合的必要性主要体现在以下五个方面。

(一) 身体活动不足严重影响着人们的健康状况

目前,人们的生活水平不断提高,各种不良生活习惯也随之形成,所导致的身体问题也相继出现,亚健康问题越来越突出,尤其是肥胖问题,这都

是由于懒惰,久坐、长期缺少活动引起的。通过调查发现,由于日常活动严重不足,我国人们的体质直线下滑,其中青少年,成人和老年人这部分人群所占的总人口的比例较高,这在一定程度上直接影响了国家的社会经济的持续发展。

(二)健身能够全面提高人民的身体素质和健康水平

全民健身的作用非常大,它能替代医疗手段来控制疾病,帮助人们逐渐恢复健康。在非医疗干预方式中,全民健身可以说是安全有效的重要方式之一。长期坚持体育健身,身体免疫力提高,延缓衰老,心情舒畅,自然就达到了预防疾病发生的目的。自从颁布《全民健身规划纲要》以来,各地不断推出新措施,新增公共体育服务建设,为全民健身打下基础,真正达到全民健康。

(三)全民健身与全民健康融合是建设健康中国的需要

全面建成小康社会、基本实现社会主义现代化的重要基础是推进健康中国建设,最终目标是全面提升中华民族健康素质,实现人民健康与经济社会协调发展。大力开展全民健身活动,对提高全体国民的身体素质和健康水平、促进人的全面发展、丰富人民精神文化生活等方面都具有十分重要的作用。推进全民健身与全民健康深度融合是建设健康中国的重要抓手。

(四)全民健身与全民健康融合是实现"两个一百年"奋斗目标的需要

马克思提出的生产力三要素(人、劳动对象和劳动关系)观点认为,人是第一位的,只有健康的人才能推动经济社会健康、快速发展。广泛开展全民健身活动,才能实现全民健康,才能为实现全面小康的宏伟目标提供人才和智力保障,才能为实现"两个一百年"的奋斗目标积蓄力量。

(五)全民健身与全民健康融合是实现民族复兴的需要

实现伟大复兴是近代以来中华民族的梦想。只有每一个国民都拥有健康的身体和思想,才能推动国家富强、民族振兴。加强全民健身与全民健康融合,探讨健身与医疗有机结合,实现大众健康管理服务,从单纯依靠医疗卫生部门的治疗,到依靠体育健身积极干预的发展,才能实现国民健康长寿,实现中华民族伟大复兴的梦想。

全民健身与全民健康均是国家战略，推进全民健身与全民健康融合是建设健康中国的需要，是实现“两个一百年”奋斗目标的需要，是实现中华民族伟大复兴中国梦的需要。全民健身与全民健康顶层设计一致，目标任务一致，实现路径相通。要不断强化全民健身与全民健康融合的机制保障、组织保障、措施保障和队伍保障，真正实现两者的深度融合，不断提升全体国民的福祉，凝聚推动经济社会发展的强大力量。

第二节 全民健身与全民健康融合的理论基础

对适宜的身体活动可以促进健康、预防或治疗疾病的认识，古已有之。公元前2000多年的古埃及文字中就有运动配合医术治疗疾病的记载。公元前4世纪，古希腊的希波克拉底（Hippocrates）在著作中也谈到运动可以防治疾病、延缓衰老、保持健康。在中国的隋唐时期，以五禽戏、八段锦、太极拳等为代表的运动疗法基本成熟，初步形成了“流水不腐，户枢不蠹”“形神共养”的健康维护理念；明清以来，以传统套路为主的运动促进健康模式得到进一步普及，运动养生甚至成为相对独立于医疗体系的一个健康促进的系统。

在历史的一定阶段内，感染类疾病是威胁人类健康和寿命的主要致病因素。因此，疾病治疗对人类生存、延续的作用非常突出。此时，运动被认为是医疗的辅助手段，用于疾病的预防或康复。进入20世纪，随着工业化、城市化和信息化的快速推进，体力活动不足、疾病谱转变以及医疗费用剧增对社会发展的产生影响逐渐加深，适宜运动在健康促进、疾病的预防或治疗以及由此形成的对经济社会等方面的益处越来越明显。

一、运动是良医

运动是良医。运动包括维护健康、预防和治疗疾病三个方面。其精神与《黄帝内经》中“上工治未病，中工治欲病，下工治已病”，《神农本草经》中“上药养命，中药养性，下药治病”的内涵相类似，体育也可以起到“上工、中工和下工”或“上药、中药和下药”的作用。在“运动是良医”和“体医结合”的大量研究中，运动一直被当作疾病预防或康复的途径或手段，运动可以起到辅助医疗、甚至相当于医疗的作用。

研究显示：体力活动不足不仅会引发多种疾病，而且成为主要的死亡原因之一；适宜运动具有明显的健康促进效应。体力活动不足可导致心血管疾病（6%）、II型糖尿病（7%）、直肠癌（10%）和乳腺癌（10%）等多种疾病的患病率增加，而且与9%（5.1%～12.5%）的过早死亡率相关，并上升为全球的第4大死亡原因。另外，WHO的运动健康促进全球建议指出，适宜运动可维持健康、预防跌倒；可预防和缓解抑郁症；对心血管系统和骨骼肌肉系统有明显的保护作用，可有效预防冠心病、心血管疾病、脑卒中、高血压以及骨质疏松；对癌症有明显的预防作用，对乳腺癌和结肠癌预防作用尤为突出。并且，运动有显著的延年益寿作用。即使身体活动只达到WHO推荐量的10%或25%，每年的人口死亡率也会明显减少（超过53.3万和130万例）；若消除体力活动不足，世界人口寿命的期望值便可延长0.68（0.41～0.95）岁；若达到WHO推荐的体力活动标准，预期寿命延长可高达4.5年。

运动在疾病的预防、治疗以及延年益寿过程中，表现出与“药物”相似的疾病防治原理，具有与药物类似的剂量—效应关系、时间—效应关系、适应症和禁忌证、“自助式”和“处方式”以及成瘾性等药效学和药理学特性。运动不仅是“良药”，而且“胜于良药”，因为运动比药物具有更便捷、更安全、更广谱的优势[1]。

目前，传染性疾病已经不再是威胁人们生命和健康的主要疾病，取而代之的是那些与心理性和社会性因素紧密相关的慢性非传染性疾病。这些疾病大多与心理紧张、社会压力和环境污染等因素紧密相关。运动可以促进人的全面发展，对人的生理、心理、社会适应能力等方面均有促进作用。因此，运动是良医，而且胜于良医。

二、运动促进人的全面发展

人的全面发展的核心内容是人的综合素质的全面提升，包括人的品德、能力身体的发展等。运动的功能不是一元化而是多元化的，运动可促进人的全面发展。从运动的本质属性来看，运动具有增强体质、促进健康的“直接性功能”，还具有诸多的“间接性功能”，即“体育之效，至于强筋骨，

[1] 张国清：《健康中国战略下的全民健身体系构建研究》，北京：九州出版社，2017年。

因而增知识,因而调感情,因而强意志"。健身活动可以改善身体健康和心理健康、降低慢性病风险、提高全面健康水平,也可增加社交机会和社会归属感。一个人参与健身活动的过程也是其进行群体融合的过程,所以健身活动不仅使个体具有良好的健康状况,而且使其表现出更好的社会融合。在健身活动过程中建立人际的信任和认同,有助于个体形成人际网络、团体和组织。研究显示,公司员工在参与公司组织的体育运动过程中可明显提高其群体融合和组织融合。与此相似,参与有组织的体力活动之后,即使是智力障碍的成年人也可在社区的融合感方面得到提高。

健身运动的间接溢出效应除了对个体的社会认同和社会融合等方面产生积极的影响外,也有助于国家和社会的管理和治理,可在一定程度上促进社会和谐。因此,世界各国,特别是发达国家相继从国家长远发展的角度制定了全民健身与全民健康战略,如《欧洲2016—2025身体活动战略》《美国国家身体活动计划》《健康美国人2020》。同样,我国也发布了《"健康中国2030"规划纲要》和《全民健身计划(2021—2025年)》。

三、全民健身与全民健康融合的可行性

(一) 全民健身与全民健康顶层设计一致

党中央高度重视全民健身和全民健康。习近平总书记指出:"全民健身是全体人民增强体魄、健康生活的基础和保障,人民身体健康是全面建成小康社会的重要内涵。"2016年8月19—20日,习近平总书记在全国卫生与健康大会上强调:"要把人民健康放在优先发展的战略地位,加快推进健康中国建设。"由此看来,全民健身和全民健康都是国家战略之一。

(二) 全民健身与全民健康目标任务一致

民族昌盛和国家富强的重要标志是实现全体国民健康,全民健身是建设健康中国的重要组成部分。全民健身和全民健康深度融合,是落实《"健康中国2030"规划纲要》的重要举措。全民健身必须聚焦大幅度增加规律性运动人口,大幅度增强和改善国民体质,大幅度降低慢性病发生率,大幅度降低医疗支出,这样才能实现全民健康,打造健康中国。

(三) 全民健身与全民健康实现路径相通

随着人们健康理念发生深刻变化,"运动是良医"的观念逐渐深入人心。《中国人群身体活动指南》制定专家组组长、中国工程院院士陈君石表

示，积极的健身活动除了能防治心脑血管疾病、癌症、糖尿病等慢性病外，对心理健康、骨骼健康和睡眠等也有促进作用。可以说，广泛开展群众性体育活动是推动全民健身，实现全民健康的共通路径。

第三节 全民健身与全民健康融合的实践逻辑

一、构建全民健身与全民健康融合的知识体系和制度体系

(一) 构建全民健身与全民健康融合的知识体系

构建全民健身与全民健康融合的知识体系，需要构建全民健康的知识体系，因为全民健康的知识体系是实现全民健康的理论和实践基础。虽然人们当前对健康的认识得到了极大的提高，已从“无病即健康”的粗浅认知发展到“身体、心理、社会适应能力等全方位的健康”，但是身体健康、心理健康以及社会适应能力等健康相关方面的知识体系尚未得到完全融合。也就是说，目前尚未建立与全方位的健康认识相对应的知识体系。如果全民健康的目标体系尚未确立，那么任何通向全民健康的道路都会存在障碍。

构建全民健身与全民健康融合的知识体系，需要更新全民健身的知识体系。由于历史原因，体育学针对人体研究的主要目的还是提供更快、更高、更强的运动技能，而针对运动对人体的健康促进作用的研究相对薄弱。运动对人体机能影响的研究也主要集中于两个方面，即人体机能如何支持更高水平的运动技能和如何减少运动性疾病或运动损伤。随着运动对疾病预防或康复作用的研究的深入，运动对人体机能的影响增加了运动对疾病的预防或促进疾病康复的研究，但是，运动对健康人群的健康促进作用的成果依然很少。因此，需要重新审视和完善运动相关的知识结构，构建运动促进健康相关的知识体系。

实现全民健身与全民健康的融合需要构建通过全民健身达到全民健康的知识体系。将全民健身的知识体系融合于实现全民健康的知识体系之中，同时需要构建与知识体系相对应的全民健身与全民健康融合的学科体系，以便实现知识体系的传播和实践。

目前，与全民健身与全民健康融合的知识体系相接近的是医学与健康

相融合的知识体系。因为两个知识体系的研究对象均为人体,所以两者在人体的基本结构和基本机能,甚至在人体达到健康的途径之间的认识存在必然的交叉之处。这也是运动被认为是医疗的一种方法和途径用以疾病的预防和治疗的原因。但是,当前体育学中的人体基本结构和基本机能主要用来解释如何实现和提高运动技能,而非阐述运动何以实现健康。在涉及运动导致人体变化的知识范畴中,更多关注于运动中的医务监督以及运动性疾病和运动损伤。其重点在于这些状态的预防,因为一旦在运动中出现运动性疾病、运动损伤以及其他的医学问题,鉴于职业规范,只能求助于医学,有时体育学非不为而是不能为。

从另一个角度看,构建全民健身与全民健康融合的知识体系,也是对体育学知识体系的补充和完善,有利于促进全民健身与全民健康融合的文化价值体系形成,能够为政策和制度的制定、实现路径的建立提供理论依据。

(二) 构建全民健身与全民健康融合的制度体系

全民健身与全民健康融合的知识体系是实现全民健身与全民健康融合的理论依据,而构建全民健身与全民健康融合的制度体系,则可为全民健身与全民健康融合的实现提供保障。

实现全民健身与全民健康的融合,需要构建供给侧的共建制度。共建共享是实现全民健康的基本路径,也是实现全民健身的基本路径。实现全民健身与全民健康的融合需要从供给侧和需求侧两端发力,统筹国家、社会和个人三个层面的力量,强化政府的跨部门协作,促进全社会的广泛参与,增强个人的健康责任,形成多元化、多层次的社会共治格局。共建制度可以明确国家、社会以及个人在全民健身与全民健康融合过程中的权利、责任和义务。

实现全民健身与全民健康的融合,需要构建明确的体育学与医学在健康促进过程中的权利和责任边界的法律法规。全民健康促进包括“非医疗健康干预”和“医疗健康干预”。全民健身为前者的代表,而医疗卫生是后者的代表,两者均属于“健康中国”的一级子系统,都是实现全民健身的重要途径和手段。健康中国建设需要有效整合“医疗健康干预”系统和“非医疗健康干预”系统,使各级各类资源系统化运行,实现国家健康工程高效、可持续发展。目前,两个子系统内部尚存在不同程度的沟通障碍,如医疗系统内的分级诊疗尚未实现；全民健身系统人力资源（如社会体育指导员）与体育场馆资源存在匹配失当现象；体育部门与医疗卫生等健康相关部门之间缺乏顺畅沟通和协同的平台；跨部门、跨界的整合和协同推动的能力明显不足；全民健身与全民健康的各运行主体之间也缺少协调机制，导致部门之间出现了“平行发展”“互设壁垒”的现象。这种现象产生的根本原因是没有建立全民健身与全民健康融合的体制机制和法律法规，使得实践过程缺乏理论层面的指引缺乏制度层面的规范。不是各部门不愿意合作，客观上是不知道应该如何沟通合作。

建立适合全民健身与全民健康融合发展的经济、文化、教育等制度体系，有利于将政府、社会和个人对全民健身和全民健康的多元诉求统一到健康中国建设的国家战略层面，为全民健身与全民健康融合发展提供制度保障。

二、构建以县级人民政府为主导的、共建共享的

全民健身与全民健康融合的工作机制选择以县级人民政府为主导构建全民健身与全民健康融合工作机制的原因有以下几方面：①县级人民政府是自上而下实现国家战略发展目标和自下而上调节社会经济关键事件的重要环节。因为县级人民政府是执行国家法律法规和政策的第一线政府工作机构，也是本地区涉及人民群众具体利益的政治、经济、文化等工作的组织领导机构；②县级人民政府是《全民健身计划》制定和实施的基础单位；③县级人民政府是医疗保险和养老保险统筹的基础单位。以县级人民政府为主导的、共建共享的全民健身与全民健康融合的工作机制可包括以下几个方面[1]。

(一) 制定本地区的全民健身与全民健康融合的工作计划

县级人民政府要根据实际情况制定本行政区域的全民健身与全民健康实施计划，将其纳入本级国民经济和社会发展规划，将所需经费列入本级财政预算，并随着经济的发展逐步增加投入。

(二) 组织实施全民健身与全民健康融合的工作计划

县级人民政府组织和协调，由县级人民政府体育主管部门（以下简称

[1] 刘东鹏，刘革，赵兴东：《体育科学健身与健康导论》，哈尔滨：哈尔滨地图出版社，2017年。

体育主管部门）会同有关部门组织实施全民健身与全民健康的工作计划。其中，体育主管部门负责本行政区域内的全民健身工作，其他有关部门在各自职责范围内负责有关的全民健身工作。例如，地方人民政府定期举办本行政区域的群众体育比赛活动；体育主管部门在传统节日和农闲季节组织开展与生产劳动和文化生活相适应的全民健身活动；国家机关、企业事业单位和其他组织共同策划和实施本单位的工间（工前）操和业余健身活动，举办运动会，开展体育锻炼测验和体质测定等活动。通过部门协同，共建共享的全民健身与全民健康的工作机制。

（三）健康评价

县级人民政府根据全民健康监测结果和全民健身活动状况调查结果，修订全民健身与全民健康实施计划。此外，对于县级人民政府及其有关部门的工作人员在全民健身工作中玩忽职守、滥用职权、徇私舞弊的，应依法给予惩处，构成犯罪的，应依法追究刑事责任。

总之，构建以县级人民政府为主导的、共建共享的全民健身与全民健康融合的工作机制，有利于县级人民政府、体育主管部门以及其他有关部门各司其职、各尽其责地实施全民健身与全民健康计划，促进健康中国建设。

三、构建全民健身与全民健康融合的社区服务模式

“社区是由生活在互相关联的大集体中的若干社会群体或社会组织聚集在某一地域里形成的生活群体”。《城乡社区服务体系建设规划（2016—2020年）》指出：“社区是社会治理和民生保障的重要载体，社区服务体系建设是全面建成小康社会的重要任务”；“加强城乡社区服务体系建设是增强社区居民获得感和幸福感的民心工程，是稳增长、促改革、调结构、惠民生的基础工程。”因此，构建全民健身与全民健康融合的社区服务模式是“以基层为重点”的连续性、整合性全民健身与全民健康服务提供体系建设的重要环节。此外，《中华人民共和国宪法》第一百一十一条规定：“城市和农村按居民居住地区设立的居民委员会或者村民委员会是基层群众性自治组织。”因此，社区管理目前遵循“两级政府”的管理框架，即城市社区以街道办事处为主导，居委会为协同，街道办事处是政府的派出机构，居委会是居民的自治组织；农村社区为“乡镇村治”，乡镇政府为国家在乡村的行政单

位,村民委员会为村民自治组织。所以,社区成为全民健身与全民健康的供给侧与需求侧紧密结合的关键点。

构建全民健身与全民健康融合的社区服务模式,有利于引导社区居民参与全民健身的健康促进服务的项目设计、服务供给和绩效评估,促进健身服务与居民健康需求的精准对接;有利于统筹社区全民健身与全民健康融合的服务队伍、服务资源、服务设施以及服务产品供给的建设,逐步建立城乡统一的全民健身与全民健康融合的社区公共服务制度,实现城乡服务均等化。

构建全民健身与全民健康融合的社区服务模式,首先应加强全民健身与全民健康融合的社区服务机构建设。统筹考虑社区人口规模、需求结构和服务半径等因素,构建全民健身与全民健康融合的社区服务机构,整合政府各部门延伸到社区的全民健身与全民健康融合的服务事项和服务资源,以促进其社区服务;其次要建立政府购买全民健身与全民健康融合服务的机制。将全民健身与全民健康融合服务纳入财政预算,制定政府购买公共服务的相关政策,建立其社区服务目录及准入制度;最后扩大全民健身与全民健康融合的社区服务有效供给。推进全民健身与全民健康融合的社区公共服务均等化,提供面向全体社区居民、贯穿生存发展各阶段和生产生活各领域的运动健康促进服务项目,保障特殊人群(老人、儿童、残疾人等)的服务需求,推进全民健身与全民健康融合的社区服务便捷化以及社区志愿服务和专业服务常态化。同时,依托全民健身与全民健康融合的社区服务机构建立志愿服务站点,搭建志愿者、服务对象和服务项目对接平台。

构建全民健身与全民健康融合的社区服务模式,能促使"以人民为中心"的国家政策落实与人民美好生活愿望展现相互交融,为人民群众提供"公平可及、系统连续的健康服务"以及"有质量的、可负担的健康服务"。

第五章 全民健身与全民健康深度融合的具体活动项目

第一节 田径运动健身

田径健身运动是以健身为目的的多种走、跑、跳跃、投掷的练习或运动方式的总和。田径健身运动以健康为目标,以现代科学技术和运动与健康基本理论为基础,全面发展人的基础运动能力。由于其与田径竞技运动目标的不同,田径健身运动以接近人体自然地走、跑、跳、投等运动方式,有效且全面地发展着人们的身体素质和基础运动能力。

一、健身走实践

(一) 健身走概述

走是走路、走步、散步、竞走的总称。走是人体最基本的运动方式,正是由于走在日常生活中的司空见惯,人们几乎忽视了走的健康意义。一个充满健康活力的人可以是健步如飞,而一个体弱多病的人却是步履蹒跚。人们通过多种多样走的锻炼,可以获得强身健体的功效。

从现实情况上来看,现代人行走越来越少,因为可依赖的机械工具越来越多,这是人体功能退化的主要原因。回归自然最重要的是从座位回到站位,从屋子里走到外面。行走安全、简单,锻炼强度容易控制,因此是首选的健身方式。

从健身效果上来看,走步是一个全身运动,它不仅能使人们的腿和脚得到运动,而且能使人身体70%以上的肌肉得到锻炼,能使所有器官组织活跃起来。走步是一种缓和运动,它能使肌肉发达,可以消耗多余的热量,能减肥,保持较低的体重,同时还能增强骨骼的组织和心脏的力量,从而有利于防止动脉硬化,减少胆固醇。此外,走步益于思考,端正心态,因而能解除忧虑、紧张及精神压力。

（二）健身走基本动作技术

在健身走过程中，采用正确的走姿，不仅可以反映出一个人的美育和体育素养，给人们建立一个美的形象，同时还能促进人体各器官正常的生长和发育。这是因为，人体在走时的身体姿势是由骨骼、关节、肌肉和行走动作方式决定的，它对运动系统和内脏器官会产生重要的影响。以健身走的姿势为例，假如一个人在行走时，躯干能保持正直并能挺胸抬头，那么他的脊柱和胸廓就会发育正常，胸廓里的肺脏就能自由呼吸，心脏也不会受到压迫。反之，假如这个人走时含胸低头，那么他的这种走姿不但会影响他的脊柱和胸廓的正常发育，而且会影响个体形象，更重要的是还会妨碍肺和心脏等器官的活动，影响内脏器官的生长发育。

可见，正确的走姿对健身走的重要性。具体而言，自然正确的走姿是躯干正直，自然挺胸，头部与躯干保持一致，目视前方，两臂靠近体侧自然前后摆动；迈步时，膝关节和脚尖都正对前方，两脚内缘基本上是沿一条直线向前迈步；脚着地时，以脚跟先着地并过渡到全脚掌；脚着地后，脚尖向前略偏外。从技术层面来说，健身走练习中的步行技术主要体现在步幅、摆臂、身体姿势和步行速度等方面。

1.步幅

在健身走的过程中，人体的步幅应自然而舒适，步幅过大会降低动作协调性，使机体过早地进入疲劳状态。健身走要求踝关节以上的整个人体稍向前倾，在相对放松的情况下自然地确定步幅。

2.摆臂

健身走的时候，应注意摆臂时肩关节要充分放松，肘关节弯曲90°左右为宜。如果很好地活动两臂而不是让它在身体两侧随便晃动的话，步行可以成为名副其实的全身运动。摆臂的主要作用是保持运动中身体平衡，锻炼肩部肌群，并促进血液循环，保证人体在运动中各种生理活动的正常进行。此外，摆臂与步频有着密切的关系，摆臂的速度越快，步频越快，速度也将越快[1]。

3.身体姿势

步行中的身体不能僵硬，头部和躯干应保持正直，小腹微收。快速行进时身体略向前倾。良好的身体姿势不但对步行有益，还有助于在日常生

[1]王德涛：《田径运动健身价值与实践研究》，北京：科学技术文献出版社，2018年。

活中体现挺拔的身体和自信的形象。

4. 步行速度

如果能保持稳健而又轻快的步伐，那么就可以使健身走的健身效果得到更充分的发挥。以一普通锻炼者为例，选择80～110米/分的速度对他来说是较为理想的。如果以步频来推测步行速度，那么120步/分是比较合适的基础频率。当然，步行的速度最终还是由练习者的身体条件和兴趣爱好而定。

（三）健身走的锻炼方法

1. 足尖走

在走的过程中上体正直，起踵，两腿伸直，两臂前后摆动用足尖走。足尖走主要用于发展小腿三头肌和姆长屈肌，增强踝关节和足弓的力量。

2. 散步走

在走的过程中，人体保持自然正直，抬头挺胸收腹，两肩放松，两臂自然下垂并协同两腿迈步自然前后摆动，两腿交替前迈，用脚跟着地，然后过渡到全脚掌。步幅因人而异，一般每步1～2脚。

3. 倒退行走

倒退行走即向后行进，倒退行走时两腿交替向后迈步，增强了大腿后肌群和腰背部肌群力量，同时还保健小脑，有利于提高人体的灵活性、协调性。从种类上来说，倒退行走主要分为摆臂式和叉腰式两种。在走的过程中，应保持上体自然正直，腰部放松，身体不要后仰，不要抬头，眼要平视，右腿支撑，左腿屈膝后摆下落，以左前脚掌先着地，然后滚动到全脚掌着地，身体重心随之移至左腿。按同样方法左右脚交替后退，两臂配合两腿动作自然前后摆动，步幅为1～2脚长。

4. 踏步走

作为原地走步或稍有向前移动的一种特殊走法，踏步走是一种非常安全的锻炼方法，几乎人人都会，不受任何限制，可锻炼下肢、腰腹部肌肉和内脏器官系统的机能。在走的过程中，要保持身体姿势要求身体直立，两臂自然下垂或屈臂。踏步走时两腿交换屈膝抬腿或前脚掌落地，两臂协同两腿前后直臂或摆动，屈膝抬腿至髋高达到抬腿最高点，直腿或膝落地均可。

5. 弓箭步走

在走的过程中，要保持上体正直，挺胸立腰，两手叉腰，腿前迈成弓箭步,左右腿轮换练习。弓箭步走能全面地发展下肢的屈肌和伸肌,增强下肢尤其是髋、膝、踝三个关节的力量。

6. 正步走

在走的过程中,上体保持正直,挺胸立腰,脚向正前方踢出,高约20厘米并细紧。在约75厘米的地方用力使全脚掌落地。手臂前摆时肘部弯曲小臂平,并摆至三四衣扣之间。正步走能锻炼下肢肌肉力量,同时还能提高人的身体姿态。

7. 步走

快步走是一种步幅适中、步频加快、步速较快(130~250米/分)、运动负荷稍大的走步。据美国健康学专家最新研究证实,“快走”的健身效果要胜过“慢跑”。因为快走比慢跑消耗更多的热量,并且快走不易对足部、踝关节部造成伤害,更为安全。在走的时候,人的身体适度前倾3°~5°,抬头、垂肩、挺胸、收腹收臀。在走步过程中,两臂配合两腿协同摆动,前摆时肘部成90°角,手臂高度不得高于胸,后摆时肘部成90°角,两手臂在体侧自然摆动,两臂摆幅随步幅的变化而变化。双腿交换频率加快,步幅尽量稳定,前摆腿的脚跟着地后迅速滚动至前脚掌,动作要柔和,后脚离地。

8. 负重走

双手握轻一点的哑铃步行(饮料瓶中加水可做临时哑铃),也可以在小腿上绑重物步行。由于手中有重量,手臂会下沉,这样可以加强胸大肌、背阔肌、三角肌等上身肌肉。小腿负重,可以增强腿部力量,负重物应注意从轻重量开始。

9. 疾走

疾走是在保持正确的走动姿势的基础上,上体适当前倾,并保持快速地向前走动。由于走动速度较快,可动员更多的肌肉参与,增加血液循环,提高呼吸系统及心血管系统的功能。此外,还可以在沙滩、鹅卵石的地面上疾走,疾走的速度为150~200米/分。

10. 康复走

通常情况下,根据针对群众的不同,可以把康复走分为自立型、辅助型和借助器械型三种类型。

(1)自立型

这种类型的健身走主要是针对自身疾病暂时没有影响到走步能力的

人群,大多数情况下会采用健身走中的常规型走法。以心血管疾病的人群为例,一般采取慢步走运动,根据活动者的具体情况制定初次运动量和运动强度,一般使心率增加到每分钟100次左右,每次30分钟,每日1～2次,4周为1个疗程,每次运动前做适宜的热身运动,使心率维持在每分钟100次左右。另外,快步走和竞走可治疗关节炎,慢步走可缓解哮喘,舞蹈步运动结合音乐可治疗精神病……

(2)辅助型

这种类型的健身走主要针对自身疾病影响到走步能力的人群。辅助型健身走的常见锻炼方法有靠墙走、拄杖走、搀扶走、平行杠内走、跨步、跨门栏、上楼梯(上台阶)、牵拉走、自行车辅助走等。所有的运动康复治疗都要有充分的耐心,不可延误时机,也不可急于求成,应长期坚持。

(3)借助器械型

这种类型的健身走主要针对需要走步校正或不能支持本身体重的患者,可借助器械完成所需锻炼。

(四) 健身走的注意事项

第一,运动时应穿透气性好的平底鞋,并最好穿棉袜。

第二,选择舒适性和实用性较强的服装。

第三,做好准备活动和放松运动。

第四,练习时注意安全,在平整的道路上进行活动。

第五,练习时应注意及时补充水分。

第六,根据气候变化调整生活起居和健身走锻炼的方式。

第七,健身走要循序渐进,持之以恒。

第八,做好脚的保健。

二、健身跑实践

(一) 健身跑概述

20世纪80年代,人们把动作轻盈、协调、节奏感的跑步称为健身跑。从此以后,健身跑就以"有氧代谢之王"的美誉风靡全球,并被列为有益健康,尤其是心血管健康、抗病延年的手段。

在进行健身跑的时候,应根据本人自身的实际情况,恰当地选择跑的距离和速度。如果跑的距离过长或者速度过快,就达不到健身的目的。世界上对健身跑有不同的叫法,有的叫"慢跑",也有的叫"长跑",还有的叫"健康慢跑"。总体而言,这些跑的目的都是一样的,都是通过跑步来增强体质,战胜疾病,延年益寿。

健身跑的目的是健身而不是竞技,所以它不以竞赛形式出现。随着经济的发展和社会的进步,健身跑逐渐成为人们喜爱的一种运动形式,并越来越多地出现在街头、公园等公共场所中。健身跑简便易行,对场地、器材的要求不高,且量与强度较易掌握,人们可以根据自己的身体条件来确定活动量。因此,健身跑适合于各年龄阶段和各种身体条件的人群。运动开始后,健身跑能迅速动员心血管系统进行活动以适应运动的需要,所以在最大负荷运动过程中,人的心血管系统能发挥最大的机能潜力,充分调动人体的储备力量。在运动后,个体也能很快地恢复到安静状态水平。因此,健身跑运动能有效地促进人体新陈代谢,减轻患病(如高血压、高血脂、动脉硬化等)的可能性。

(二)健身跑基本动作技术

从项目特点来看,健身跑是一项以适合自身体力的速度进行的运动,但又和"走步"有着较大差别。以运动负荷为例,健身跑对心脏的负担远大于健身走,对脚腕、膝盖、腰的冲击力也比健身走大了许多。所以,健身跑时采用正确的跑步姿势就十分必要了,这样做不仅减少了伤害事故,同时还能达到良好的锻炼效果。

总体来说,在健身跑的时候,身体要自然放松,脚落地要柔和,注意以全脚掌着地并迅速过渡到前脚掌,与此同时,两臂配合两腿自然摆动。在跑的过程中,呼吸要均匀充分,呼吸频率与步伐要保持协调。通常情况下,以2~4步1吸,2~4步1呼为宜。此外,在进行健身跑的时候,要注意步幅不要过大,步频不要过快,基本上保持在每分钟150步左右就可以了。跑得不能太快,以不喘粗气,边跑边与同伴说话为宜,每次跑的时间为25~30分钟。为了深入了解健身跑的技术动作,下面将对其进行深入分析。

1.头部动作

科学家们发现,人的头部大约重4.5千克,在健身跑的过程中,头部施加在关节上的压力和由于引力而产生的向下的重力基本上等于脚所要承受的重量。因此,在跑动的过程中,人会习惯性地往下看,这就使得关节承受了整个头部的重量,还会使脊骨的排列十分不整齐。所以,正确的头部动作应为不要低头，也不要往后仰，而应尽量使头部在这两个极端之间保持适当的平衡。

2.上体姿势

健身跑的时候，人的上体呈稍前倾或正直姿势，胸部正对前方并稍向前挺。整个躯干自然而不僵硬。上体不能过分前倾，否则会影响步频和增加背部肌肉的负担，也不能后仰，否则会引起胸、腹部肌肉过分紧张。若上体左右摇晃，不仅会引起不必要的体力消耗，还会破坏跑的直线性，影响跑的速度。因此，在跑进中要善于掌握正确的身体姿势，要跑得轻松、协调、效率高，要特别注意肩部肌肉的及时放松。

3.肩膀动作

一般情况下，在健身跑中很容易出现肩膀紧绷的现象。出现这一现象的非常重要的原因之一就是跑步时拳头紧握的缘故，这是非常容易矫正的。然而，疲劳甚至是肌肉的不平衡也都是其中的原因，这会使肩膀牵缩肌变得脆弱，让肩膀牵引肌变短而且过分紧张，要重新调整肩膀牵缩肌和牵引肌之间的平衡。

4.背部动作

在跑动的时候，人的躯干应该与地面保持垂直，挺直背部。尽量不要向后仰或是向前倾，否则会使身体不在一条直线上，而且会抑制呼吸。

5.双手动作

研究证明，在健身跑过程中，双手握紧拳头并不能使人更加放松地进行跑步运动，所以就需要进行“放松的控制”。所谓的“放松的控制”，就是假想我们在每个拇指和食指之间拿块饼干——捏得足够紧不会掉下，但是也不是太紧，不至于捏碎它。这样一来，人们才可以以轻松的心态参与到健身跑运动中。

6.脸部动作

在健身跑中，要尽力地放松脸部动作。眼睛应紧盯住前方10～20米的位置，而不是看着双脚。记住，眼睛可以独立于骨骼转动，所以能够看到自己周围而不用来回摆动头部。

7.胳膊动作

肘部自然向前弯曲接近90°，但是不要太用力。只有当向后摆动胳膊时才需要用力，然后随着跑动自然地前后摆动。摆动手臂的速度越快就会让大腿迈动的速度越快，所以当快速跑步而不是慢跑时，请更多地利用来自胳膊的力量。

8.脚踝动作

放松脚踝的前部。这听起来让人觉得奇怪，但是有意识地释放踝关节前部的肌肉真的使人在迈动步伐时感觉到更加放松和平稳。

9.膝盖动作

在迈动每一步时尽量把膝盖抬到合理的高度，只要双脚不要有任何擦地动作就可以。

10.腿部动作

在健身跑的过程中，腿部需要做尽量的舒展。特别是腿部动作。髋、膝、踝三个关节要充分伸直。以大腿发力向前抬来带动小腿的迈进。小腿前伸时，支撑腿的各个关节要迅速伸直。大腿前摆的过程中，小腿要保持放松和自然下垂。大腿在向前抬出时，时间不要拖得太长，应该快速地下压，小腿应做前摆动作。此外，在跑动的时候，后蹬不用全力进行，步长不要过大，步频不应过快，这样可以节省体力，以防受伤。

11.脚部动作

健身跑开始后，前脚掌先着地，紧接着过渡到全脚着地，这样可以缓冲脚落地时产生的冲击力，着地会富有弹性，并为后蹬创造了条件。一般情况下，脚跟距地面较高会在很大程度上降低动作的程度和造成不必要的肌肉紧张，致使人在脚着地的瞬间需要抵制重力作用，从而也有利于拖长小腿后的肌肉群。而假如脚掌在着地时没有任何对抗就放下脚跟，那么就会使人失去跑的弹性。在跑步中也可以看到有人用前脚掌外侧着地过渡到全脚掌和用全脚掌着地。应当注意的是，在跑动中，脚跟先着地会对人体产生很大震动，也会使人的脑子、内脏、下肢关节受到震动，发生头晕、肚子疼、膝关节和脚跟疼等现象。

12.臂部动作

健身跑时，臂的摆动要配合上体及腿部动作，协调一致。正确的摆臂，可以帮助维持身体平衡，调节步频，提高腿部动作的效果。如果摆臂动作不正确或不协调，就会造成不必要的能量消耗，还会导致过早疲劳和破坏动作的节奏感。摆臂时，肩部要放松，两臂各弯曲约成90°角，两手半握拳，前后自然摆动，前摆时稍向内，后摆时稍向外。摆动的幅度不要太大，用力程度也较小。另外，肘关节的角度也不是固定不变的，臂处于垂直部位时的角度比向前和向后摆动时的角度要大一些，这样有助于两臂肌肉的放松。

13.呼吸

人们从事健身跑的技术是不是合理，在很大程度上取决于是否采用了正确的呼吸。从跑动的生理学基础上来说，健身跑时也会产生一定的氧债，为了保证氧气供给，就需要有一定的呼吸频率和深度，在适宜的呼吸深度条件下，还要依靠呼吸频率来保持必要的肺通量。而这就需要口鼻同时呼吸才能完成。通常情况下，健身跑除了采用两步一呼、两步一吸的呼吸方式，还可以采用三步一呼、三步一吸的呼吸方式。具体采用哪种方式，要因人而异。总而言之，不管采用何种呼吸方法，都要注意呼吸自然。如果出现呼吸节奏被破坏时，应做深呼吸或适当调整跑速。继续跑一段距离后，呼吸就会逐渐均匀正常，跑起来又能比较轻松了，这一过程是人体机能的正常反应。但若出现呼吸急促并且困难，就应停止跑步，特别是中老年人要更加注意。

(三) 健身跑的锻炼方法

1.变换节奏小步跑

这是变速跑的一种，所谓变速跑，就是指健身者快跑一阵后，再慢跑一阵，也就是一种快跑和慢跑交替进行的跑法。这种跑法较适合体质较好的长跑爱好者。开始慢跑的时候，人体的肌肉活动不是很激烈，光凭吸入的氧气就可以满足肌肉活动的需要，该阶段属于有氧代谢；而转换成快跑的时候，肌肉活动激烈，氧需求量增多，不能满足运动对氧的需求，则属于无氧代谢。这不仅有利于发展一般耐力，而且也能提高机体的速度耐力素质，对提高人体机能大有益处。变速跑可以根据自己的情况随时改变速度，逐渐提高变速跑的速度，逐渐增加运动量，以最大限度地发挥健身跑的作用。具体而言，练习者在跑动的时候要直立提踵，提高身体重心位置，两腿交换小步向前跑进，采用慢—快—慢—快的节奏交替进行，并多次重复上述动作。在锻炼过程中应注意，跑动的步长保持在30厘米的小步长；两臂协调配合，上体放松，不能有多余的紧张，特别是面、颈、肩部要放松，脚要扒地式着地，保持高重心跑进，节奏明显。

2.原地高抬腿跑

原地高抬腿跑是原地跑的一种。一般情况下,原地跑主要在室内进行。这种健身跑较为适用于普通健康人,以及有较好锻炼基础的慢性病患者。原地跑的时间可长可短,根据需要而定。跑的速度可逐渐加快,动作也可逐渐加大,以便逐渐增加运动强度和运动量,也可以根据跑步的速度挑选合拍的音乐,在音乐伴奏下原地跑步,提高练习兴趣,发挥跑步的健身功效。跑动时,练习者直立提踵,提高身体重心位置。左大腿屈膝高抬与地面平行,右腿蹬伸髋、膝、踝,两臂协同摆动。左腿下压左脚扒地式落地之际,右大腿屈膝高抬与地面平行,两腿交替多次重复。在锻炼过程中应注意,头和上体保持正直,眼平视,高抬大腿时臀部不要后坐,大腿高度要与髋部保持在同一水平面,支撑腿膝角控制在170°之内,不要充分伸直,但要提踵保持高重心。

3.水中高抬腿跑

水中高抬腿跑是水中跑的一种,具有水中健身跑的特点。由于在世界各地有无以计数的跑步运动爱好者,他们在陆地上,每跑1千米,平均每人每只脚就得撞击地面六七百次,其脚部、膝部和臀部都会受到不同程度的震荡,容易使肌肉扭伤或拉伤韧带。所以,一种结合了游泳和跑步的新型健身运动——水中跑步就逐渐在一些国家相继流行起来。在锻炼的过程中,健身者身体垂直浮于水中,头部露出水面,四肢如在陆地跑步般前后交替运动。在深水中,水的散热要比空气快许多,此项运动真不失为一个“夏季避暑锻炼法”。另外,水的阻力是空气阻力的12倍,在水中跑45分钟就相当于在陆地上跑两个小时,运动强度也足够。水中跑步现已成为肥胖人群的“专宠”,无论体型多么庞大的人,在充满浮力的水中都会觉得体态轻盈,会减少陆地上跑步因自身重量所产生的阻力。采用水中高抬腿跑健身时,健身者在齐腰的水中直立提踵。向前做20~30米高抬腿跑或原地高抬腿跑,摆动腿大腿高抬膝向前。向上接近水面,支撑腿不要充分蹬伸并控制身体在水中的平衡,两腿交替多次重复上述动作。锻炼过程中,需注意大腿高抬与扒地动作要充分利用水的阻力作用,支撑腿要控制在水中的阻力,使身体平衡。

4.上台阶高抬腿跑

上台阶高抬腿跑属于楼梯跑的一种,是借助于高层寓所进行楼梯跑运动，现在楼梯跑已成为市民一种时尚的健美项目。据医学论证，它既是增强心肺功能的全身性需氧运动，又是一项可以灵活掌握运动量、无须投资且男女老幼皆宜的锻炼方法。楼梯跑可延缓肢体肌群萎缩、韧带僵硬、骨质疏松脆弱，达到强肌肉、疏关节、柔韧带、坚骨质的健美效果。一般情况下，楼梯跑要求腰、背、颈部和肢体不间歇地活动，肌肉有节奏地收缩和放松，可促进肺活量，加速血流，改善代谢和增强心肺功能。据测定，采用匀速楼梯跑方式每5分钟可消耗100～110千卡热量，超过散步2倍，比静坐多5倍，可与慢跑或骑自行车耗热量相同。时下，它已是一项日常生活中去脂减肥的健身新招。采用上台阶高抬腿跑进行健身跑锻炼时，健身者要面对看台台阶或楼梯，向上做高抬腿跑。摆动腿高抬大腿折叠小腿，使小腿落在台阶上，同时支撑腿用力向上蹬伸，使身体重心移到上一层台阶上双臂协同摆动配合两腿动作，两腿交替多次重复上述动作。在锻炼时要注意，摆动腿高抬时膝要放松，小腿后折，加快高抬腿与下压扒地速度，上体保持正直、稳定。

5.慢速放松跑

在健身跑运动中，最常见的跑步形式就是慢速放松跑。总体上来说，健身者可以按匀速跑的方式先完成一定的距离，具体情况可根据健身者自身的状况来定，可以刚开始以每分钟90～100步的速度慢跑，然后逐渐增到每分钟110～120步、120～130步。慢速放松跑的运动时间以每天20～30分钟为佳，距离2.5～3千米为宜。运动员可以先从1千米开始，待适应后，每月或每两周增加1千米，一般增至3～5千米即可。如果健身者是老年人或者身体素质较差，那么他们可以跑得比走步稍快一些，体质好的跑速可稍快。慢跑时，运动强度在脉搏每分钟不超过100～120次时最好。

6.定时跑

定时健身跑的方法有以下两种，一种是在规定的时间内进行健身跑，这种方法不限速度和距离，如开始时每周3次，每次20分钟，以后逐渐增加至每周4～6次，每次时间也延长至30分钟、45分钟、60分钟；另一种是在规定的时间内，计算跑完一定的距离的方法，这种方法跑的距离越长越好，反之就越差，如开始时5分钟内跑完500米，以后随运动水平的提高可缩短时间，加快速度，或加长距离来加快速度，以提高速度耐力，对提高体力、检验体力有益处。

7.跑跳交替

这种跑法指的是健身者在跑一段时间之后跳上三五下，然后跑一段，然后再跳三五下，这样跑跳交替进行的方式。这种健身跑的速度可按照自己的身体情况采用慢跑或中速跑，或稍慢速度，动作要放松协调，轻松自如，具有良好的节奏。跳是身体向前跑的过程中尽量向上跳几下，使身体肌肉、关节在长时间的连续活动中得到刹那间的休息，可缓解跑步的疲劳，同时锻炼弹力。

8.坡度健身跑

常见的坡度健身跑有上坡跑和下坡跑两种。上坡跑时，健身者常会遇到坡路，这时候需要健身者不要将其视为阻碍，而要将其视为提高健身跑水平的好机会。上坡时，身体前倾，减小步幅，加强摆臂。下坡时，身体稍后仰，在掌握好平衡的基础上加大步幅，注意全身放松和身体平衡，同时跑的动作要流畅。

9.倒着跑

作为返序运动中的一个健身项目，倒着跑是背部指向正常跑步方向的运动。跑动时，健身者上体正直稍向后，抬头挺胸，两眼平视，双手半握拳置于腰间，一条腿抬起向后迈出，脚尖着地，身体重心随之后移，再以同样的方式换另一条腿，小跑步向后退去，交替进行，两臂自然前后摆动，身体不要左右摇摆。这种跑步方法有利于减轻和改善腰肌劳损、腰椎病、骨质增生等。

10.迂回跑

在迂回跑的过程中，健身者跑动的前方，会有许多障碍物，障碍物与障碍物之间有一定距离，跑步时交替性地从障碍物的左右侧跑过。健身者跑过之后，还可以设法再跑回来。从迂回跑的这一特点来说，这种跑步方法，十分适合青少年，也可以作为一种游戏来增加跑步的趣味性和锻炼健身者身体的灵活性。

11.旋转跑

旋转跑也是倒序运动中的一种，它在倒序运动中的地位比较特殊，既不同于正常跑，又和倒着跑不一样，旋转跑是向前跑、侧身跑和倒跑几种方式的综合运动。人体在跑动时，身体的旋转会使人体产生一定的离心作用，破坏了习惯性重力的感觉，会使身体各部位器官、血液循环系统随着人体的旋转发生横向扩张，从而促进全身血液循环和脑部的供氧功能，使各器官得到锻炼，有利于提高人体的平衡能力。旋转跑的锻炼方法是，健身者先在原地练习顺时针和逆时针旋转，不求快速只求匀速。在开始跑时，圈子要大一点，速度要慢一点，逐渐由慢到快，由大到小。向左、向右转两个方向都要进行练习。一般人习惯了顺、逆时针各转三圈后，即可在跑步过程中不时旋转，并逐步增加旋转的频率和速度。

（四）健身跑的注意事项

第一，在健身跑前，应对自己的身体状况进行全面的检查，特别是中老年人。检查是否患有不适宜跑步的禁忌症。有慢性病的中老年人更应在医生指导下进行健身跑锻炼。

第二，掌握正确的健身跑方法。

第三，根据健身跑的距离、时间、速度、每周锻炼的次数及锻炼者的体质和健康水平选择健身跑方法。

第四，进行健身跑锻炼的时候，切忌“三天打鱼，两天晒网”。要想达到强身健体的目的，应持之以恒，保证每周锻炼3～4次。

第五，在健身跑前，要做好充分的准备活动。

第六，在每次快跑之后，切不可马上停下，要做到放松减速跑，以培养健身者放松跑的能力。

第七，每次锻炼结束前要注重肌肉的放松和恢复整理运动。

第八，注意在健身者饮食中增加蛋白质的摄入量。

三、健身跳实践

（一）健身跳概述

跳跃是人类基本活动技能之一，是一种以取得较长时间腾空为目的的人体非周期性的活动形式。健身跳是以健身为目的的跳跃活动，因此它和竞技跳跃运动不同。通常可以将健身跳跃分为支撑跳跃和无支撑跳跃两种。

支撑跳跃在以前是体操课的内容，但因为它有自己的特点，在动作练习中有腾跃器械的高度和落地远度的要求，所以通常被用作田径拓展练习的一个项目。支撑跳跃包括“跳背”、跳山羊、跳箱，以及作为游戏形式的“双杠翻越追”，其中跳箱分为横箱分腿腾越、横箱屈腿腾越和纵箱分腿腾越。在练习过程中,通常会遇到健身者从一开始就对学习某个动作十分害怕,不敢果断地体会动作的情况。究其原因,除了自身身体素质之外,主要和健身者的心理素质与心理紧张程度有关。所以,支撑跳跃练习还有助于培养参与者果断、勇敢的意志品质,提高参与者不怕困难、敢于超越的勇气,消除胆怯、自卑等不良的个性心理,增强参与者面对障碍的胆量和自信心。此外,支撑跳跃练习还有助于发展参与者的运动能力。

通常情况下,无支撑跳跃的主要内容有提高身体素质的跳跃、游戏性健身跳、娱乐性健身跳和健美性健身跳四种。经常进行无支撑跳跃能有效地促进下肢血液循环,增加骨质营养,减轻骨质脱钙,防止老年人运动器官损伤。同时,由于健身跳的时候,人体经由双脚与地面的冲撞和摩擦,可以加强对足底的刺激,从而加快足部的血液循环,促进了血液循环系统。作为一项健身运动,健身跳能还能起到控制体重、防止肥胖的作用。可见,健身跳是集健身、娱乐于一体的运动形式,包含了丰富的练习内容,如少儿的跳皮筋、跳绳,老年人的迪斯科、秧歌舞步等。人们在这样充满轻松愉快气氛的活动中,身体得到了锻炼,生活也得到了充实。

(二) 健身跳基本动作技术

从基本动作技术方面来说,健身跳可以分为以下几个技术环节。

1.助跑

跑是跳的基础,跳是跑的发展与结果。因此,如果在健身跳中,跑不好,那么也就跳不好了。在日常生活中,我们经常可以见到这种现象:当一个人想要跳越一定宽度的壕沟的时候,人总要加上几步助跑;或者当汽车穿越同样的坡度时,快速行驶的汽车总比慢速行驶的汽车冲得要远得多。

(1)助跑的起动姿势

常见的助跑起动姿势有下面两种:一种是从静止状态开始,这种启动姿势大多采用两腿微曲,两足左右平行站立的“半蹲式”,或两腿前后分立的“站立式”起动姿势;另一种是走几步或走跳步结合踩上第二个标志点,行进间开始的起动。前一种方法,前三步的步幅和速度变化较小,有利于提高助跑的准确性;后一种方法,助跑则比较自然,动作比较放松,但由于是动态,每次踩上标志的位置和速度不易控制,对准确踏板提出了更高的要求。

(2)助跑的加速方式

和助跑的起动姿势一样,助跑的加速方式也有两种:第一种是积极加速，第二种是逐渐加速。第一种加速方式是从助跑一开始就跑得很积极，步频一直保持在较高的水平，这种加速方式能较早地摆脱静止状态，并获得较高的助跑速度，其特点是助跑开始几步的步长较短，步频较快，上体前倾也较大；第二种加速方式大多是在加大步长或保持步长的基础上提高步频，这种加速时间较长，加速过程比较均匀平稳。所以，跑的动作比较轻松、自然。同时，起跳的准确性较好，每次试跳成绩也较稳定。

2.起跳

作为改变人体运动方向的主要技术环节，起跳的主要任务是在尽量减少水平速度损失的情况下，获得必要的垂直速度，来改变健身者身体重心向前运动的方向，从而创造适宜的腾起角。一般情况下，健身者身体重心的腾起初速度越大，越有可能跳出好成绩。

3.腾空

腾空是起跳接下来的环节，起跳腾空后，摆动腿屈膝前摆，摆至大腿接近水平位置，起跳腿自然放在身体后面，这一起跳结束时身体姿势在空中的延续，就是所谓的腾空步。一般情况下，腾空步有三种，即蹲踞式、挺身式和走步式。

（1）蹲踞式

蹲踞式是腾空步中最简单、自然的跳远空中动作，比较适合初学者采用。采用这种腾空姿势跳远时，健身者在空中保持腾空步的时间比较长。腾空步后，起跳腿向摆动腿靠拢，然后两腿一起上举，使膝接近胸部。此时，躯干不应过分向前，在距落地点0.5米处时，双腿几乎完全伸直，两臂继续向前下划，这种补偿动作有助于在落地前更好地前伸小腿和保持稳定性。

然而，“蹲踞式”跳远也有其不足之处，它的最大缺点就是起跳后向前旋转的力矩较大，由于屈腿和上体前倾，下肢靠近身体重心，旋转半径减小，这就在很大程度上增加了角速度和旋转力矩。这很容易使健身者产生前旋，迫使腿过早下放。所以“蹲踞式”跳远的时候，健身者要特别强调上体与头部保持正直姿势，以维持身体的平衡。

应当明确的是，蹲踞式跳远虽然简单易学，但由于身体在空中呈团身状态，容易产生前旋，且由于近落地的这一阶段躯干前倾过大，会妨碍两腿充分前伸，也会影响取得更好的成绩。

(2)挺身式

挺身式腾空在空中的姿势比较舒展。健身者完成挺身式空中动作,也是在起跳后的腾空步之后才能实现的。当起跳呈腾空步之后,处在体前的摆动腿伸展弯曲的膝关节,摆动腿小腿随之向前、向下、向后呈弧形划动,两臂也随之向下、向后再向前大幅度地划动。与此同时,处在身体后面的起跳腿与正在向后划动的摆动腿靠拢、挺身、展髋、头稍后仰,充分拉开躯干前面的肌肉,整个身体展开成充分的挺身姿势。

当身体即将落地时,两臂向后摆动,躯干前倾,两腿迅速收腹举腿,小腿尽量向前伸出,用足跟落地。这种挺身式的空中技术能使身体充分伸展。由于躯体前面肌肉充分拉开,为落地前的收腹举腿和小腿的充分前伸做了很好的准备,同时为取得较好成绩也创造了好的条件。挺身式跳远空中动作的难度在于维持身体平衡,因此参与者要经常训练身体的协调和维持平衡的能力。

(3)走步式

从字面意思上来看,走步式就是在腾空阶段完成走步的动作,和上面两种空中姿势相比,走步式难度比较大。当起跳动作完成后,身体呈现"腾空步",处在身体前方的摆动腿应以髋为轴,用大腿带动小腿向下、向后方摆动,同时处在身体后方的起跳腿则以髋关节为轴,大腿向上抬摆,并且屈膝带动小腿前伸,完成两条腿在空中的交换动作。两臂也要配合两腿的换步进行绕环,起到维持身体平衡的作用。

当完成空中换步之后,摆动腿仍需要从体后屈膝前摆,与处在体前的起跳腿并拢,再在空中走半步。整个过程是两腿在空中进行两步半的走步。这两步半是这样计算的:从腾空步开始,摆动腿下放是第一步;起跳腿从体后摆至体前,两腿在空中换步是第二步;最后摆动腿从后向前提拉与起跳腿靠拢是半步。要在空中完成如此复杂的动作,就需要有较强的协调能力和维持身体平衡的能力,两腿的空中换步必须有两臂的相向运动配合,所以两臂在空中大幅度地绕环与两腿相配合是十分重要的。

4.落地

落地的任务是选择合理的落地技术,充分利用身体重心腾起的远度,创造尽可能远的跳跃距离,以防止伤害事故的发生。

常见的落地方法有两种：折叠式和滑坐式。折叠式落地法，是运动员在腾空阶段经过最高点后，开始将两腿向上、向前伸出，上体向下折叠，两臂从上面向前并在落地前向后快摆；滑坐式落地法，是在腾空最高点就开始做折叠动作。由于折叠动作较早，所以不会影响和改变腾空路线，到最后把腿及骨盆前移，上体稍后仰，落地时好像坐着，这也是滑坐式名称的由来。

(三) 健身跳的锻炼方法

1.远跳

(1)原地跳跃

原地跳跃是培养远眺能力的一种常见的锻炼方法，它是以下肢弹跳为主的一项运动。原地跳跃主要发展臀大肌、股四头肌、股二头肌、小腿三头肌等肌群，同时腹部肌群、腰部肌群在配合收缩下也得到锻炼。因此，原地跳跃对健美双腿、减少全身多余脂肪及增强心肺功能起到积极作用，并能有效发展下肢的柔韧性。常见的原地跳有以下练习方法。

第一，立定跳远。跳远时，健身者两脚原地开立，协调预摆几次，两臂及两腿用力蹬伸，然后收腹举腿前伸落地。

第二，立定跳远后坐入沙坑。立定跳远后坐入沙坑的基本要领与立定跳远基本相同，只是两脚落地时，应尽量使两腿触胸后两脚远伸，用臀部坐入沙坑。

第三，原地两级蛙跳。跳远时，健身者两脚原地开立，协调预摆几次，两臂及两腿用力蹬伸摆动，然后收腹举腿前伸落地，接着继续置伸配合进行第二次跳跃。

第四，蹲起挺身跳。跳远时，健身者两腿半蹲，两臂用力向前上方摆起，同时两腿用力蹬伸跳起，空中挺胸展胯，然后收腹举腿落地。

(2)行进间远跳

第一，单足跳接跨步跳。单足向前跳一次，脚着地后，迅速蹬伸用力做跨步跳动作，当前摆的腿落地后再接着做单足向前跳，依次反复，左右腿轮换练习。

第二，连续兔跳。全蹲或深半蹲，两手体后互握，身体正直，两腿用力蹬地向前跳进。连续进行练习。

第三，连续蛙跳。半蹲或深半蹲开始，两臂前摆，两腿蹬地向前跳出，接着双腿前收落地并继续保持半蹲或深半蹲姿势继续向前跳。

(3)障碍远跳

第一,单腿跳上跳箱向远跳。跳箱高20~30厘米。单腿跳上跳箱然后继续用力蹬伸向前跳落沙坑。

第二,原地弓步并腿跳跃过障碍。距障碍80厘米处站立,障碍高30厘米左右。原地弓步站立,两臂向前上方摆起,支撑腿用力蹬伸向前上方跳起,两腿并拢收腹越过障碍后落地。

第三,行进间连续跳过实心球。实心球间隔2~2.5米,设置15个左右,双腿连续向前快速跳过实心球。

2.高度跳

高度跳是向垂直方向跳跃的运动,在健身锻炼中,进行高度跳练习时尤其要注意运动安全,其要点是掌握平衡,注意落点,控制跳起高度,达到活动的目的即可。在具体的练习中,可采用以下方法进行练习。

(1)原地高跳

第一,原地直膝跳。直膝跳的作用主要是发展踝关节和小腿三头肌的力量。其动作要领是:身体直立,两手置于体后,一手握住另一只手腕,两膝微屈,主要靠踝关节蹬伸的力量跳起,身体垂直向上,落地时以脚前掌着地,连续富有弹性地跳起。每组做20次以上,可重复多组。

第二,原地蹲跳起。原地全蹲或半蹲,两臂后摆,两腿迅速用力向上蹬伸,两臂向上摆动,使人体尽可能获得最大腾空高度。

第三,团身收腹跳。原地半蹲跳起,两腿并拢,屈膝团身大腿尽量触及胸部,两臂协调配合摆动。

第四,原地跳起前后分腿。原地双腿蹬地向上跳起,在空中两腿前后分腿,然后在空中完成并腿并以前脚掌着地,重复进行练习。

第五,原地跳起直腿收腹跳。两腿半蹲两手后摆,接着两腿数伸跳起,两臂同时向上摆起,空中两腿并拢直腿收腹,两手尽量触及脚尖,落地时注意缓冲。

第六,原地单足换腿跳。左(或右)蹬伸跳起,左(或右)腿向上摆动,跳起时摆动腿下放与蹬地腿配合人体向上伸展,接着起跳腿落地,摆动腿上步换腿后继续蹬伸跳起。

(2)行进间高跳

第一,弧线助跑起跳。弧线助跑3~4步起跳,起跳时摆蹬配合,摆动腿屈膝带胯前摆,起跳腿充分蹬伸向上跳起。

第二,单腿提膝高跳。跳跃时,健身者一条腿蹬伸向上跳起,另一条腿迅速向上摆动,腾空到最高点时摆动腿继续保持高抬动作,起跳腿落地后,摆动腿前迈,起跳腿继续上步起跳重复练习。

第三,向上单足换腿跳。跳跃时,健身者一条腿数伸向上跳起,另一条腿迅速向上摆动,腾空到最高点时摆动腿下放与起跳腿并拢,起跳腿落地后摆动腿迅速上步接着起跳。

第四,单跳双落起跳。起跳时,健身者一条腿前迈,另一条腿蹬伸用力跳起,两腿迅速完成并拢落地动作,接着双腿继续用力蹬伸向上跳起。

第五,单跳双落起跳后团身收腹。起跳时,健身者要一条腿前迈,另一条腿蹬伸地用力跳起,迅速完成并拢落地动作,接着双腿继续用力蹬伸向上团身收腹跳起。

(3)障碍高跳

第一,连续助跑摸高。在运动场地放置多个悬挂物或利用自然环境,按照一定的要求连续助跑摸高。

第二,连续跳越栏架练习。栏架高70~100厘米,距栏架30~50厘米处双腿起跳越过栏架。

第三,跳深练习。跳箱高60~100厘米,栏架高80~100厘米,栏架距跳箱2米左右。站在跳箱上两腿并拢跳下,接着继续跳起越过栏架。

3.障碍跳

障碍跳是指越过障碍物的跳跃练习方法,障碍跳练习对于人体的协调性、灵活性有着重要的发展作用。在练习中,可采用跳栏架(或跳箱)的练习方法。跳栏架练习对于发展踝关节、大小腿肌群和髂腰肌的力量具有很好的效果。

(1)单手单脚支撑越过障碍法

这种锻炼方法也叫撑越法。锻炼时,障碍物高80~100厘米,长1.5米以上。助跑5~10米,跑到障碍物前,用右手撑障碍物,以右脚踏跳,左脚踏上障碍物,右臂伸直将身体支撑在障碍物上,然后右腿屈膝从左腿和障碍物之间越过,同时推右手,左脚蹬离障碍物向前跳下,继续跑进。

(2)“踏上法”越过障碍

锻炼时,障碍物高度为30～50厘米。需助跑5～10米,当跑到障碍物前1米左右时,单腿用力置地起跨,摆动腿屈膝前摆高抬,用前脚掌踏上障碍物,此时上体稍前倾,当身体重心移过支撑点上方后,支撑腿迅速伸直蹬离障碍物,另一条腿向前迈出用前脚掌着地,然后继续向前跑进。

(3)双手支撑越过障碍法

在这种锻炼方法中,障碍物高80～100厘米,长1.5米以上。需助跑5～10米,跑到障碍物前,用双手扶障碍物的一侧,两手臂伸直将身体支撑在障碍物上,依靠脚的有力蹬地,两脚迅速屈膝抬起从另一侧越过障碍物,同时双手用力推离障碍物,两脚越过障碍物后用前脚掌着地继续向前跑进。

(4)“跨步法”越过障碍

在这种方法中,障碍物高度为30～50厘米。需助跑5～10米,当跑到障碍物前1米左右时,单腿用力蹬地起跨,摆动腿屈膝前摆高抬向前迈步,上体稍前倾,起跨腿同侧臂前摆,异侧臂后摆,起跨腿弯曲向前提拉,摆动腿前脚掌着地后,起跨腿迅速向前迈出继续跑进。

4.游戏跳

游戏性健身跳是出于游戏的目的而进行的跳跃练习。此种跳跃一般以轻松、欢快的游戏气氛来达到调节身心状态的作用。游戏性的健身跳多为儿童、青少年采用,但其中有一些练习也适用于成年人。常见的练习手段有以下两种。

(1)跳台阶游戏

连续性跳台阶可有效发展腿部力量,健美腿部。一般每次跳10～15个台阶,跳若干组。随着力量增强,可从双脚跳过渡到单脚跳,可由一次跳一个台阶过渡到两个台阶。

(2)跳绳游戏

跳绳是一种源于民间的游戏,这项运动广受人们的喜爱。跳绳运动不受场地、设备和时间的限制,简单易学。跳绳是全身参与的综合性运动,它能使大脑充分参与运动,手握绳头不断旋转,会刺激拇指的穴位对脑下垂体发生作用,进而增加脑细胞的活力,提高思维和想象力。此外跳绳需全身协调配合,可有效发展协调性和灵敏性。跳绳的形式多种多样,节奏、强度也可以随时控制。跳绳可分为多人跳、双人跳和单人跳。

(四) 健身跳的注意事项

在锻炼过程中,健身者要注意练习动作的质量。如果健身跳处理不当,会造成运动性损伤,导致与健身目标相反的结果出现,所以在健身过程中,要注意安全练习,要注意健身者练习的方式与负荷。健身跳练习要充分体现快速积极的技术,要注意将所学的技术动作与要求有机结合起来。在锻炼之前要做好准备活动。

四、健身投实践

(一) 健身投概述

投掷运动是由人体携持规定的器械,通过一定的运动形式,利用人体自身的运动能力,将器械抛射得尽可能远或准的运动项目。与其他田径项目一样,投掷运动也源于远古时为了生存,在与大自然搏斗的同时,用于强身健体。训练士兵或娱乐游戏等目的促使了投掷运动的诞生。

研究证明,经常参加健身投运动,可以使人的体格变得健壮,体型变得健美。其原因在于投掷项目大多是借由人体肌肉收缩来实现对器械的作用力。通过投掷练习,人体的肌肉会发生明显变化,表现为原有的肌纤维变得更加粗壮结实,肌肉块增大,肌肉力量增强,人的体格也会变得更加健壮。此外,投掷练习也能使人的体型变得更加完美。一般情况下,衡量形体美的主要指标是胸围、腰围、臀围之比。人体的肩、胸、腹和臀部是脂肪最容易堆积的部位。而各种投掷手段都可以用来发展人体这些部位的肌肉活动能力,它可以消耗脂肪,降低体脂比重,提高肌肉力量。进行健身投练习,可以改善肌肉的协调能力,其原因在于人们为了提高器械出手速度,会加大对器械的作用力。这就可以在很大程度上增强关节的灵活性和稳固性,从而能够使各关节的骨密质增厚。最后,由于投掷练习需要踝关节、膝关节、肩关节、肘关节和腕关节的协调完成,这就会使各个关节产生适应性变化,使肌腱和韧带增厚,在骨附着点处直径增加,胶原含量增加,单位体积内的细胞含量增加,使关节周围的肌肉力量增大,关节软骨增厚,从而在很大程度上加大关节的稳固性。

(二) 健身投基本动作技术

从技术动作方面来说,健身投技术主要是由握持器械、助跑,最后用力和器械出手后的身体平衡等几个不可分割的技术阶段组成。

1.握持器械

不管选择哪种形式的健身投掷运动,都需要将器械握持稳定。在投掷的全过程中,健身者要始终控制好器械的位置、方向和角度。具体而言,就是要做到以下三点。

第一,握持器械时,持械手臂应松紧适度,既要控制好器械,又要保证完成后续动作。

第二,握持器械时,要尽量利用好手臂的长度和力量。

第三,握持器械时,要注意便于助跑和做出最后用力动作,尤其是有利于出手时能够把力量集中施加于器械上。

2.助跑

最后用力之前,人体携持器械预先加速的运动过程就是助跑。健身者投掷成绩的好坏在很大程度上会受到助跑的影响。在健身投的过程中,健身者由助跑转入最后用力的衔接(过渡)动作应该自然连贯。为了取得较长的工作距离,健身者最后用力前的身体姿势必须呈现出良好的超越器械状态。要想保持良好的"超越器械"动作,健身者需要做到以下三点。

第一,健身者在滑步、旋转、交叉步后,形成下肢在前、上体和器械在支撑点后或远离点的倾斜姿势。

第二,在助跑的时候,应注意使器械所处的位置到出手点之间获得最长的工作距离。

第三,在助跑的时候,相关的肌肉群要在生理限度内被最大限度地拉长。

3.最后用力

最后用力是决定投掷远度的主要技术阶段。所以,在最后用力阶段,健身者要在助跑的基础上,给器械进一步加速,使健身者能在稳固有力支撑的条件下,最大限度地发挥全身力量,最后通过投掷臂和手的动作以最快的速度集中作用到器械上,并以适宜的角度把器械投得更远。

具体而言,在最后用力阶段,健身者骨盆的左端相对固定,会致使右端加快向投掷方向运动。在身体开始打开的过程中,髋横轴与肩横轴要处于交叉扭紧状态。在此过程中,髋横轴牵引着肩横轴运动,当身体向前即将转成面对投掷方向时,骨盆右端的运动速度突然放慢,其角动量上传加快了肩横轴的向前运动,加上身体的挺胸、挥臂动作,最后肩横轴又超过了髋横轴。笼统地说,正确的用力顺序应表现出身体髋横轴与肩横轴的相互超越和及时而稳固的左侧支撑用力动作。

4.器械出手后的身体平衡

器械脱手后,健身者要注意维持身体的平衡,以避免身体失去平衡冲出投掷圈或起掷弧而造成犯规。

(三)健身投的锻炼方法

通常我们将健身投掷练习分为推掷、头上投掷、体侧(横手)投掷、肩上投掷和双手投掷。

1.推掷

健身推掷是由推铅球技术演变而来的,推掷的健身练习多以推铅球的动作技术要领进行,一般都是重量在2千克以上的重器械。下面介绍几种常见的推掷方式。

(1)原地向上推球(左、右手)

投掷时,健身者两脚左右开立。右手持铅球(实心球)于肩颈部,掌心朝上托住铅球,两腿弯曲,然后蹬伸用力,将球向上推出。

(2)原地向下推球(左、右手)

推掷时,健身者两脚左右开立。上体前俯,右手在颈部托住铅球(实心球),右手掌心朝下,左手向下伸。右臂适当抬起,然后右臂迅速向下用力推球。

(3)背向滑步推球

推掷时,健身者背对投掷方向,两脚左右开立,右手持铅球(实心球)于颈部。两腿蹬摆配合,快速滑步后形成良好的最后用力动作,然后迅速将球推出。

(4)背向垫步推球(左、右手)

推掷时,健身者两脚前后站立,左脚在前,右脚在后,背对推球方向。右手持铅球(实心球)于颈部,右腿弯曲支撑地面,上体前俯,左腿后摆带动身体重心后移,右腿配合左腿的后摆,蹬离地面后,快速收右腿,完成最后推球动作。

2.头上投掷

一般情况下,健身投掷中,人们运用头上投掷方式最常用的器械是实心球。头上投掷的健身练习有站姿的双手前抛实心球、背抛实心球，坐姿的双手前抛实心球、后抛实心球，跪姿的双手前抛实心球、后抛实心球等。

3.体侧(横手)投掷

健身型横手投掷练习是由掷铁饼和掷链球的技术演变而来的，但横手投掷所用器械多为重器械。常见的练习有掷链球、掷铁饼、掷杠铃片，还有链球的原始活动形式——掷铁锤，以及挥保龄球等。

4.肩上投掷

健身型的肩上投掷练习是由投标枪的技术演变而来的，肩上投掷的多是重量在2千克以下的轻器械。常见的练习有投标枪、投垒球和投手榴弹，以及一些变换项目，如扔小石块、投竹竿、投射稻草捆、投带橡皮条的网球、投棒槌和打雪仗等。

5.双手投掷

常见的双手投掷的健身方式有前抛实心球、后抛实心球、侧抛实心球、对面传接实心球、掷链球和胸前推掷杠铃棒等。

(四) 健身投的注意事项

第一，练习前，健身者要先理解健身投掷动作的要领，然后按照动作要求进行合理的练习。

第二，练习过程中，健身者不要单纯追求投掷的远度，应注意投掷过程中的用力顺序和用力方法。

第三，在练习时，要注意培养自身的正确的投掷技术。

第四，根据自身的具体情况选择投掷方法和投掷器械。

第五，在练习中要注意安全。

第六，练习时，要充分考虑投掷场地的设置，尽量选择空旷练习场地，留出足够的安全空间。

第七，在练习前，要注意进行准备活动。

第八，注意锻炼时间的有效控制，练习时间可根据练习者本身的工作性质和练习的任务来确定。在校学生可利用体育课时间和业余活动时间练习，工作人员可利用清晨、下班后或节假日练习，老年人的锻炼时间则不受限制，但应在饭后1.5小时后进行。练习时间通常应达到0.5～1小时，并产生一定疲劳的感觉，这样对运动器官和心血管系统有较好的锻炼效果。

第二节 健美运动健身

现代健身健美是在场馆健美、俱乐部健美等基础上发展起来的一种时尚和内容日益拓展的大众体育锻炼项目,更是一个前景广阔的朝阳产业。健身活动起源于人类的健康意识。进入现代社会以后,健身活动日益成为一类目的明确、目标多元、形式多样、特征鲜明的,并以科学、合理、安全、有效为基本原则的运动项群。时至今日,“健身”已经成为特定的、广义的健身、健美、健心、健智的活动体系,更形成内涵不断拓展和丰富的一些独立的运动竞技项目及其训练体系。而健美运动、集体健身项群、体能的专项练习等便是健身运动技术方法和理论体系的中坚力量。本节主要介绍几种常见的健身健美运动。

一、瑜伽健身

(一) 瑜伽概述

瑜伽是当今世界上最安全、最有效的健身运动之一。它产生于公元前300年的印度,是人类智慧的结晶。瑜伽是东方最古老的强身术之一,它是梵文“Yoga”的译音,本义是自我和原始动因的结合。各种瑜伽体系的终极目的就是帮助人们实现这种境界。所以从广义上说,瑜伽是哲学;从狭义上说,瑜伽是一种肉体和精神的运动项目。

经过五千多年地不断发展,瑜伽出现了很多流派,并由此形成了许多不同的体系。其主要体系包括哈他瑜伽、八支分法瑜伽(又称王瑜伽)、智瑜伽、嗒多罗瑜伽、语音冥想瑜伽、实践瑜伽(又称业瑜伽)和爱心服务瑜伽(又称巴克悌瑜伽)。

随着瑜伽在全球范围内的广泛流行,以注重生理效果为主的哈他瑜伽逐渐成为当今世界流行的瑜伽主流,它是一种最适合现代人调理身心、养身保健的活动。哈他瑜伽是以调息与体位法为中心,主要锻炼和开发人的大脑、肌体和内心。

练习瑜伽时,身体、动作、思想和呼吸相互联系,能产生一种平衡、放松、和谐的感觉。练习者利用自己的身体来净化思想。通过这种彻底的身心训练，肉体和灵魂的每一个细胞都会被唤醒。

肢体姿势的练习能够治疗多种疾病，增强肌肉力量，提高柔韧性。姿势中的各种动作能使血液达到饱和状态，并流遍身体最细微的部分，使其获得充分的营养。从心理学的角度来说，瑜伽可以使人集中注意力，镇定心灵，并产生平衡、宁静、满足的感觉。

与其他体育运动的不同，瑜伽不但有生理的因素，而且有心理的因素，而肢体拉伸仅仅是外部的。瑜伽姿势不仅能锻炼肌肉，提高身体的感知力和柔韧性，还能生成内在意识，稳定心态。一般的体育运动只强调外部动作的准确性，而瑜伽在关注准确性的同时，更呼唤深层次的感知，以带来身心的全面平衡。此外，瑜伽还有消除现代人生活的紧张压力和身体上的僵硬疲劳等特殊功效。因此，瑜伽很适合现代人练习，是保持身心健康的最安全、最有效的运动方式，也是可以伴随一生的健身运动。

（二）瑜伽的健身方法

1.瑜伽的呼吸健身法

呼吸始终伴随我们的生命，它是如此自然、无意识，以至于很多人都未曾注意过它，除非是因某种原因使之变得急促或困难。在瑜伽理论中，瑜伽学者通常形容呼吸就是吸取生命之气。"生命之气"就是精气、精力，通常看不到它却能时时刻刻感觉到它。瑜伽呼吸由三个部分组成：吸气、悬息（屏气）、呼气。人们通常认为吸气是呼吸中最重要的部分，但事实上，吐气才是最关键的部分。吐出去的废气越多，吸入的氧气才有机会越多，因此在很多的瑜伽呼吸健身法中，吐气比吸气时间长，悬息会让氧气停留在体内的时间更长。一般初学者把握不好呼吸，不主张做屏气的练习[1]。

从种类上来说，瑜伽的呼吸健身法主要有自然呼吸法、横膈膜呼吸法、完全呼吸法、喉呼吸法、鼻孔交替呼吸法等。下面简单介绍一下完全呼吸法。完全呼吸法也被称为胸腹式呼吸法，它是瑜伽练习中最常用的呼吸方法，是胸式呼吸和腹式呼吸的结合。它提供给身体最充足的氧气，帮助身体消耗脂肪，并使血液得到净化，将体内的浊气、废气、二氧化碳最充分地排出体外；可以温和地按摩腑脏器官，促进其机能，增进体内循环，防止呼吸道感染；消除肌肉、内脏的疲劳，特别对平息剧烈运动后自主神经功能紊

[1] 丛俊杰：《高校健身健美运动现状研究》，《新教育时代电子杂志》（教师版），2021年第22期，第130～130页。

乱、内分泌不正常的救急状态尤其有帮助;提高人体免疫力,改善心理状态,控制情绪,对培养注意力、集中力都有极好的效果。具体而言,当健身者缓缓吸入气息时,会感觉到由于横膈膜下降,腹部完全鼓起,随后肋骨处向外扩张到最开的状态,肺部继续吸入氧气,胸腔完全扩张,胸部上提,吸满气后缓缓地呼出,放松胸腔,把胸部的气呼出,随后温和收紧腹部,腹部向内瘪进去,感觉肚脐去贴后背,直到把气完全呼尽为止。

2.瑜伽的体位健身法

瑜伽姿势又称瑜伽体位法。印度瑜伽先哲帕坦伽利所著的《瑜伽经》把体位法定义为“将身体置于一种平稳、安静、舒适的姿势”。它是一种锻炼身体,强化身体,并让身体健康美丽的调身方法。

它与现代人的生理健康和心理健康有着密切的关系。瑜伽体位法通过身体的前弯后仰、扭转侧弯、俯卧、仰卧等各种姿势,对人体脊柱、中枢神经、骨骼、肌肉、内脏进行全方位的刺激和按摩,配合自身的呼吸、消化、体液分泌物的运转循环,激活身体潜能,提升体内的优良素质,弥补自身的缺陷,增强人的免疫力。这种配合呼吸缓慢做动作的体位法,还有促进血液流通的按摩效果,可以从根本上让人的身体恢复活力,从而达到强身健体、塑身美容的功效。瑜伽体位是缓慢的、舒适的、能够连续完成的有氧运动,不用爆发力与反弹力,这样可以有效地避免其他剧烈运动对身体可能产生的种种伤害(乳酸积累、精神紧张、肌肉老化等)。现在一般应用的瑜伽姿势有近百种,下面介绍几种最基本和常用的姿势。

(1)坐姿

瑜伽健身中,常见的坐姿有简易坐、半莲花坐、莲花坐、雷电坐、至善坐等。下面简单介绍一下莲花坐的动作方法。

用莲花坐的坐姿时,健身者坐在地上或垫上,双手抓住左脚,将其放于右大腿上,脚跟放在肚脐区域下方,左脚底板朝天。双手抓住右脚,掰过左小腿上方,放在左大腿上,右脚底板朝天,脊柱保持伸直。尽量长久地保持这个姿势,并交换两腿位置练习。应当注意的是,这个姿势较为难做,但它是一个很有用的松弛练习,掌握好它之后,能引发顺畅的呼吸,增加上半身的血液循环,对哮喘和支气管炎患者有益。每次打坐之后,要按摩两腿、两膝和脚踝。

(2)体位

第一,风吹树式。采用这个体位健身能够舒展颈部、肩部、臂部、躯干和腿部肌肉，有助于促进肠道蠕动，消除便秘，消除髋部脂肪，改善体态，增强均衡性和灵活性。健身时，双脚并拢，合掌胸前。首先吸气，双手要向头顶高举，手臂轻轻夹住耳际，上身有往上延伸的感觉。然后吐气，上身弯向左侧，与此同时，将髋部向右侧推移保持5次呼吸。再吸气，还原向上。吐气，弯向右侧，将髋部向左侧推移，要保持呼吸5次。在运用这种体位姿势健身时，如果健身者有脊椎毛病，那么在练习时一定要特别小心。患有各类肠炎及近期做过手术者也不宜练习该动作。

第二，侧三角式。健身时，保持两膝伸直，将右脚向右转90°，呼气，双臂伸直，将上身躯干转向右方，让左手在右脚外缘碰触地板，右臂向上伸展，与左臂成一条直线。保持姿势，双眼注视右手指尖，伸展双臂及肩胛骨。

第三，身腿结合式。采用这个姿势健身有利于伸展背部肌肉，刺激脊柱神经，并使神经系统镇静。它还可以使腹部器官和性器官受益。健身时，仰卧，抬高双腿，并保持膝盖伸直，当双腿已垂直于地面时呼气，抬起髋部和下背部，两腿伸展至头上方，并伸向头后。两腿弯曲，将大腿移向胸部，躯干便向后方移动，直到能够把膝盖都贴在地面上为止。也可以把双手顺势滑向背后抓住两脚脚踝，从而能够用手帮忙把膝盖抵紧双肩，然后两手臂抱住大腿，做缓慢而深长的呼吸。只要感到舒适，可以尽量长久地保持这个姿势。

第四，肩倒立式。这个姿势的梵文名字原意为“全身”，因为它有益于整个机体。这个姿势开始时仰卧，两臂向下按以求平稳，慢慢将腿抬离地面。当腿垂直于地面时，升起髋部，将腿部向头部后方送得更远，让两腿伸展在头部之上。接着用手托住腰部两侧，支撑起躯干。收紧下巴，让它顶住胸部。舒适地呼吸，保持这个姿势至少1～3分钟。

通过肩倒立式，血液流入头部和上身，使脑部、双眼、头皮和面部充满活力，对甲状腺也有益。两腿、骨盆和腹部充血现象将得到缓解和消除，如静脉扩张、脱垂、月经失调等毛病可得到改善。由于肩倒立式有维护肾上腺活动正常的效果，一方面它能减轻贫血症、活力不足和癫痫症；另一方面它能使神经系统平静，使心烦意乱、失眠头痛、紧张等症状减轻。通过长期不懈的练习，还可消除便秘、结肠炎和肠溃疡。但要注意的是，患有高血压的患者不宜做这个练习。

第五,战士第三式。采用这个姿势健身时,健身者两腿大分开,吸气,双掌合十,高举过头顶并尽力伸展,呼气,右脚与躯干向右旋转90°,左脚向右方略转动。曲右膝直到大腿与地面基本平行,左腿伸直,两眼注视合十的双掌,伸展脊柱。接着呼气,将上身躯干向前倾,双臂保持伸直,手掌合十,一边伸直右腿,一边把左腿举离地面。右腿完全伸直后,左腿举高至与地面平行。此时,双臂、上身和左腿应该形成一条与地面平行的直线,右腿应与这条直线成直角。

第六,拜日式。拜日式又叫向太阳致敬式,是人们最常做的瑜伽姿势之一。拜日式由以下一系列动作组成:①放松站立,两脚靠拢,两掌在胸前合十,正常呼吸;②双手食指相触,掌心向前,双臂高举过头顶,缓慢而深长地吸气,上身自腰部起向后方弯下;③呼气,慢慢向前弯身,用双掌或两手手指接触地面,不要弯曲双膝。以不感到太费力为限,尽量使头部靠近膝盖;④保持手掌和右脚不离开地面,慢慢吸气,同时左脚向后伸展。慢慢把头部向后上方抬起,胸部向前方挺出,背部则呈凹拱形;⑤一边慢慢呼气,一边将右脚向后拉,使两脚靠拢,脚跟向上,臀部向后上方收起。伸直四肢,身体好像一座山峰的样子;⑥一边呼气,一边让臀部微微向前方摇动,一直到两臂垂直于地面为止,然后蓄气不呼,弯曲两肘,胸膛朝地板方向放低;⑦一边保持胸部略高于地面,一边慢慢呼气,胸部前移,直到腹部和大腿接触地面。然后吸气,慢慢伸直两臂,上身从腰部向上升起。头部像眼镜蛇式那样向后仰起;⑧呼气,同时臀部升高,双手、双脚支撑地面;⑨一边吸气,一边弯曲左腿并将左脚伸向前面。头部向上看,胸部向前挺,脊柱呈凹拱形。试图把这个动作和上一个动作做连贯,一气呵成;⑩一边保持两手掌放在地板上,一边慢慢呼气,右脚收回放在左脚旁边。低下头,伸直双膝;⑪边慢慢抬高身躯,两臂伸直举过头顶,背部向后弯;⑫一边呼气,一边回复到开始的姿势,两手掌在胸前合十。

拜日式的好处非常多,它对身体各个系统都会产生良好的影响,如消化系统、呼吸系统、内分泌系统、神经系统等。由于这个练习会给人体大脑充氧,因此有助于个体从懒散的状态中清醒过来,给人一个健康、警醒的心灵。

3.瑜伽的休息健身法

瑜伽的休息术(Yoga Nidra)是古老瑜伽中的一种颇具效果的放松艺

术。Yoga Nidra的意思是完全集中导致的休息,但这种休息与一般意义上的睡眠有着根本的不同。因为在正确的练习中可以用意识去控制它,并且从意识中醒来。对于工作繁忙、缺少睡眠的人,15分钟左右的Yoga Nidra就能使人恢复精力。其原因在于Yoga Nidra对身体有很大的裨益,可以使大脑、心脏、自律神经系统和肢体得到深度的休息,令身体得到“充电”以恢复活力。正规的放松要是一种主动、清醒、意念集中的放松,才可以有松弛的感觉。放松法因不同目的、时间和环境而有不同的练习方法。如果白天练习的目的在于消除疲劳,快速补充精力,那么只要做15分钟的休息术就可以了,关键点在于练习过程中需要专注自身呼吸,保持清醒,不可以入睡。在晚上睡觉之前练习,时间可以尽量延长,直至自己自然睡着为止。这样一来,你会发现自己的睡眠质量会因此得到很好的改善。即使睡较短的时间,早晨醒来也会很清醒,精神奕奕。当练习体位法后,可以做10分钟的放松训练,通过松弛来消除运动所产生的紧张。每节课结束或完成一组瑜伽姿势练习之后,也可以用此方法缓解身体的紧张,使体内的能量自由流动。

从内容上来说,瑜伽休息术包括瑜伽语音冥想、放松身体各部位、瑜伽场景冥想、充沛精力后起身。瑜伽休息术在日间进行,如工间或午休时间。大家的目的大多数是想快速消除疲劳,恢复精力,此时进行的休息术时间通常比较短,能做放松身体各部位、瑜伽场景冥想、充沛精力后起身这三部分,其中的瑜伽场景冥想时间也可以由自己来掌握。

(三) 瑜伽健身的注意事项

第一,在健身时间的选择上,应尽量选择在清晨,早饭之前进行瑜伽练习。傍晚或其他时间也可以进行瑜伽练习,但应注意最好在空腹或完全消化以后进行训练。

第二,健身时,身体应保持正常或安静状态,如果身体不适或有病症,那就尽量不要采用过于强烈的方法,也可以完全不进行练习。

第三,练习结束后的30分钟内,不要洗澡、进食或做剧烈运动,以免破坏体内能量的平衡。

第四,练习瑜伽时,应尽量选择在安静、清洁、空气新鲜的地方,有可能的话,也可以离开房间选择露天的自然环境。

第五,练习过程中,要保持安静,避免交谈,可以播放轻松、简单的音乐,使健身者保持身心专注。

第六,健身时应穿着宽松的天然面料的服装,赤脚或只穿袜子。

第七,健身练习时,要注意运用正确的练习方法。

二、大众健美操健身

(一) 大众健美操概述

"健美操"的英文原名是"aerobics",指的是"有氧运动""有氧健美操"。有氧运动(aerobics)最早由美国人Kenneth Cooper博士于20世纪60年代在美国推广的。aerobics原来只强调有氧运动的重要性,并且以训练心肺功能为主要目的。最早以有氧跑步健身为主,随着有氧运动的发展到20世纪70年代末,健美操运动逐渐受到大众的欢迎。20世纪80年代初,美国健身、影视明星简·方达根据自己的健身经验和体会大力推广有氧健美操的运动。1981年,她编写出版了《简·方达健美术》引起了世界的轰动,这对健美操运动在全世界的发展起到了积极的作用。健美操运动于20世纪80年代初传入我国。

具体而言,健美操是在音乐伴奏下,以身体练习为基本手段,以有氧运动为基础,达到增进健康、塑造形体和娱乐目的的一项体育运动。作为有氧运动的一种,它通常采用徒手或轻器械进行练习,是在氧气供应充足的情况下,以人体有氧系统提供能量的一种运动形式。它是持续一定时间的、中低强度的全身性运动,主要锻炼练习者的心肺功能,是有氧耐力素质的基础。

近年来,随着健身运动的不断发展,人们对健身的理解进一步加深,知识水平和健身的科学化程度不断提高,对健身的需求也更加多样化和个性化。因此,目前出现了多种新的健美操形式,如近年来兴起的水中健美操以及在特殊场地进行的固定器械的有氧练习等,这些新的健身形式使健美操运动的内容更加丰富,适合的人群更加广泛,健身的效果更加明显;同时,降低了运动损伤的可能性。健美操运动正是在这样的大环境下得到了迅速发展,呈现出多样化和科学化的发展趋势。

(二) 大众健美操的健身方法

1.头颈动作

大众健美操的头颈动作包括头颈部的屈、转、绕和环绕。做该动作时,头部保持正直,然后头颈沿身体垂直轴向左、右转动90度。

2.上肢动作

大众健美操的上肢动作包括手形手臂动作。健美操的手形动作主要包括分掌、合掌和拳等。而手臂动作则包括上臂的举、屈、伸、绕和环绕。这里简单介绍一下手臂举的动作方法。举是指以肩为轴,臂的活动范围不超过180度而停止在某一部位的动作,包括单臂和双臂的前、后、侧、侧上、侧下、上举等。

3.下肢动作

大众健美操的下肢动作主要包括无冲击动作、低冲击动作和高冲击动作。无冲击动作包括弹动、半蹲、弓步、提踵。低冲击动作包括踏步、走步、一字步、漫步、屈腿、并步、迈步移重心、交叉步、吸腿、摆腿、踢腿和"V"字步。高冲击动作包括跑、双脚跳、开合跳、并步跳、单脚跳、弹踢腿跳、点跳。这里简单介绍一下点跳的动作方法。

以左脚点跳起步为例。点跳时,右脚蹬地跳起,同时左脚向侧迈步落地,随之右脚并左脚点地,随后反方向做一次,动作相同,方向相反。在做点跳时要注意两腿轻松蹬地,身体重心随之平稳移动,注意膝踝的弹动。

4.躯干动作

躯干是健美操动作中最富表现力的部位,躯干主要包括胸、腰、髋等部位。胸部动作包括含胸、展胸、移胸、振胸。腰部动作包括屈、转、绕和环绕、波浪。髋部动作包括顶髋、提髋、摆髋、绕和环绕。顶髋时,健身者两腿开立,一条腿支撑并伸直,另一条腿屈膝内扣,上体保持正直,用力将髋顶出口。顶髋时要注意用力要有节奏感。

(三)大众健美操健身的注意事项

第一,健身时必须遵循科学锻炼的原则,以保证健身的实际收效。此外,还要在健身前做相应的准备活动,以使身体各运动系统逐渐进入适当强度的运动状态。

第二,在健身时要合理地安排运动负荷。一般情况下,将心率控制在最大心率(220次/分)的60%~80%较为合适。

第三,在健身时间的选择上,可根据个人的学习、工作、生活及习惯等情况选择适宜的时间进行锻炼。

第四,在饥饿的时候和睡前不适合做剧烈健美操运动。

第五,健身时,要加强自我监督,对自己的身体健康情况和功能要经常进行自我观察。

第六,健身时要注重健身环境。可选择在明亮、通风、整洁、清新、凉爽的环境中进行健身锻炼。

三、拉丁健美操健身

(一) 拉丁健美操概述

拉丁健美操源于"体育舞蹈"中的拉丁舞,它融合了拉丁舞与健美操的基本步伐,是一种具有鲜明拉丁风格的健美操。它引用了拉丁舞狂热的音乐,使健身者在激情的拉丁音乐中尽情展示自己美好的身段,并使健身者在疯狂地扭动和淋漓的汗水中减去腿部多余的脂肪。可以说,拉丁健身操就如立体的画、流动的词、活的雕塑般美丽,使生命永远带着青春的乐章美丽绽放。当前拉丁健美操正是火热动感的南美风情舞蹈与富有活力的有氧健身操有机结合的产物,其动作风格奔放热情、音乐充满激情,并以优美舒展的舞姿、多变的舞步征服着人们。

(二) 拉丁健美操的健身方法

拉丁健美操的运动包括三个部分:热身、有氧练习、放松和伸展。其中,热身部分着重于身体局部的灵活性锻炼;有氧练习部分的目的主要是减脂和增加人的心肺功能;放松和伸展部分可以放松健身者的紧张肌肉,舒展肌肉线条,避免运动后的疼痛。

从技术动作的角度来说,拉丁健美操的动作并不复杂,但要完成好首先要掌握正确的用力方法和节奏。一般而言,拉丁健美操的动作用力顺序是从下到上、由里向外,即所有力量来自地面对身体的反作用力,由脚传到腿到髋到腰再到躯干。而手臂的动作是由躯干内部发力向外延伸,全身各部位的协调用力是完成好动作的关键。例如,基本动作中,左膝内扣,髋右转动时躯干应左转,也就是左右两侧的对应要形成对抗状况,这样能积蓄力量来完成下面的动作。此外,拉丁健美操的基本步也是拉丁健美操技术动作的重要组成部分。下面介绍几个常见的拉丁健美操的基本技术动作。

1. 抖肩

做该动作技术时，健身者双臂伸直侧下举，五指分开，掌心向前，左肩前顶，右肩后展，再右肩前顶，左肩后展。

2. 恰恰步

恰恰步节奏形成1哒2，即2拍2动的形式。以右侧恰恰步为例，健身时，右腿向右侧迈出1拍“大”，左腿并步，右腿再向右侧迈出。应当注意的是，恰恰步的变化很多，可以向侧、向前、向后，并步或交叉步，还可以单独做或结合别的步伐一起完成。

3. 曼波步

节奏形成均匀的节奏，没有切分节拍，可以前后、向侧或结合转体动作。在传统健美操中也常用这个步伐。运用该技术动作时，首先，左脚向前一步，重心前移，同时向左摆髋。然后，重心后移至右脚，同时向右摆髋。左脚向后一步，重心后移，同时向左摆髋。随后，重心前移至右脚，同时向右摆髋。做曼波步时，两臂屈肘于腰间自然摆动。

4. 桑巴步

桑巴步的节奏形式也是1哒2，2拍2动，但与恰恰步不同的是它的“大”拍时间很短，并且完成动作时节拍要有短暂的停顿。以向右的桑巴步为例，蹬左腿向右一步，重心右移，同时身体左转。“大”左腿向右腿后点一步，同时右腿微微屈膝抬起，重心在左腿。重心移至右腿，右脚原地点地一次。桑巴步也可用来作移动或连续多次使用，整个动作主要注意髋部随着重心移动而左右摆动。

(三) 拉丁健美操健身的注意事项

第一，在健身服装的选择上，要注意选择鞋底柔软的运动鞋。

第二，健身时，注意跟随音乐扭动髋部和腰部，正常呼吸。

第三，在呼吸不畅的情况下，请先休息片刻后再决定是否继续。

第四，健身时，要避免扭腰过猛，应以感觉适当为准。

第五，健身者若出现腿部疲劳、人体局部出现痛状不适、眩晕、心率过快等现象，可停止练习。

第六，若健身者身体各个关节太紧张，应立即改正这一点。

第七，由于拉丁健身操对动作的协调性要求很高，所以健身者在锻炼时心情一定要放松，不要有恐惧感，不要怕动作做不好被人嘲笑。

四、踏板健美操健身

(一) 踏板健美操概述

健美操包括很多项目,其中有氧踏板操(step aerobics)就是在健美操中出现得最早的一项有氧运动。据说有氧踏板操运动的最早发明者是一位膝部受伤的美国有氧操教练。他于1968年发明了这项有氧运动,并很快风靡美国甚至全世界。

踏板操是有氧运动的一种,踏板操运动通常在一块长为90~110厘米、宽40厘米的专门健美操踏板上进行健身运动。踏板最低高度一般为10厘米,高度还可以调节(一般5厘米为一挡)。踏板的高度越高,对脚的负荷越重,运动的强度就越大。

踏板操是能有效提高有氧运动水平的中高强度的有氧运动。有氧踏板操非常具有挑战性和娱乐性,它能提高锻炼者的协调能力和全身的力量控制。通常,练习者主要在自己的踏板周围运动,在高级的有氧踏板操课程中,一人可以同时使用两块踏板。目前在较大的健身房都开设有踏板操的课程,有氧踏板操具有独特的健身效果,深受广大健身爱好者的欢迎。

(二) 踏板健美操的健身方法

有氧踏板操基本动作可以根据需要,自己进行创新和练习,下面介绍几种比较常见的基本动作。

预备姿势:面对踏板,直立,双腿并拢,双手叉腰。

1.上下板

健身者面对踏板,双脚依次上、下板;左脚上板;右脚上板,双腿并拢;左脚下板;右脚下板,双腿并拢。上下板可以变形为"V"字步和"A"字步。"V"字步是健身者站在地上,双腿并拢,立正姿势;板上,双腿分开,同肩宽。"A"字步是健身者站在板上,双腿并拢,成立正姿势;地上,双腿分开,同肩宽。

2.点板

健身者面对踏板,双手叉腰。左脚脚跟点在板上,然后收回,成立正姿势。重心落在地面的脚上,点板脚为虚点步。

3.单腿支撑

这是一种交替上板的动作,每次上板都改变引脚。单腿支撑,另一条腿为动力腿或做动作腿。单腿支撑可以变形为提膝、侧踢、后抬腿、前踢。

4. 转板

转板是一种转体180度的交替步伐或是转体的交替“V”字步。在板的一侧经过板，上到板的另一侧下板。健身时，健身者右脚上板，1/4转向前面，左脚上，右脚下，然后左脚下。转板可以在第四拍变形为前提膝或后屈腿。

5. 过板

过板是在板的一侧经过板上到板的另一侧，方向不变，可横板可竖板。过板可以变形为在板上可小跳或小吸腿跳。

6. 板上落

这是一种交替落脚的着地步伐。在板上开始动作，要注意以较慢的速度开始，落地时前脚掌落地。板上落可以变形为单单双、后脚落、侧蹲。

7. 跨板

双脚跨在板两侧，从板两侧上板，注意脚落板和上板的位置。跨板可变形为单侧落下，上板时前吸、前踢、侧踢，从板侧开始跨板。

（三）踏板健美操健身的注意事项

第一，健身时，除点板外，要尽量用整个脚掌触板面。

第二，上板时，身体重心要及时跟进处于踏板正上方。

第三，上、下板时，要支撑腿保持一定的弯曲。上板时，脚跟先触板块过渡到整个脚掌触板；下板时，前脚掌先触地缓冲过渡到整个脚掌。

第四，健身时，身体重心要及时转移，即躯干向动作方向跟进与腿部的移动需同步进行。

第五，当健身者身体重心在踏板上时，加强腰腹的控制可起到平衡固定身体的作用。

第三节 球类运动健身

随着现代社会的不断发展，大众健身球类运动项目比比皆是。当前，在我国开展得较为普遍的球类运动主要有篮球、足球、排球、网球、乒乓球、羽毛球等。实践证明,经常参加球类运动,不仅可以提高弹跳、协调、灵敏、耐力、速度、力量等身体素质,还能提高神经系统的灵活性和肌肉活动的协调性,增强血液循环、呼吸和消化系统的机能,促进人体新陈代谢,使身体各项机能得到全面的发展。此外,积极开展和参与球类活动,还能起到丰富社会文化生活的良好效应。

一、篮球运动健身

(一) 篮球运动概述

篮球运动不仅是一项综合性的活动性游戏,而且是一项现代竞技体育的运动项目。现代篮球运动是在统一的国际篮球组织指导下,以严格、规范的比赛规则和特定的竞赛方式,通过追求更高、更快、更强的奥林匹克精神所展开的强者间的对抗、竞争与拼搏。其竞赛活动过程充分显示出人类生命所具有的活力,突出了为民族争荣、自强不息的奋斗品格。篮球运动起源于人类的生存劳动,是社会进步的反映。

篮球运动最早是由美国人詹姆斯·奈·史密斯博士(1861—1939年)发明创造的。史密斯博士年轻时就读于麦吉尔大学,毕业后曾在堪萨斯大学执教体育课程,任教期间通过细心观察,专心思考,终于发明了当时称为"体育游戏"的篮球运动。

当前,篮球已经成为一项魅力无穷的运动。我国篮球运动的发展是令人瞩目的,特别在学校这个育人场所,篮球运动开展尤为普及,深受青少年学生的青睐。经常参加篮球运动。能促进速度、灵敏、力量、耐力、柔韧等身体素质的发展,提高中枢神经系统的灵活性,增强心脏、血管、呼吸、消化系统的机能,促进肌肉和骨骼的生长发育。篮球运动是集体项目且具有强烈的竞争性和对抗性,因此,能培养人的团结协作、互相配合的集体主义精神和勇敢顽强、机智果断等优良品质[1]。

(二) 篮球运动技术

篮球技术是篮球在比赛中运动员为了进攻与防守所采用的各种专门动作方法的总称。篮球进攻技术包括传球、接球、运球、投篮、持球突破等;防守技术包括防守对手、抢、打、断球等。不管进攻技术还是防守技术,两者都含有移动和抢篮板的基本技术。

[1] 李秋初,吴素芬,陈志红:《球类运动与健身》,杭州:浙江大学出版社,2012年。

1.传接球技术

(1)传球技术

传球技术是篮球运动中的主要技术之一,是指在篮球比赛中进攻队员之间有目的的支配球、转移球的方法。传球动作方法分双手胸前传球和单手肩上传球两种,双手胸前传球主要是以双手胸前传球为基本动作方法,而单手肩上传球则是以单手肩上传球为基本动作方法。下面简单介绍两种传球技术。

第一,双手胸前传球。双手胸前传球是一种最基本、最常用的传球方法,具有准确性高,容易控制,便于和其他技术结合的优点。传球时,两手手指自然分开,拇指相对成八字形,用指根以上部位持球,手心空出。两肘自然弯曲于体侧,将球置于胸腹之间的部位,身体呈基本站立姿势。在后脚蹬地、身体重心前移的同时前臂迅速向传球方向伸出,拇指用力下压,手腕前屈,食指和中指用力拨球将球传出。球出手后身体迅速调整成基本站立姿势。传球距离近,前臂前伸的幅度要小。中近距离传球,主要靠手腕的翻抖和手指拨球。远距离传球时,要加大蹬地跨步、伸上臂的力量,需要加大蹬地、伸臂以及腰腹的协调用力,要注意传球距离越远,蹬地、伸臂的动作幅度也就越大。

第二,单手肩上传球。单手肩上传球是指传球前单手持球于肩上,出手时单手将球传出的一种传球方法,是传球中最基本的传球方法之一。其特点是力量大,适合远距离的传球,常用于抢到后场篮板球发动长传快攻时。以右手传球为例,传球时,双手持球于胸前,两脚平行开立;左脚向传球方向迈出半步,同时右肩打开引球至右肩上方,肘外展,手腕后仰,左肩对着传球方向,重心落在右脚上;右脚蹬地转体,前臂迅速向前挥摆,手腕前屈,通过食、中指拨球将球传出。

(2)接球技术

接球是篮球比赛中进攻时最基本、最重要的技能,接球手法主要包括双手接球和单手接球两种形式。下面简单介绍这两种接球技术。

第一,双手接球。双手接球是篮球技术中最基本的接球方法,也是在比赛中运用最多的技术动作之一。其优点在于握球牢稳,易于转换其他动作。双手接球时,两眼注视来球,两臂伸出迎球,手指自然分开,两拇指成八字形,手指向前上方,两手成一个半圆形。当手指触球后,两臂随球后引缓冲来球的力量,两手握球于胸腹之间。保持身体的平衡,做好传球、投篮或突破的准备。根据来球的高度不同,两臂伸出迎球的高低也会有所不同。

第二,单手接球。单手接球的优点在于控制的范围比较大,能接不同方向的来球。但是,单手接球不如双手接球牢稳,因而一般情况下应尽量用双手接球。以用右手接球为例,原地单手接球时,两眼注视来球,右手向来球方向伸出,五指分开,掌心对着来球。当手指触球瞬间,顺势收臂,左手迅速扶球,将球置于胸前,保持基本站立姿势,右脚向来球方向迈出,两眼注视着来球。

2.运球技术

运球技术是持球队员在原地或移动中用单手持续拍球推进的一种动作技术。下面介绍几种常见的运球技术。

(1)高运球

高运球是在无防守干扰的情况下,因整体战术需要加快向前推进的速度所采用的一种运球方法。采用这种运球方法运球时,要求运球队员身体重心较高,按拍球力量大,球反弹高度在胸腹之间,运球速度快,便于观察场上情况。具体而言,运球时,腿微屈,目平视,上体稍前倾,以肘关节为轴,用手按拍球的正后方向前推进(若为原地高运球。应按拍球的正上方),球的落点在身体的侧前方,高度在胸腹之间,一般拍一次球跑两步。

(2)低运球

低运球是指运球时,球反弹的高度在膝关节以下的一种技术。常在遇到有对手紧逼或接近防守队员时采用这种运球方法,用于保护球或摆脱防守。具体而言,运球时,两腿弯曲,降重心,上体前倾,用异侧臂、身体和腿来保护球,用手腕和手指力量短促地按拍球,以便更好地控制球,摆脱防守,继续前进。

(3)运球急停急起

这种运球方法是进攻队员在运球推进时利用速度变化来摆脱防守而采用的一种有效的技术方法。具体而言,在快速运球遇到防守的堵截时,利用跨步急停动作,右手按拍球的前上方,然后短促有力地按拍球的上方,变为原地低运球。急起时,身体重心迅速前移,后脚用力蹬地跨出,同时右手按拍球的后上方,运球前进。

3. 投篮技术

投篮是进攻队员将球投入对方球篮而采用的各种专门动作方法的总称。此外，投篮也是篮球比赛中得分的唯一手段，是一切技术、战术运用的最终目的和全部攻守矛盾的焦点，是整个篮球技术体系的核心。投篮的动作方法很多，按照持球方法的不同，可以将其分为单手投篮和双手投篮两种。下面具体介绍这两种投篮方法。

（1）单手投篮

以原地单手肩上投篮为例，投篮手五指自然分开，手心空出，手腕后仰，大、小拇指间的夹角约为80度，以扩大对球的支撑面，用指根及其以上部位托住球的后下方，球体的重力作用线近乎落在食指和中指的指根部位，同时肘关节自然下垂，另一手扶球的侧上部，置球于同侧头或肩的上方。

（2）双手投篮

以原地双手胸前投篮为例，两手手指自然分开，拇指相对成八字形，用指根以上部位握球的两侧后下方，手心空出，两臂自然屈肘，肘关节下垂，置球于胸与下巴之间。

4. 持球突破技术

持球突破是持球队员运用合理的脚步动作与运球技术相结合，快速超越防守队员的一种攻击性很强的进攻技术。在篮球比赛中，及时地把握突破时机，合理地运用突破技术，是直接切入篮下得分的重要方式。持球突破技术动作主要由熟练地支配球、假动作吸引、脚步动作、转体探肩、推放球加速五个环节组成。在突破时屈膝降低重心并前倾上体以使重心前移，同时脚步动作配合以朝向突破方向的反方向积极有力地蹬地，以便能达到迅速起动，摆脱对手防守的效果。突破时跨出的第一步要大些，抢占有利的超越位置，但以不影响前进速度为宜。跨出的脚要落在紧靠对手的侧面，脚尖向着突破方向，以便第二步蹬地加速突破防守。

5. 抢篮板技术

篮球比赛中，抢得篮板球是攻守矛盾转化和比赛胜负的关键，也是衡量运动员个人和全队整体实力的标志。凶悍地争拼和控制篮板球是现代篮球运动当代化的重要特征。抢进攻篮板球和抢防守篮板球都是由抢占位置、起跳动作、空中抢球动作和获得球后的动作组成。

(1)抢占位置

抢占位置时,应根据对手和投篮队员所处的位置,正确判断篮板球的反弹方向、距离,运用快速的脚步移动,配合身体动作抢占有利位置。抢占有利位置一定要考虑球的反弹规律,投篮出手弧度与反弹距离,投篮角度等。在准确判断的基础上,力争抢占对手与球篮间的有利位置,力争把对手挡在身后。

(2)起跳动作

抢占到有利位置时,身体应保持正确的起跳准备姿势,起跳前屈膝降重心,利用身体尽量扩大占位面积,准确判断球的反弹方向和落点,及时起跳,控制空间,力争在最高点早于对手抢到球。

(3)空中抢球动作

空中抢球时,要合理地利用身体的各个部位,用肩部挡住对方。两手在头上伸展开,以利于抢球。

(4)获得球后的动作

当进攻队抢到篮板球后,应将球紧紧握牢,两脚分开,前脚掌先着地,保持身体平衡,两肘外展保护好球。遇防守时,则应将球置于防守人远侧,并利用肩背或转身跨步,不断移动球的位置,防止对方将球打掉。补篮或继续投篮,如果没有投篮机会,应迅速将球传给同伴,重新组织进攻。防守队员抢到篮板球时,最好能在空中将球传给同伴,创造快攻机会。

(三)篮球运动战术

篮球战术是篮球比赛中队员个人技术的合理运用和全队队员相互协调配合的组织形式和方法,其目的是充分发挥本队的特长,制约对方,以争取比赛的胜利。

1.篮球进攻基础配合

进攻战术配合是在目的是篮球比赛中,队员两三人之间有目的、有组织、相互协同行动的配合方法。进攻战术基础配合包括传切、掩护、策应和突分配合。

2.篮球防守基础配合

所谓防守战术基础配合,是指在篮球比赛中两三人之间为了破坏对方进攻而组成的简单配合。防守战术基础配合包括抢过、穿过、绕过、关门、夹击、补防和交换防守配合等。

3.篮球基本战术

(1)快攻

快攻是由防守转入进攻时,全队以最快的速度、最短的时间,将球推进至前场,争取造成人数上和位置上的优势,以多打少,果断而合理地进行快速攻击的一种进攻战术。

快攻是篮球进攻战术的重要组成部分,其特点是发动突然,攻击迅速。所以,快攻是现代进攻战术中最锐利的武器和最重要的反击得分手段。由于篮球技术的发展,促进了快攻战术的发展,快攻的速度越来越快,快攻的成功率越来越高,其关键特点在于争取时间、创造战机、速战速决。

(2)防守快攻战术

防守快攻战术是指由攻转守的瞬间及时组织防守阵形,主动阻止和破坏对方快攻的防守战术。防守快攻要从全力拼抢篮板球开始,在失去球权后,首先封堵第一传,堵截接应队员,边退边干扰,力求延缓对方的进攻速度,打乱进攻的节奏,推迟进攻攻击时间,借机及时组织全队防守。现代篮球比赛速度不断加快,强化攻守转化意识,努力提高防守技能、战术质量和深入研究防守快攻战术的方法显得越来越重要。

(3)区域联防

区域联防是由攻转守时,防守队员迅速退回后场,每一名队员分工负责协同配合防守一定的区域,随着球的转移而积极地调整自己的位置,形成一定的阵形,把每一个防区的同伴有机地结合在一起所组成的全队防守战术。

现代区域联防战术的特点是防守队员以球为主,随着球的转移和进攻队员的穿插移动,不断地选择有利的防守位置。对有球区域以多防少,无球区域以少防多。在防守区域内,其主要任务是观察和限制进攻队员的活动,做到防人为主,人、球、区兼顾。当前,区域联防战术已扩大防区,从单一的、固定的防守阵形向综合多变的方向发展,并经常采用轮转换位、紧逼、夹击等手段,形成了“一攻一守”对位区域联防,使区域联防战术具有针对性、攻击性、综合性的特点。

(4)进攻区域联防

不管进攻哪一种联防,最有效的办法就是利用快攻,趁对方尚未返回防守阵地时,以快攻得分。但是,任何一个队都不会总是让对手打成快攻的，因此，就必须学会进攻各种联防。

在进攻联防时，针对这种防守战术主要是每人防守一定区域的特点，集中优势兵力，在局部地区形成人数上的多数，并通过穿插、迂回、声东击西、调动和打乱对方的联防阵形的方式创造投篮的机会。

（5）人盯人防守

人盯人防守战术是每名队员负责盯住一名对手并与同伴互相协作，进行集体防守的全队防守战术，以控制进攻行动、争夺球权和阻止对方投篮为目的，为守转攻创造条件。人盯人防守的优点是能充分体现人、场地和球三位一体进行直接争夺的同场对抗规律，战术灵活机动，队员职责明确，有很强的针对性和策略性。

（四）篮球运动健身注意事项

第一，需要进行必要的器材保护。

第二，合理安排运动量。

第三，掌握合理的技术。

第四，不要在打完篮球以后喝碳酸饮料，容易造成身体的钙质流失，尤其是在刚运动之后。

第五，打球后应及时擦汗换好衣服。

第六，注意防止脚踝扭伤、手指的戳伤、肌肉离位等。

第七，健身前应做好准备工作。

二、足球运动健身

（一）足球运动概述

足球运动是一项以脚支配球为主，两队相互对抗，以踢进球门多少球判定胜负的球类运动。经常参加足球运动能有效地提高身体素质，增强体质，提高人体各器官系统的功能。长期从事足球训练可以培养和锻炼人们勇敢顽强、机智果断、坚忍不拔、勇于克服困难的优良品质和集体主义与团结协作精神。另外，足球场上双方的激烈争夺和比赛局面的变幻莫测能提高参赛者的注意力、观察力、想象力和思维能力，改善心理素质。

（二）足球运动技术

足球运动技术，是指运动员在足球比赛中所采用的合理行动和动作方法的总称。它分为踢球、停球、射门、守门员技术等。

1.踢球

踢球是指用脚的不同部位将球击向预定的目标。踢球的方法主要有脚内侧踢球、脚背正面踢球、脚背内侧踢球和脚背外侧踢球。

(1)脚内侧踢球

这种踢球技术主要是用脚内侧部位(跖趾关节、舟骨、跟骨等所形成的平面)踢球的一种方法。其特点是脚与球接触面积大,出球准确平稳,且易于掌握。但是,由于踢球时要求大腿前摆到一定程度时需要外展且屈膝,故大腿与小腿的摆动都受到限制,因此出球力量相对较小。

(2)脚背正面踢球

脚背正面踢球由于其解剖特点,摆幅相对较大,加之用脚背踢球接触面(与球)相对较大,因而踢球力量也大,准确性也较强。但受以上因素的影响,出球的方向及性质相对变化较小。在比赛中经常使用脚背正面踢定位球、地滚球、空中球、反弹球及倒勾球。球的性质多为不旋转的直线球,但也可用来踢抽击性前旋球。

(3)脚背内侧踢球

这是一种用第一跖骨及跖趾关节部位触击球的踢球方法。其技术结构与前两类踢球方法相同,但技术细节则有所区别。

(4)脚背外侧踢球

这种踢球方法预摆动作小、出脚快,能利用膝、踝关节的灵活变化改变出球方向和性质,具有一定的隐蔽性,是一种具有较强实用性的技术,同时也是一种较难掌握的踢球技术。

2.停球

停球是指有目的地用身体的合理部位,将运行中的球停留在所控制的范围之内。常见的停球方法有脚内侧停球、脚底停球、脚背正面停球、脚背外侧停球和胸部停球。下面简单介绍几种停球方法。

(1)脚内侧停球

这种停球由于脚触球的面积大而且弹性大,容易接稳,并便于转变方向和接着做下一动作。比赛中多用于接地滚球、反弹球和空中球。

接地滚球时,支撑脚正对来球方向,膝关节微屈,上体稍前倾,身体重心放在支撑脚上。停球脚提起(约一球高),大腿外旋,膝关节稍屈,脚掌与地面平行,脚内侧对准来球。当脚接触来球时,快放大腿,用脚内侧作为切面与来球前缘相切，切后随即微微上提，将来球挡在身体前并缓缓向前滚动。接空中球时，根据来球的高度把停球脚抬起，脚尖稍翘起，脚内侧对准来球。当触球的一刹那，迅速后撤或下压，以缓冲来球的力量。

接反弹球时，先要判断好来球的落点，支撑脚快速踏在球落点的侧前方。停球脚提起，膝关节外转，脚内侧对准球的反弹方向。在脚内侧触球瞬间，要稍下压，以缓冲球的反弹力量把球接在脚前。

（2）胸部停球

挺胸停球时，身体正对来球，两脚前后或左右开立，两膝稍屈，上体略后仰。当胸部与球接触时，脚跟提起，憋气，同时向上挺胸，使球在胸部轻轻弹起。然后根据比赛的需要，接着做下一个动作。收胸停球时，身体正对来球，两脚左右或前后开立，两臂自然张开，挺胸主动迎球。当胸部与球接触时，迅速缩胸收腹，用胸扣压球以缓冲来球力量，使球落地。

3. 射门

射门是指进攻到对方门前时，运用不同的脚法（或头顶法）将球攻向对方的球门。射门是比赛得分的主要手段。一般而言，射门常是在与对手激烈的竞争中进行，需要摆脱对方的阻截、冲撞甚至一些粗野动作，这就要求进攻者技术全面，动作快速，真假结合，起脚突然、准确有力，只有这样才能抓住战机、破门得分。

根据射门方式的不同，射门技术可分成直接射、运射、接趟射、过人射和踢定位球等。直接射、运射、接趟射和过人射通常需要采用踢球力量较大的脚背正面、脚背内侧或脚背外侧脚法，踢定位球可采用弧线球踢法。掌握好射门技术的关键在于起脚时机适当、脚法正确、准确有力。

4. 守门员技术

守门员是全队的最后一道防线，他的主要任务是不让对方将球射入本方球门。守门员要善于观察全局，起到协助指挥全队防守和进攻的作用，并且随时注意比赛发展情况，力争扩大自己在罚球区内的防守范围，以便尽早截获各种来球，并快速及时地把球传到有利于进攻的位置上，组织发动进攻。

（三）足球运动战术

1. 局部进攻战术

足球比赛中，在局部区域二三人的配合称作局部战术。

(1)"二过一"配合

所谓"二过一"配合,是指在比赛中,通过局部区域的两个进攻队员传球与跑位的配合来突破防守队员的方法。

(2)传切配合

传切配合是指控球队员向防守队员身后空隙传球时,另一同队队员要越过防守队员,切入得球的行动。切入者要善于掌握时机,动作应快速突然。传球者要做到及时、准确,传球方式要准确合理。传切配合主要有一传一切和长传转移切入两种。

(3)"三过二"配合

"三过二"配合是指在比赛中局部地区3个进攻队员通过连续配合突破两个防守者的防守。

2.局部防守战术

局部防守战术指两个或两个以上防守队员之间的相互配合方法,是集体防守战术的基础,其基本配合形式有保护、补位和围抢。

(1)保护

保护是指给逼抢持球队员的同伴心理和行动上的支持,使其没有后顾之忧,全力以赴紧逼对手。一旦被持球队员突破,保护队员可及时补防,堵住进攻路线或夺回控球权。如果逼抢队员夺得控球权,保护队员可及时接应发动进攻。

(2)补位

补位是指防守队员弥补同伴在防守中出现漏洞时所采取的相互协助的战术配合。在比赛中,通过同伴间的相互补位,能有效地遏制和破坏对方的进攻行动,变被动为主动。

(3)围抢

围抢是指两个以上的防守队员从多方位夹击对方的控球队员,将球抢夺回来或破坏掉的战术配合。一般应在边、角场区,对方身体方向和观察角度较差时或在守方门前接球、运球、射门时,坚决展开围抢封堵。

3.整体进攻战术

整体进攻战术是为完成进攻任务所采用的全局性的进攻配合手段。

(1)边路进攻

利用球场两侧地区发起进攻的方法叫边路进攻。边路进攻是全队进攻战术的主要形式之一。边路进攻的发起、推进通常有两种渠道:一种是进攻过程始终沿边路而行;另一种是通过中路转移至边路。

(2)中路进攻

中路进攻是利用球场中间区域组织的进攻,这种进攻虽能直接射门,但难度最大,因中路防守最为严密,前攻击手必须是反应极其敏锐、意识强、技术高、敢于冒险、速度快和善于路位策应的队员。

(3)快速反击

比赛中当攻方进攻时,后卫线通常压至中场附近,防守人数也由于插上进攻和助攻而相对减少。此时如能抓住对方防区空隙较大和回防较慢的机会,乘其失球发动快速反击,通常能取得良好的效果。快速反击是最有威胁的进攻手段,有效的进攻在于突然快速地反击,但其难度较大,既要冒险,又要有准确、快速的传切配合技能。快速反击要有组织,要配合得极为默契,通常必须进行专门性的训练,否则很难在比赛中实施。

4.整体防守战术

整体防守战术是指全队所采取的防守配合。整体防守战术按照形式可分为人盯人防守、区域盯人防守和混合防守。

(1)人盯人防守

人盯人防守是指一种除自由人以外,其他每个队员都有固定盯人对象的防守形式。这种打法突出的特点是在全场攻守的每一个时间和空间,让每一个进攻队员始终处于压力中。人盯人防守要求每个队员都要具有较强的个人作战能力,并且同伴间能相互协作。

(2)区域盯人防守

区域盯人防守是指每个防守队员占据一定的活动区域,当进攻者进入该防区时,区域防守队员要实施严密盯人以控制进攻者在此区域的一切有效行动。区域盯人防守战术规定了每个防守者的明确任务,但同伴间仍需相互协作,当某一区域盯人防守失败时,邻近队员要及时补位,被突破防守队员应及时地与他换位,以确保整体防守的有效性。区域盯人防守要特别注意各区域间交界处的防守,因为这些交界处经常会由于防守职责不明确而给进攻者带来可乘之机。

(3)混合防守

混合防守指人盯人防守和区域盯人防守两种形式交织在一起的防守

战术。其最大特点是可以根据对手的情况,灵活地将盯人防守和区域盯人防守的优点充分利用,以提高全队防守的能力。混合防守一般是选择体力好、个人作战能力强的队员以人盯人防守盯住对方的核心球员,其他队员则采用区域盯人防守。

(四) 足球运动健身注意事项

第一,要有明确的目的和周密做好足球健身计划。

第二,每次锻炼的安排应从当时的身心状况出发,注意科学性。

第三,每次锻炼时要注意做好准备活动,然后进行主要内容的练习,最后进行整理放松活动。

第四,尽量不要在场地设施不符合要求的地方进行锻炼。

第五,健身时,应尽量选择适合的服装。

三、排球运动健身

(一) 排球运动概述

排球运动(volleyball)是参与者以身体的任何部位(手、手臂为主)在空中击球,使球不落地,既可隔网进行集体的攻防对抗性的比赛,也可不设球网相互进行击球游戏的一种体育运动项目。排球运动形式多种多样,主要以竞赛规则、比赛形式、参与人数、运动目的等进行分类。一般来说,通过运动训练来提高技战术水平,以获取最佳竞赛成绩为目的,并在国际上有统一竞赛规则的运动形式称为竞技排球,如6人制排球、沙滩排球、残奥会坐式排球等。而主要以健身娱乐为目的,享受运动的乐趣,国际上还没有统一竞赛规则的运动形式称为娱乐排球,如软式排球、气排球、妈妈排球、4人制排球、9人制排球、草地排球、泥地排球、雪地排球、墙排球等。

(二) 排球运动技术

1.发球技术

发球指的是队员在发球区用一只手将自己抛起的球直接击入对方场区的技术动作。发球是排球的基本技术之一,也是排球比赛的一项重要的进攻技术。随着排球运动的发展,发球技术在不断地创新与提高。常见的发球技术有正面上手发球、正面下手发球、侧面下手发球、勾手大力发球、跳发球、发侧旋球和发高调球等。下面简单介绍两种常见的发球技术。

(1)正面下手发球

发球时,队员面对球网两脚前后开立,左脚在前,两膝微屈,上体稍前倾,重心偏于右脚,左手持球于腹前。发球时将球抛起在体前右侧,离手约20厘米高。抛球前,右臂伸直,以肩为轴向后摆动。击球时,右脚蹬地,身体重心随着右手向前摆动击球移至前脚上,在腹前以手掌击球的后下方。手触球时,手指手腕紧张,手成勺形。击球后,迅速进入场地。

(2)正面上手发球

发球时,队员面向球网两脚自然开立,左脚在前,左手托球于身前,用抬臂和手掌平托上送,将球平稳地垂直抛于右肩的前上方,高度适中。抛球时,右臂抬起,屈肘后引,肘与肩平,抬头、挺胸、收腹,上体稍向右侧转动,身体重心移至右脚上。击球时,利用蹬地上体向左转动,同时收腹带动手臂挥动,在右肩上方伸到手臂的最高点,用全掌击球中下部。击球时,手腕主动做推压动作,使击出的球呈上旋飞行。

2.垫球技术

垫球是指通过手臂或身体其他部位的迎击动作使来球从垫击面上反弹出去的击球动作。随着排球运动的不断发展,垫球技术也在不断革新。垫球在比赛中主要用于接发球、接扣球、接拦回球以及防守和处理各种困难球。垫球按照动作方法可以分为正面双手垫球、侧面双手垫球、跨步垫球、背垫球、跪垫球、让垫球、挡球、单手垫球、滚翻垫球、前扑垫球、侧卧垫球、鱼跃垫球、其他部位垫球等。下面简单介绍几种垫球技术。

(1)正面双手垫球

正面双手垫球是双手在腹前垫击来球的一种垫球方法;它是最基本的垫球方法,是各项垫球技术的基础;适合于接速度快、弧度平、力量大、落点低的各种来球,在接发球和后排防守时被广泛采用。

(2)侧面双手垫球

侧面双手垫球就是用两臂在身体两侧垫球的技术动作,这种技术动作主要用于来球速度较快、离体侧较远、来不及移动的时候。侧面垫球动作的特点是伸臂动作快,控制范围大,但不易控制垫球方向,准确性不及正面垫球。因此,在来得及移动的情况下,最好采用正面垫球。当球飞向右侧时,右脚向右跨出一步,这时左脚前脚掌内侧蹬地,右膝弯曲,身体重心放在右脚上。同时,两手臂夹紧向右伸出,左肩微向下倾斜,腰左转、右肩上提，两臂垫击球的后下部将球的飞行路线截住。侧垫时，两手臂要先伸向来球方向截住球，不要随球伸臂，否则球接触手臂后会向侧方飞出，除外还要特别注意两手臂不要弯曲，否则会影响垫球效果。来球在左侧时，以相反方向的动作击球。

(3)背垫球

背对出球方向的垫球方法叫背垫。大多用于接应同伴垫飞的球或将球处理过网。其特点是垫击点较高，缺点在于因背对垫球方向而不便于观察目标和控制击球的方向和落点。击球时，背对出球方向，两臂夹紧伸直，插到球下，蹬地、抬头挺胸、展腹，直臂向后上方摆动击球。

3.传球技术

排球中的传球技术是指利用手指手腕的弹击动作将球传至一定目标的击球动作。传球是排球运动中的重要技术，是组织进攻战术的基础。由于传球是用双手的配合动作来完成击球的，所以触球的面积大，再加上人的手指手腕灵活、感觉灵敏，所以导致个体容易掌握传出球的方向、速度、弧度和落点，准确性较高，变化多。按照传球方向基本上可以将传球动作分为正面传球、背向传球、侧向传球，这三种传球技术大多都在原地完成。

(1)正面传球

采用这种方法传球时，队员的拇指、食指和中指承担球的压力，其余手指触球两侧协助控制球。球触手的瞬间手指和手腕应保持一定的紧张程度，利用其弹力和伸臂与脚蹬地的协调力量传球。

(2)背向传球

向后上方传球，称为背传。上体比正面传球时稍直立，身体重心稳定在两脚之间，双臂自然抬起，放松置于脸前，双手上举，挺胸，掌心向上，手腕稍后仰。利用蹬地、上体后仰、挺胸、展腹、抬臂及手腕手指的弹力，将球向身体后上方送出。

(3)侧向传球

身体不转动，主要靠双臂向侧方伸展的传球动作叫侧传。侧传有一定的隐蔽性。准备姿势和迎球动作与正面传球相同，击球点保持在脸前或稍偏于出球方向一侧。一侧手臂要低一些，另一侧手臂要高一些。用力时，蹬地后上体要向出球方向倾斜。双臂向传出一侧用力伸展，异侧手臂动作幅度较大，伸展较快。

4.扣球技术

扣球指队员跳起在空中,用一只手或手臂将本方场区上空高于球网上沿的球击入对方场区的一种击球方法。由于扣球是排球技术中攻击性最强的一项技术,所以扣球技术也在比赛中占有十分重要的地位。按照不同的分类标准,可将排球扣球技术分为不同的技术动作。一般而言,扣球技术按动作可以分为正面扣球、勾手扣球、单脚起跳扣球、双脚起跳扣球等;按区域可以分为前排扣球、后排扣球等;按照用途和变化可以分为快球类、自我掩护球及其他变化类等。下面简单介绍几种扣球技术。

(1)正面扣球

正面扣球是扣球技术中最基本的一种方法。由于面对球网,容易观察,所以准确性较高,而正面扣球挥臂动作灵活,能根据对方的防守情况,随时改变扣球的路线和力量,控制落点,因而进攻效果较好。

(2)勾手扣球

勾手扣球是起跳后,左肩对网,通过转体动作,带动右臂向左上方挥动击球的一种方法。这种扣球适合用远网扣球或由后排调整过来的球。它可以扩大击球范围,并能弥补起跳过早或冲在球前起跳的缺陷。

(3)单脚起跳扣球

单脚起跳扣球是指助跑的最后一步以单脚踏地,另一只脚直接向前上方摆动帮助起跳的一种扣球方法。由于它能充分利用助跑速度,加上右腿积极上摆的协调动作,比双脚起跳冲得更远,跳得更高。所以它既能高跳扣定点高球,又能追球起跳扣低弧度球,有利于控制时间,兼有位置差和空间差的特点,这对突破和避开拦网有较大作用。单脚起跳扣球,可采用一步、两步或多步助跑。

5.拦网技术

拦网是指队员靠近球网,将手伸向高于球网处阻拦对方来球的动作。拦网是排球比赛中的第一道防线,也是第一道进攻线。现代排球比赛中网上精彩激烈的争夺战就是扣球与拦网这一对矛盾的展开。高水平的排球比赛中,如果没有有效地拦网,那么后排防守将是非常困难的。拦网不仅可以将对方的扣球拦回、拦起,减轻后排进攻战术的组织,削弱对方的进攻锐气,还能动摇对方的信心,给对方造成心理上的威胁。所以,拦网水平的高低会直接影响着比赛的胜负。按照人数拦网技术可以分为单人拦网和集体拦网，而集体拦网又可分为双人拦网和三人拦网。

(1)单人拦网

拦网时，两臂贴耳垂直，两肩上提，两手距离不能超过球的半径，并要尽量接近球的上空。手指自然张开，手腕略后仰，手指微屈，分开呈勺形，以便包住球。当手触球时，两肩上送，两手要突然紧张，手腕用力下压，盖住球的前上方，将球拦在对方场内。拦网后，正面对网屈膝，缓冲落地。若未拦到或拦起球在本方时，则应在身体下落时向落球方向转体，便于后撤接应或反攻。

(2)双人拦网

和前排两个队员互相靠近，同时起跳组成的拦网，被称为双人拦网。双人拦网是集体拦网的一种，是比赛中最常用的一种拦网形式，主要在对方大力扣球时采用。拦网的技术动作与单人拦网相同。双人拦网时，应以一人为主拦队员，另一人为配合队员。但主拦队员不是固定的，一般情况下距对方扣球点近的队员应为主拦队员。主拦队员必须抢先移动到对正扣球点的位置，做好起跳准备，配合队员则迅速移动靠近主拦队员准备同时起跳。两队员之间的距离一定要合适：距离太远，跳起后将出现“空门”；距离太近，起跳时互相干扰，致使双方都跳不高。双人拦网起跳时，两人的手臂应该在体前划小弧向上摆伸，都要尽量垂直向上起跳，要防止互相碰撞或干扰。手臂在空中既不能重叠，造成拦击面缩小，又不能间隔太宽，造成中间漏球。扣球靠近边线时，靠边线近的拦网队员外侧的手应适当内转，以防打手出界。

(3)三人拦网

三人拦网，多在对方进行高点强攻的情况下运用。在组成三人拦网时，无论对方从哪个位置上进攻，都应以本方中间队员为主拦者，两侧队员主动配合，集体起跳拦网。

(三) 排球运动战术

1.进攻战术

(1)“中一二”进攻战术

由一名前排或后排队员在前排中做二传，其他队员参与进攻的阵形。“中二传”是最基本的进攻阵形，其特点是二传队员在中间，一传容易到位，战术可繁可简，适合于不同技术水平的队。技术水平较低的队可组织前排

2、4号位扣一般高球，技术水平较高的队可组织各种战术进攻乃至立体进攻。

(2)“边一二”进攻战术

“边一二”进攻战术也是一种比较简单的进攻战术形式。它与“中一二”进攻战术相同之处，都是前排只有两名进攻队员，其不同点在于二传队员不是站在3号位，而是站在2号和3号位之间，将球传给3号或4号位队员进攻。这种进攻战术称为“边一二”进攻战术。

(3)“后排插上”进攻战术

“后排插上”进攻战术的基本配合方法是由站在后排的二传队员在对方发球击球后，或由本队队员将对方进攻的球防起之后，或在对方的第三次击球，不可能进行强有力的进攻时，迅速插到网前担任二传，将球传给前排三个进攻队员中任何一个队员，扣球进攻，其他两名队员作佯攻掩护，这种进攻战术也被称为“后排插上”进攻战术。根据后排队员插上时起动的位置不同，可以分为1号位插上、6号位插上和5号位插上；根据场上战术的时机不同，又分为接发球时的插上和接扣球的行进插上。

2.防守战术

(1)拦网战术

第一，人盯区拦网战术。这是一种对付定位进攻及一般进攻配合较为有效的拦网战术。其特点是把球网分成左、中、右三个区，每一名队员负责一个区，以保证每一个区域至少有一名拦网队员拦网，并在可能的情况下，协助同伴组成集体拦网。

第二，人盯人拦网战术。拦网队员各自负责拦对方与自己相对应位置的进攻队员，进行固定人员的拦网，这种形式称为“人盯人”拦网。其优点是职责清楚、分工明确。但是，当对方进行交叉进攻时，需要及时交换盯人拦网，以免造成无人拦网的被动局面。

(2)后排防守战术

后排防守是防守的第二道防线，是减少失分和争取反攻得分的基础。虽然拦网技术有了很大的提高，但仍有很多球突破拦网后进入本方场区。成功的后排防守不仅可以争取得分机会，还能鼓舞士气。后排防守要与前排拦网密切配合，相互弥补。一般来讲，拦网队员应封住对方的主要进攻线路，后排防守队员主要任务是防对方的次要路线、吊球和触拦网队员手的球。

(四) 排球运动健身注意事项

第一,健身过程中,要注意全面提高自身的各种身体素质。

第二,健身时,健身者要根据自身的身体素质和排球运动健身实践情况及其基础,有针对性地确定健身的目的和任务。

第三,健身要合理地安排运动强度的大小,要根据身体素质锻炼的原理,循序渐进地提高健身强度和负荷。

第四,注意提高训练内容和形式的趣味性。

四、网球运动健身

(一) 网球运动概述

网球运动是一项与高尔夫球、保龄球、台球合称为世界四大绅士球类运动,其独特魅力早已深入人心。网球运动是一种老少皆宜的体育项目,上至白发老者,下到少年儿童,均能在球场上体会到无穷的乐趣。同时,网球运动对参加者的体能要求并不太高,且运动量可以得到有效的控制,是一项有效的有氧运动项目。网球运动的魅力还在于能把激烈竞争与平心交流完美地结合在一起,对于参加运动双方的身体和心理来说都能达到一种和谐、完美的锻炼和净化,所以网球已成为大众健身球类运动项目中的普及性较高的运动。《中国大百科全书》将网球运动定义为"2人或4人在中间隔一网的场地上,用球拍往返拍击一个有弹性的橡胶小球的球类运动"。这里我们将网球运动定义为:"由参加运动的人,在一个隔网的场地上,球拍相互在空中击球,球既可以在地上弹一次,也可以不弹就把球击到对方场地上的一种体育项目。"

(二) 网球运动技术

1.发球技术

发球是网球的基本技术之一,也是网球比赛中唯一由自己掌握,不受对方影响的重要技术,发球的好坏直接关系到一分的得失。因此,必须掌握良好的发球技术,主要的发球技术一般分为平击发球、切削发球和旋转发球三种。

(1)平击发球

这种发球几乎没有旋转,球差不多笔直地下去,且力量大,通常贴着网才能进入场内。在绝大多数场地上,球反弹得比较低,一般用于第一发球,发球成功时有时能直接得分,但平击发球失误率较高。

(2)切削发球

这种发球技术大多为运动员所经常使用,可以用于第一发球和第二发球,是每个初学者必须经常练习和掌握的技术。切削发球带有侧旋,因为它以曲线进入发球区,发球成功率较低,并且使对方右手握拍接球者拉出场外,造成对方回球困难,但它速度通常较慢。

(3)旋转发球

这种发球技术综合了侧旋和上旋的特点,球高高地过网后,急速地落进发球区,并且在大多数场地上球落地后反弹很高,但旋转发球困难度较大。

2.接发球技术

由于对方发球时,来球刹那间千变万化,而且多数球都会击向自己较弱的部位,所以接发球是一项较难掌握的技术。接发球不是某种特定的击球动作,而是根据发球的路线、速度和落点以及接发球的战术去采用的正手、反手、挑高球、放短球等击球方法。接发球的方法很多,一般常用的有回击深区的接发球、打对方脚下的轻击接发球、接发球挑高球、接发球放短球、接发球随球上网等。

3.击球技术

(1)正手击球

正手击球是指在本人握拍手同侧打落地球的技术。正手击球的技术特点表现为动作深长,击球有力,速度快,它是网球技术中最基本、最主要的方法。正手击球动作由准备姿势、后摆引拍、挥拍击球和随挥跟进四个环节组成。练习时要根据这四个环节进行。

根据球的旋转性能正手击球方法,分为上旋球、下旋球、平击球、侧旋球等不同旋转的打法。影响球旋转方向的因素很多,主要与来球的方向、力量、旋转速度,击球时的挥拍路线,触球时的拍面角度等因素密切相关。击球方法的不同,也会导致球落地后反弹效果的差异。因此,只有掌握多种正拍击球的方法,才能掌握比赛主动权。

第一,正手上旋球。正手上旋球是由于在引拍击球过程中,球拍摆幅度较大,拍头低于击球点,向上摩擦整个球体,使球产生上旋,球由后下方向前上方转动,故称作“上旋球”。上旋球的特点是飞行弧线高,下降快,前冲力大,落地后反弹很高很远。打上旋球的最大优点在于既能发力,又能较好地控制落点,减少失误,尤其是在快速跑动中,其成功率相对较高。

第二,正手下旋球。正手下旋球,也称“正手削球”,与正手上旋球相反。在上网截击及削球时运用较多,运动方式是使球下方的气压大于上方气压,球又飘又慢。下旋球与地面接触所产生的摩擦力与球的运行方向相反,故弹跳高度较小,特别是在草地网球场上击下旋球,有时仅只有十几厘米,这会给对方回击造成很大困难。另外,可以变化场上比赛节奏,缩短对方连续同击球的准备时间,为争取主动创造条件。正手下旋球的打法是,击球时,球拍稍向后倾斜;挥拍时,由后上方向前下方击球的后下部,使球产生由前上方向后下方旋转,并向前飘行。

第三,正手平击球。击球时击出的球在飞行过程中没有明显的旋转,故称为平击球。平击球的特点是球速快,球飞行路线较为平直,球落地后前冲力大。在底线对拉相持中或在对攻中,如果平击球技术运用得好,不仅可以为进攻创造条件,而且有时还能直接得分。但由于平击球的飞行路线平而缺少弧线,所以该击球法不易控制,命中率和准确性较差,因此平击球在比赛中较少被使用。

第四,侧旋球。侧旋球是指球由外向内侧旋转,故称侧旋球。侧旋球的击球方法是击球时,球拍由后部向内侧平行挥动,通常也称“滑击”,摩擦球中后部使之产生由外向内的旋转。侧旋球的飞行路线呈水平向外侧作弧线飞行,落地后向外跳,常用于正手直线进攻。

(2)反手击球

反手击球的动作技术与正手击球技术有些相似。完美的反手击球的关键是掌握充分展开身体并用力击球的能力。同时,还要掌握在跑动中转身的能力。同正手击球一样,反手击球也由准备姿势、后摆引拍、挥拍击球、随挥跟进四部分构成。

反手击球包括上旋击球和下旋击球,又由于反手握拍方法的不同,其反手击球技术有两种打法。一种是单手反手打法,简称为“单反”;另一种是双手反手打法,简称为“双反”。下面简单介绍几种常见的反手击球方法。

第一,反手平击球。当对方来球飞向反拍时,要立刻转肩转体并引拍。

同时右脚向左前方跨出,扶拍颈的左手帮助右手换握成反手握拍并将拍拉向身体的左后方。重心移向左脚,左脚掌转至与端线平,右肩或右背对着球网,拍面几乎与地面垂直,球拍触球时,手腕绷紧,挥拍击球的路线是从后向前上方比较平缓地挥击,左臂自然展开,保持身体的平衡,击球后,球拍应随着惯性,做完完整的随挥动作后,恢复成准备姿势。反手平击球的球速最快,球的飞行路线比较平直,球落地后的前冲力量也较大,但准确性较差,容易下网或出界。

第二,反手上旋球。在准备姿势的基础上,当来球飞向反手方向时,迅速变换握拍方式成为东方式反拍握法。同时,立即向左转体转肩,带动球拍向后,上身侧对击球点,右肩的方向几乎对着将到来的球,右脚同时向左前方跨步。左手扶住拍颈帮助右手将拍拉向身体左后方,似乎是将拍抱在胸前。这时持拍手臂的肘部保持适当弯曲,靠近身体,拍柄基本平行于地面。重心移向左脚,左膝微屈。右膝的弯曲程度从击球前踏开始就大于左膝,前挥时仍保持弯曲,直到随挥结束时才伸直。在迎球过程中,球拍由低向高挥动,击球点在身体左前方,高度在腰间,略低于正手击球时的高度。拍触球时手腕固定,握紧球拍,锁住肘关节,拍面垂直或稍后仰(60度~75度),同时用转体和转肩的力量使重心前移至右脚,击球中部附近部位。反手击球指掌关节对正的方向就是球飞进的方向,随挥动作也要向这个方向。击球时右臂呈外展动作,网拍和手臂都要充分伸展,使网拍的打势结束在身体的右前上方。然后迅速还原,准备下一次击球。

第三,双手反手击球。双手打反拍最好是右手用东方式反拍握法,左手是东方式正手握法。当来球向你的反手方向飞来时,右手要立即换反拍握法,向后拉拍时,左手顺着拍柄向下滑,直到双手相接,左手掌贴在拍柄背面以东方式正拍握拍法,双手靠拢紧握球拍。

双手反手击球的关键是直线向后拉拍,早点收拍。靠肩转动使手臂后拉,将拍拉至手腕的高度,手腕要固定,手臂要放松,平伸向后。右脚要向边线方向跨出一步,两膝稍屈,使身体形成侧身对网。右肩前探,拍头稍低于击球点,用手臂和手腕从低向高向前挥拍,身体重心前移。眼睛始终看球,保持低头姿势,击球点比单手握拍要靠近身体或稍后一些。击球时双手紧握球拍,最理想的击球高度是与腰齐。对于还击不同高度的来球,要用身体重心的高低来调节,不能用球拍头的高低来调节。拍头一定要随着球飞离的轨迹出去，这有助于延长球与拍的接触时间。开始跟进动作时，使后肩向着球飞去的方向绕出而完成的，弧线挥拍向上，把球拍带到身体的另一侧，在高处结束随挥动作。动作与左手单手打正拍基本一致。

4.截击球

截击球是在落地之前便将球在网前击回对方场区。它通常速度快、力量大，并且具有较大的威胁性。在高水平的比赛中，常以主动上网截击控制对手。网前截击分为正手截击和反手截击。

(1)正手截击球

准备时，膝盖要弯曲，重心稍前，球拍在身侧。采用大陆式握拍法击球时，必须转动上体和肩部，带动球拍向后，同时握紧球拍，绷紧手腕，在身体前面15～50厘米处迎击球。然后，拍头上翘，拍面稍后仰，向前向下挥拍击球。

(2)反手截击球

反手截击球的准备姿势和正手截击球一样，但是击球点要比正手截击球靠前一些。因此，要及早跨出右脚，重心也要置于右脚。击球时，手腕固定，用力紧握球拍，拍面稍前倾，触球中上部。击球后，右臂伸展，向前下方压送。

5.高压球技术

高压球是对付对方挑高球的一项进攻技术。

高压球基本上可分为落地高压球、凌空高压球、跳起高压球和反手高压球四种。下面简单介绍其中的三种。

(1)落地高压球

落地高压球是指以高压球技术迎击落地反弹高的来球的技术动作。在来球很高时，可以让球落地反弹后再寻找高点扣杀。因为跳得较高，会有充足的时间后撤，球落地后前冲会很少，弹跳平稳，落地后再打就较为容易。这可增加打高压球的把握和信心，又可较好地控制球的落点，因此建议初学者可以先练习这种高压球技术。

打落地高压球需要一边侧身跑位，一边用小的垫步快速调整，同时高举球拍准备扣杀。击球点的位置和发球一样，在身体的前上方，双脚蹬地，充分伸展手臂，手腕击球时做“旋内”的扣腕动作，争取最高点击球。在击球的瞬间，手臂、手腕和球拍要在一条直线上，身体应稍向前倾。击球之后的扣腕动作仍旧继续，手臂顺势向下，在身体的另一侧完成随挥动作。当落地球弹跳不够高时，可做屈膝半蹲高压。

(2)凌空高压球

凌空高压球是指以高压球技术迎击对方高空来球的技术动作，多在中前场应用。凌空高压球比打落地高压球难度大。这是因为凌空球下落的速度比反弹起来再下落的球快很多，击球时机不容易把握，打早了或迟了都影响击球的效果。所以，除了要求准确的判断和熟练的步法以外，拉拍动作应该更加迅速、及时，挥拍击球也应该更加果断。

(3)跳起高压球

跳起后在空中高压要比前两种高压球难度更大，它的动作类似于羽毛球的跳起扣杀动作，其目的是不让球从头上方漏过去，失去主动进攻得分的机会，并能从高处增加击球的力量和角度。前世界头号男子单打选手桑普拉斯就比较青睐这种高压技术。由于跳起高度对身体柔韧性要求很高，所以并不建议初、中级选手采用。

完成跳起高压球时动作应十分协调。应避免先跳起再挥拍，这样会失去平衡，甚至造成跌倒受伤。其正确的动作要领是：当判断来球较高、较深时，快速侧身滑步或交叉步向后退，同时持拍手直接后引向上举起球拍。到达击球位置时，一般以与持拍手同一侧的脚蹬地起跳同时挥拍，击球应尽量在最高点，利用手腕旋内扣腕动作将球压入对方场地。落地时异侧的脚先着地、缓冲，挥拍击球时双脚在空中有个前后换位的动作，这是转体发力所产生的维持平衡的自然动作。有时对付对方的进攻性上旋高球，在后退起跳时间仓促，打不出强力高压球时，可将球平推过去，尽量把球打深、打准，然后找寻进攻的机会。

6.挑高球

挑高球就是把落地球挑过对手的头顶，落在对方底场的击球技术。挑高球挑得好的话不仅可以变被动为主动，还可以直接得分。挑高球技术在业余网球比赛中被运用得比较多，但在高水平选手中这种场面中却很少看到。挑高球技术可分为防守性挑高球和进攻性挑高球。

(三) 网球运动战术

1.单打战术

在网球的单打比赛中，根据自己的战术特点和比赛过程的具体情况，可将各种技术有机地结合起来运用。现代网球运动的单打比赛战术，可归结为上网型、底线型和综合型三种打法。

(1)上网型打法

上网型打法战术可分为发球上网、接发球上网、随球上网、偷袭上网、伺机上网及放轻球上网等战术。以发球上网为例，这种战术是指在发球时发出质量较高的球，使对方的回球不至于力量太凶猛或落点刁钻。自己应果断地上网，移动到发球线与网之间，从而便于发挥速度和角度造成对方失误。如果机会不是很好，那么第一次截击可将球打深，落点在对方的弱侧，以便能够第二次截击得分。

(2)底线型打法

底线型打法战术是一种不可缺少的，且必须掌握的基本战术，其属于防守性的进攻战术。在比赛中起到过渡、稳定战局和以守为攻的作用。底线型打法的主要战术有对攻、拉攻、侧身攻、紧逼攻和防守反攻等战术。在运用底线型打法的时候，首先要将球打深，球落在端线前面而不是发球线附近。同时，利用落点调动对方，或者抓住对方的弱点作为突破，在有机会的情况下也可上网截击。

(3)综合型打法

综合型打法是根据不同对手的不同技术、战术掌握情况及场地特点，灵活地运用各种不同战术的打法。这种打法是上网战术和底线战术的混合使用。例如，对方频频上网，可采用挑高球迫使对方退回去；对方底线技术很好，可适当放一些小球诱使他上前，再用力将球打深来调动他。综合打法就是将底线和上网两种打法结合起来，根据场上情况，随机应变。

2. 双打战术

(1)基本站位

双打比赛，一般是控制网前的队赢分。发球员和接球员都应做好击球后上网的准备。因此双打时，除发球和接发球队员在端线附近外，其他队员一般都要站在网前位置。其中，发球的队员站在规定发球区的网前，接发球的队员则站在规定发球区的另一侧的网前。有时发球的同伴也可以站在端线附近，位于发球队员的另一侧。关于后场队员的基本站位，发球队员站在规定的发球位置，接球人站在端线附近，准备接发球。

(2)发球

双打发球落点要深,如果发球有足够深度,就能控制对手冲到网前截击。第一个发球应采用大力发球,发球后随球上网,这时动作要迅速,先冲前三四步,然后停下来,准备第一次截击。

(3)接发球

对方发球时,接发球的同伴一般站在发球线附近,接发球者回球的情况将直接影响同伴的动作。如果接球队员能有效地接过发球,并且能够上网,这时两个人就都应同时上网;如果接发球回击的球力量较弱,这时接球队员的同伴就应立即退到端线附近,不要停在原地。对发过来的球不能做有力的回击,就要到端线附近防御。如果两人同在后场站位时,那么应保持使球落在中间地带,以减小对手回球的角度。

(4)及时补位

双打比赛中两个人及时补位很重要,它可以补救场上出现的薄弱地区。例如,发球队员的同伴由于截抢冲力过大而冲过中线,这时发球队员就应及时向空当补位。如果遇到两对手同时上网时,同伴向中路回球较低,被对手截击,这时处在截击队员对面的网前队员就应及时截抢。如果接球队员将球打给网前队员,这时接球队员的同伴就应迅速后退到中场。

(5)双上网和双底线

优秀运动员双打时,采用的理想阵势是两人在前或是两人在后,如果两个人是处于双上网的位置,而同时对方也是双上网,那么在这种情况下双方都会向有球的一侧移动。很多球是在中场来回击打,因此球场另一部分就会出现一个很大的空区。这一空区通常是对手进攻偷袭的地区,在比赛中应当有意识地注意这一地区。如果两个人是处于双底线位置,那么回击时就应当球多落在中间场区,以减小对方回球的角度。另外,双打比赛应随时重视防御中间地带,因为这一地带是被攻击的主要目标,所以需要两人配合默契。

(四)网球运动健身注意事项

第一,在进行网球健身的过程中,健身者要摆正自己的心态,不要一味只想赢。应将其看作是一项健身运动,既不需要掌握全面的技术,也不需要强烈地上旋,更不需要快速地移动,只要能够等球落地两次后再回击就可以了。在健身中要控制好运动量,可以打10分钟就休息一会儿,以便能够一方面使自己出汗，另一方面又不会第二天感到腰酸背疼，这样一来才能够切实有效地达到锻炼目的。

第二，要掌握正确的网球技术要领。

第三，要选择适合自己的球拍。

第四，健身前，做好事先的准备工作。

第四节 传统武术健身

作为一项古老优秀的民族传统体育项目，武术在长达五千多年的历史演变发展中，积累了丰富多样的健身、养身保健理论和方法。并且，武术以其独特的生理、心理功效受到人们的喜爱，吸引着无数国内外广大武术爱好者的参与。随着人们物质、精神生活的提高，健康意识的增强，追求高质量的健康生活方式已成为现代人们的时尚。越来越多的人开始加入武术健身的行列当中，他们在掌握武术技术动作的同时，希望了解掌握更多的科学锻炼方法和健康保健知识。本节着重阐述几项常见的武术健身知识，使人们通过科学有效的锻炼，达到增强体质、预防疾病、延缓衰老、增进身心健康的目的。

一、太极拳

(一) 太极拳概述

太极拳是中国武术的优秀拳种之一。关于太极拳的起源有各种各样的传说，仅宋代以前的太极拳起源传说就包括老子创拳说、南北朝韩拱月创拳说、唐代许宣平创拳说、唐代李道子创拳说以及宋徽宗时期武当丹士张三丰创拳说等。

太极拳在长期演变中形成许多流派，其中流传较广的有陈式、杨式、吴式、武式、孙式等。各式太极拳虽然各有其具体特征，但拳理相同，练习时身体各部位的姿势要求和运动特点基本一致。中华人民共和国成立后，原国家体委为了推广普及太极拳，从20世纪50年代起，先后编写了二十四式简化太极拳、四十八式太极拳以及太极拳的竞赛套路[1]。

长期以来的实践证明，太极拳不仅是一种符合人体生理、心理特点的科学健身方法，还是一种防治疾病的有效手段。太极拳是一种重要的健身、健心和预防疾病的手段，具有很高的保健和医疗价值。近年来人们发现通过太极拳练习，除能有效地增强体质外，对辅助治疗高血压、心脏病、结核病、溃疡病等都有着很好的疗效。太极拳作为一种运动疗法，配合医药治疗某些疾病，已经被广泛地应用到临床工作中，而且随着人们健康意识的不断提高，太极拳的强体、健心、治病及康复作用也越来越得到进一步的认识与重视，并成为广大人民喜欢参与学习的主要运动项目之一。

(二) 太极拳的健身方法

太极拳的健身方法很多，这里主要介绍一下二十四式太极拳健身法。

1.起势

身体自然直立，两脚开立，与肩同宽，脚尖向前。两臂自然下垂，两手放在大腿外侧；眼向前平看。两臂慢慢向前平举，两手手高与肩平，与肩同宽，手心向下上体保持正直，两腿屈膝下蹲。同时两掌轻轻下按，两肘下垂与两膝相对，眼平看前方。太极拳的起势动作简单匀畅，长期练习可以起到愉悦身心、健脑益智的功效。此外，起势动作对失眠和抑郁都有较好的缓解作用。

2.左右野马分鬃

第一，上体微微向右转动，将身体重心移到右腿上。与此同时，将右臂收在胸前平屈，手心向下，左手经体前向右下划弧放在右手下，手心向上，两手心相对成抱球状。左脚随即收到右脚内侧，脚尖点地，眼睛看右手。

第二，上体微微向左转动，左脚向左前方迈出。与此同时，左右手随转体慢慢分别向左上、右下错开，眼睛看左手。

第三，上体继续向左转动，右脚跟后蹬，右腿自然伸直成左弓步。左右手随转体继续向左上、右下分开，左手高与眼睛相平，手心斜向上，肘微屈。右手落在右跨旁边，手肘微屈，手心向下，指尖向前，眼睛看左手。

第四，上体慢慢后坐，身体重心移到右腿上，左脚尖翘起，微向外撇（45°~60°），同时两手准备抱球。

第五，左脚掌慢慢踏实，左腿慢慢前弓，身体左转，身体重心再移到左

[1] 方国清，黄晓：《中国传统武术健身学导读》，杭州：浙江工商大学出版社，2016年。

腿。同时左手翻转向下，左臂收在胸前平屈，右手向左上划弧放在左手下，两手心相对成抱球状。右脚随即收到左脚内侧，脚尖点地，眼睛看左手。

第六，上体微右转，右腿向右前方迈出。同时左右手随转体慢慢分别向左下、右上错开，眼睛看右手。

第七，左腿自然成右弓步，同时上体继续右转，左右手继续随转体分别慢慢向左下、右上分开，右手和眼睛同高，手心斜向上，手肘微屈。左手落在左胯旁边，手肘微屈，手心向下，指尖向前，眼睛看右手。

第八，上体慢慢后坐，身体重心移到左腿上，右脚尖翘起，微向外撇（45°~60°），同时两手准备抱球。

第九，右脚掌慢慢踏实，右腿慢慢前弓，身体右转，身体重心再移到右腿。同时右手翻转向下，右臂收在胸前平屈，左手向右上划弧放在右手下，两手心相对成抱球状，左脚随即收到右脚内侧，脚尖点地，眼睛看右手。

第十，上体微左转，左腿向左前方迈出。同时左右手随转体慢慢分别向右下、左上错开，眼睛看左手。

第十一，右腿自然成左弓步，同时上体继续左转，左右手继续随转体分别慢慢向右下、左上分开，左手和眼睛同高，手心斜向上，手肘微屈。右手落在右胯旁边，手肘微屈，手心向下，指尖向前，眼睛看左手。

左右野马分鬃动作通过对双臂的屈伸、起落，能够起到扩胸舒腰的效果，也有利于改善呼吸系统功能、增强腰部肌力。长期练习，对支气管炎、肺气肿、哮喘、心肌梗死和腰肌劳损等都具有较好的防治效果。

3.白鹤亮翅

第一，上体为向左转动，左手翻掌向下，左臂平屈胸前，右手向左上划弧，手心转向上，与左手成抱球状，眼睛看左手。

第二，右脚跟进半步，上体后坐，身体重心移到右腿，上体先向右转，面向右前方，眼看右手。然后，左脚稍向前移，脚尖点地，成左虚步。同时上体再微向左转，面向前方，两手随转体慢慢向右上左下分开，右手上提停于右额前，手心向左后方，左手落于左胯前，手心向下，指尖向前，眼睛平视前方。该动作能够对身体及四肢的转动、起落，具有舒筋活血、降阴升阳、养精凝神的效果。此外，对身心紧张、压力过重、不适痛症等也有较好的疗效。

4.左右搂膝拗步

第一,右手从体前下落,由下向后上方划弧举到右肩外侧,肘微屈,手与耳同高,手心斜向上。左手由左下向上、向右下方划弧到右胸前,手心斜向下,同时上体先微向左再向右转。左脚收到右脚内侧,脚尖点地,眼看右手。

第二,上体向左转动,左脚向前(偏左)迈出成左弓步。同时右手屈回,由耳侧向前推出,高与鼻尖平,左手向下由左膝前搂过落于左胯旁,指尖向前,眼睛看右手。

第三,右腿慢慢屈膝,上体后坐,重心移到右腿上,左脚尖跷起微向外撇,随后脚慢慢踏实,左腿前弓,身体左转,重心移到左腿上,右脚收到左脚内侧,脚尖点地。同时左手向外翻掌由左后向上划弧到左肩外侧,肘微屈,手与耳同高,手心斜向上。右手随转体向上向左下划弧落于左胸前,手心斜向下,眼睛看左手。

第四,上体向右转动,右脚向前(偏右)迈出成右弓步。同时左手屈回由耳侧向前推出,高与鼻尖平,右向下由右膝前搂过落于右胯旁,指尖向前,眼睛看左手。

第五,左腿慢慢屈膝,上体后坐,重心移到左腿上,右脚尖跷起微向外撇,随后脚慢慢踏实,右腿前弓,身体右转,重心移到右腿上,左脚收到右脚内侧,脚尖点地。同时右手向外翻掌由右后向上划弧到右肩外侧,肘微屈,手与耳同高,手心斜向上。左手随转体向上向右下划弧落于右胸前,手心斜向下,眼睛看右手。

第六,上体向左转动,左脚向前(偏左)迈出成左弓步。同时右手屈回由耳侧向前推出,高与鼻尖平,左手向下由左膝前搂过落于左胯旁,指尖向前,眼睛看右手。

该动作通过身体及四肢的旋转、划弧,为脏腑器官起到“按摩”的作用,长期习练,可以调理经络、益肺平喘,同时对肩部、肘部、膝部和腰肾等疾病都具有一定的防治作用。

5.手挥琵琶

第一,右脚跟进半步,上体后坐,重心移到右腿上,上体半面向右转动。

第二,左脚略提起稍向前移,变成左虚步,脚跟着地,脚尖跷起,膝部微屈。同时左手由左下向上挑举,高与鼻尖平,掌心向右,臂微屈。右手收回放在左臂肘部里侧，掌心向左。两手成侧立掌合于体前，眼睛看左手食指。

该动作可以通过双手的起落、分合，刺激和调理手太阴肺经，并牵拉人体督脉，对于体虚引起的感冒、气管炎，受寒引发的哮喘等均有较好的防治作用。

6.左右倒卷肱

第一，上体向右转动，右手翻掌（手心向上）经腹前由下向后上方划弧平举，臂微屈，左手随即翻掌向上。眼睛的视线随着向右转体先向右看，再转向前方看左手。

第二，右臂屈肘折向前，右手由耳侧向前推出，手心向前，左臂屈肘后撤，手心向上，撤到左肋外侧。同时左腿轻轻提起向后（偏左）退一步，脚掌先着地。然后全脚慢慢踏实，身体重心移到左腿上，成右虚步，右脚随转体以脚掌为轴扭正，眼睛看右手。

第三，上体微微向左转动。同时左手随转体向后上方划弧平举，手心向上，右手随即翻掌，掌心向上。眼随转体先向左看，再转向前方看右手。

第四，左臂屈肘折向前，左手由耳侧向前推出，手心向前，右臂屈肘后撤，手心向上，撤到右肋外侧。同时右腿轻轻提起向左（偏右）退一步，脚掌先着地。然后全脚慢慢踏实，身体重心移到右腿上，成左虚步，左脚随转体以脚掌为轴扭正，眼睛看左手。

第五，上体微微向右转动。同时右手随转体向后上方划弧平举，手心向上，左手随即翻掌，掌心向上。眼随转体先向右看，再转向前方看左手。

第六，右臂屈肘折向前，右手由耳侧向前推出，手心向前，左臂屈肘后撤，手心向上，撤到左肋外侧。同时左腿轻轻提起向后（偏左）退一步，脚掌先着地。然后全脚慢慢踏实，身体重心移到左腿上，成右虚步，右脚随转体以脚掌为轴扭正，眼睛看右手。

第七，上体微微向左转动。同时左手随转体向后上方划弧平举，手心向上，右手随即翻掌，掌心向上。眼随转体先向左看，再转向前方看右手。

第八，左臂屈肘折向前，左手由耳侧向前推出，手心向前，右臂屈肘后撤，手心向上，撤到右肋外侧。同时右腿轻轻提起向左（偏右）退一步，脚掌先着地。然后全脚慢慢踏实，身体重心移到右腿上，成左虚步，左脚随转体以脚掌为轴扭正，眼睛看左手。

该动作的健身功效与手挥琵琶的功效相似。即主要通过双臂及上体的弧运和转动，按摩脏腑器官，调理手太阴肺经，从而有效防治肺部疾病。

7.左揽雀尾

第一，上体微微向左转动，同时右手随转体向后上方划弧平举，手心向上，左手放松，手心向下，眼睛看左手。

第二，身体继续向右转动，左手自然下落，逐渐翻掌经腹前划弧到右肋前，手心向上。右臂屈肘，手心转向下，收到右胸前，两手相对成抱球状。同时身体重心落在右腿上，右脚收至右脚内侧，脚尖点地，眼睛看右手。

第三，上体微微向左转动，左脚向左前方迈出，上体继续向左转动，右腿自然蹬直，左腿屈膝成左弓步。同时左臂向左前方拥出（即左臂平屈成弓形，用前臂外侧和手背向前方推出），高与肩平，手心向后。右手向右下落，放于右胯旁，手心向下，指尖向前，眼睛看左前臂。

第四，身体微微向左转动，左手随即前伸翻掌向下，右手翻掌向上，经腹前向上、向前伸到左前臂下方。然后两手下捋，也就是上体向右转动，两手经腹前向右后上方划弧，直到右手心向上，高与肩平，左臂平屈胸前，手心向后。同时身体重心移到右腿，眼睛看右手。

第五，上体微微向左转动，右臂屈肘折回，右手附于左手腕里侧（相距约5厘米），上体继续向左转动。双手同时向前慢慢挤出，左手心向后，右手心向前，左前臂要保持半圆。同时身体重心逐渐前移变成左弓步，眼睛看左手腕部。

第六，左手翻掌，手心向下，右手经左腕上方向前、向右伸出，高与左手齐，手心向下，两手左右分开，宽与肩同。然后右腿屈膝，上体慢慢后坐，身体重心移到右腿上，左脚尖跷起。同时两手屈肘回收到腹前，手心均向前下方，眼睛向前平视。

第七，上式不停，身体重心慢慢前移，同时两手向前、向上按出，掌心向前。左腿前弓成左弓步，眼睛平视前方。

该动作通过双手的划弧、抱球，引导人体元气的运行，使其上达头部，下达四肢，因而具有调理气血、养心益肺的功效。此外，该动作还可以刺激手三阴三阳经脉，对关节疼痛有较好的防治作用。

8.右揽雀尾

第一，上体后坐并向右转，身体重心移到右腿上，左脚尖里扣。右手向右平行划弧到右侧，然后由右下经腹前向左上划弧到左肋前，手心向上。

左臂平屈胸前,左手掌向下与右手成抱球状。同时身体重心再移到左腿上,右脚收到左脚内侧,脚尖点地,眼睛看左手。

第二,上体微微向右转动,右脚向右前方迈出,上体继续向右转动,左腿自然蹬直,右腿屈膝成右弓步。同时右臂向右前方掤出(即右臂平屈成弓形,用前臂外侧和手背向前方推出),高与肩平,手心向后。左手向左下落,放于左胯旁,手心向下,指尖向前,眼睛看右前臂。

第三,身体微微向左转动,左手随即前伸翻掌向下,右手翻掌向上,经腹前向上、向前伸到左前臂下方。然后两手下捋,也就是上体向右转动,两手经腹前向右后上方划弧,直到右手心向上,高与肩平,左臂平屈胸前,手心向后。同时身体重心移到右腿,眼睛看右手。

第四,上体微微向右转动,左臂屈肘折回,左手附于右手腕里侧(相距约5厘米),上体继续向右转动,双手同时向前慢慢挤出,右手心向后,左手心向前,右前臂要保持半圆。同时身体重心逐渐前移变成右弓步,眼睛看右手腕部。

第五,右手翻掌,手心向下,左手经右腕上方向前、向左伸出,高与右手齐,手心向下,两手左右分开,宽与肩同。然后左腿屈膝,上体慢慢后坐,身体重心移到左腿上,右脚尖跷起。同时两手屈肘回收到腹前,手心均向前下方,眼睛向前平视。

第六,上式不停,身体重心慢慢前移。同时两手向前、向上按出,掌心向前;右腿前弓成右弓步,眼睛平视前方。

该动作的功效与右揽雀尾相似。即主要通过双臂的划弧和抱球,引导元气运行,从而增强脏腑功能,促进气血循环。同时,还可以防止心脏病、胃肠病、腰痛及关节痛等病症。

9.单鞭

第一,上体后坐,重心逐渐移到左腿上,右脚尖里扣。同时上体向左转动,两手(左高右低)向左弧形运转,直至右臂平举,伸于身体左侧,手心向左。右手经腹前运至肋前,手心向后上方,眼睛看左手。

第二,重心再渐渐移到右腿上,上体向右转动,左脚向右脚靠拢,脚尖点地。同时右手向右上方划弧(手心由里转向外),到右侧方时变勾手,臂与肩平。左手向下经腹前向右上划弧停于右肩前,手心向里,眼睛看左手。

第三,上体微向左转动,左脚向左前侧方迈出,右脚跟后蹬,成左弓步。在身体重心移向左腿的同时,左掌随上体的左转慢慢翻转向前推出,手心向前，手指与眼齐平，臂微屈，眼睛看右手。

该动作通过四肢的协调运动，扩展胸肌，从而使手三阳经与足三阳经贯通。长期练习，可以增强肺活量，对心肺、腰肾、关节等病症具有较好的防治作用。

10. 云手

第一，重心转移到右腿上，身体渐向右转动，左脚尖里扣。左手经腹前向右上划弧到右肩前，手心斜向后。同时右手松勾变掌，手心向右前，眼睛看左手。

第二，上体慢慢向左转动，重心随之逐渐向左移动。左手由脸前向左侧运转，手心渐渐转向左方。右手由右下经腹前向左上划弧，到左肩前，手心斜向后。同时右脚靠近左脚，成小开立步（两脚距离10~20厘米），眼睛看右手。

第三，上体再向右转动，同时左手经腹前向右上划弧到右肩前，手心斜向后。右手向右侧运转，手心翻转向右。随之左腿向左横跨一步，眼睛看左手。

第四，上体慢慢向左转动，重心随之逐渐向左移动。左手由脸前向左侧运转，手心渐渐转向左方。右手由右下经腹前向左上划弧，到左肩前，手心斜向后。同时右脚靠近左脚，成小开立步（两脚距离10~20厘米），眼睛看右手。

第五，上体再向右转动，同时左手经腹前向右上划弧到右肩前，手心斜向后。右手向右侧运转，手心翻转向右，随之左腿向左横跨一步，眼睛看左手。

第六，上体慢慢向左转动，重心随之逐渐向左移动。左手由脸前向左侧运转，手心渐渐转向左方。右手由右下经腹前向左上划弧，到左肩前，手心斜向后。同时右脚靠近左脚，成小开立步（两脚距离10~20厘米），眼睛看右手。

该动作通过双臂的起落、划弧，可以改善肺腑气血运行，增强内脏功能。长期练习，对高血压病、心脏病、胃肠病及关节炎等具有较好的疗效。

11. 单鞭

第一，上体向右转动，右手随之向右运转，到右侧方时变成勾手。左手经腹前向右划弧到右肩前，手心向内。重心落在右腿上，左脚尖点地，眼睛看左手。

第二，上体微向左转动，左脚向左前侧方迈出，右脚跟后蹬，成左弓步。在身体重心移向左腿的同时，上体继续向左转动，左掌慢慢翻转向前推出，成“单鞭”式。

该动作通过双臂的起落、划弧，可以改善肺腑的气血运行，增强内脏功能。长期练习，对高血压病、心脏病、胃肠病及关节炎等具有较好的疗效。

12. 高探马

第一，右脚跟进半步，身体重心逐渐后移到右腿上。右勾手变成掌，两手心翻转向上，两肘微伸。同时身体微向右转动，左脚跟渐渐离地，眼睛看向左前方。

第二，上体微向左转动，面向左前方，右掌经右身旁向前推出，手心向前，手指与眼同高。左手收到左侧腰前，手心向上，同时左脚微向前移，脚尖点地，成左虚步，眼睛看右手。

由于人体五官位于身体之巅，其经络运行主要受少阳经的影响。通过练习该动作，尤其是其中双掌的推出，可以促进少阳经经气自右耳上行，并带动五官经气的运行，有利于防治五官疾病。

13. 右蹬脚

第一，左手手心向上，前伸到右手腕背面，两手相互交叉，随即向两侧分开并向下划弧，手心斜向下。同时左脚提起向左前侧方进步（脚尖稍外撇），身体重心前移动。右腿自然数直，成左弓步，眼睛看向前方。

第二，两手由外圈向里圈划弧，两手交叉合抱于胸前，右手在外，手心均向后。同时左脚靠拢，脚尖点地，眼睛平视右前方。

第三，两手臂左右划弧分开平举，肘部微屈，手心均向外。同时右腿屈膝提起，右脚向右前方慢慢蹬出，眼睛看右手。

该动作重点通过腿部的运动，调整中枢神经的平衡功能，增强腿部肌肉量。长期练习，对腰、腿、膝、足部疾病及神经衰弱等病症具有较好的防治作用。

14. 双峰贯耳

第一，右腿收回，屈膝平举。左手由后向上、向前下落到体前，两手心均翻转向上，两手同时向下划弧，分落于右膝盖两侧，眼睛看向前方。

第二，右脚向右前方落下，重心渐渐前移，成右弓步，面向右前方。同时两手下落，慢慢变拳，分别从两侧向上、向前划弧到面部前方，成钳形。两拳相对，高与耳齐，拳眼都斜向内下（两拳中间距离为10～20厘米），眼睛看向右拳。

该动作通过四肢运动，引导浊气下行，因而长期练习，具有醒脑提神、防治五官疾病的功效。

15.转身左蹬脚

第一，左腿屈膝后坐，身体重心移到左腿上，上体向左转动，右脚尖里扣同时两拳变掌，由上向左右划弧分开平举，手心向前，眼睛看左手。

第二，身体重心再移到右腿上，左脚收到右脚内侧，脚尖点地。同时两手由外圈向抱于胸前，左手在外，手心均向后，眼平视左方。

第三，两手臂左右划弧分开平举，肘部微屈，手心均向外。同时左腿屈膝提起，左脚向左前方慢慢蹬出，眼睛看右手。

该动作的功效与右蹬脚相似。即主要通过腿部的运动，增强腿部力量，改善中枢神经的平稳功能，同时可以防治腰痛、背痛、髋痛、关节痛及神经衰弱等。

16.左下势独立

第一，左腿收回平屈，上体向右转动。右掌变成勾手，左掌向上、向右划弧下落，立于右肩前，掌心斜向后，眼睛看右手。

第二，右腿慢慢屈膝下蹲，左腿由内向左侧（偏后）伸出，成左仆步。左手下落（掌心向外）向左下顺左腿内侧向前穿出，眼睛看左手。

第三，身体重心前移，左脚跟为轴，脚尖尽量向外抛，左腿前弓，右腿后蹬，右脚尖里扣，上体微向左转并向前起身。同时左臂继续向前伸出（立掌），掌心向右，右勾手下落，勾脚尖向后，眼睛看左手。

第四，右腿慢慢提起、平屈，成左独立式。同时右勾手变掌，并由后下方顺右腿外侧向前弧形上挑，屈臂立于右腿上方，肘与膝相对，手心向左。左手落于左胯旁，手心向下，指尖向前，眼睛看右手。

该动作通过四肢的伸展运动，可以促进血液回流，增强身体的平衡性，增强腿部及腹部力量。长期练习，对关节炎、胃下垂、便秘等均有较好的防治作用。

17.右下势独立

第一，右脚下落于左脚前，脚尖着地，然后以左脚前掌为轴，脚跟转动，身体随之左转。同时左手向后平举变成勾手,右掌随着转体向左侧划弧,立于左肩前,掌心斜向后,眼睛看左手。

第二,左腿慢慢屈膝下蹲,右腿由内向右侧(偏后)伸出,成右仆步。右手下落(掌心向外)向右下顺右腿内侧向前穿出,眼睛看右手。

第三,身体重心前移,右脚跟为轴,脚尖尽量向外抛,右腿前弓,左腿后蹬,左脚尖里扣,上体微向右转并向前起身。同时右臂继续向前伸出(立掌),掌心向左,左勾手下落,勾脚尖向后,眼睛看右手。

第四,左腿慢慢提起、平屈,成右独立式。同时左勾手变掌,并由后下方顺左腿外侧向前弧形上挑,屈臂立于左腿上方,肘与膝相对,手心向右。右手落于右胯旁,手心向下,指尖向前,眼睛看左手。

本动作主要通过四肢的运动,增强腿部、腹部力量,同时利于机体血液回流,对关节炎、胃下垂、便秘、神经衰弱及肝病等均有较好的防治作用。

18.左右穿梭

第一,身体微向左转动,左腿向前落地,脚尖外撇,右脚跟离地,两腿屈膝成半坐盘式。同时,两手在左胸前成抱球状(左上右下)。然后右脚收到左脚内侧,脚尖点地,眼睛看左前臂。

第二,身体向右转动,右脚向右前方迈出,屈膝弓腿成右弓步。右手由脸前向上举并翻掌停架在右额前,手心斜向下。左手向左下,再经体前向前推出,高与鼻尖平,手心向前,眼睛看左手。

第三,身体重心略向后移,右脚尖稍向外撇。随即身体重心再移到右腿上,左脚跟进,停于右脚内侧,脚尖点地。同时两手在胸前成抱球状(右上左下),眼睛看右前臂。

第四,身体向左转动,左脚向左前方迈出,屈膝弓腿成左弓步。左手由脸前向上举并翻掌停架在左额前,手心斜向下。右手向右下,再经体前向前推出,高与鼻尖平,手心向前,眼睛看右手。

该动作通过双臂在胸前的升降,疏通三阳经,将上焦肺气导引至左右手末端的手阳明大肠经而出,可以治疗便秘之症。

19.海底针

第一,右脚向前跟进,身体重心移到右腿上,右脚稍向前移举步。右手下落经体前向后、向上提抽到肩上耳旁,左手下落到体前侧。

第二，左脚尖点地成左虚点，同时身体稍向右转，右手再随身体左转，由右耳旁斜向前下方插出，掌心向左，指尖斜向下。与此同时，左手向前、向下划弧落于左胯旁，手心向下，指尖向前，眼睛看前下方。

本动作主要通过四肢的屈伸运动，导引元气运行，痛经活血，对便秘等症具有较好的治疗效果。

20.闪通臂

第一，上体稍向右转动，左脚微回收举步，同时两手上提，眼睛看向前方。

第二，左脚向前迈出，脚跟着地。左右两手分别向左前、右后分开，左手心向前，右手心向外，眼睛看向前方。

第三，重心前移，左腿屈膝弓成左弓步。同时右手屈臂上举，停于右额前上方，掌心翻转斜向上，拇指朝下。左手由胸前随重心前移慢慢向前推出，高与鼻尖平，手心向前，眼睛看左手。

练习本动作要求稍加力度，配合弓步和推掌等，这样有利于机体气血的通畅，提高机体耐力还可以缓解便秘。

21.转身搬拦捶

第一，上体后坐，身体重心移到右腿上，左脚尖里扣。身体向右后转，然后身体重心再移到左腿上。与此同时，右手随着转体向右、向下(变拳)经腹前划弧到左肋旁，拳心向下。左掌上举于头前，掌心斜向上，眼睛看向前方。

第二，向右转动身体，右拳经胸前向前翻转撇出，拳心向上。左手落于左胯旁，掌心向下，指尖向前。同时右脚收回后(不要停顿或脚尖点地)即向前迈出，脚尖外撇，眼睛看右拳。

第三，身体重心移到右腿上，左腿向前迈出一步。左手上起经左侧向前上划弧拦出，掌心向前上方,同时右拳向右划弧收到右腰旁，拳心向上，眼睛看左手。

第四，左腿前弓成左弓步，同时右拳向前打出，拳眼向上，高与胸平，左手附于右前臂里侧，眼睛看右拳。

本动作通过双手的握拳、双臂的划弧动作，可以调节人体经脉，尤其对妇女的任脉、冲脉和带脉具有较好的健身功效。长期练习，可以防治妇科病。此外，本动作还具有补气益心、健肾补肝的作用。

22.如封似闭

第一,左手由右腕下向前伸出,右拳变掌,两手手心逐渐翻转向上并慢慢分开回收。同时身体坐,左脚尖跷起,身体重心移到右腿上,眼睛看向前方。

第二,两手在胸前翻掌,向下经腹前再向上、向前推出。腕部与肩平,手心向前。同时左腿前弓成左弓步,眼睛看向前方。

该动作通过双手的握拳、双臂的划弧动作,可以调节人体经脉。长期练习,可以帮助妇女防治妇科病。

23.十字手

第一,屈膝后坐,身体重心移向右腿,左脚尖里扣,向右转动身体。右手随着转体动作向右平摆划弧,与左手成两臂侧平举,掌心向前,肘部微屈。同时右脚尖随着转体稍向外撇,成右侧弓步,眼睛看右手。

第二,身体重心慢慢移到左腿上,右脚尖里扣。随即向左收回,两脚距离与肩同宽,两腿逐渐蹬直,成开立步。同时两手向下经腹前向上划弧交叉合抱于胸前,两臂撑圆,腕高与肩平,右手在外,成十字手,手心均向后,眼睛看向前方。

该动作中,两手分开及环抱的动作,可导引人体气血运行,对肝血亏损、胸闷体疲、内分泌失调、月经不调等症状都具有一定的防治作用。

24.收势

第一,两手向外翻掌,手心向下,两臂慢慢下落,停于腹前,眼睛看向前方。

第二,两腿缓缓蹬直,同时两掌慢慢下落至大腿侧,然后收左脚成并步直立,眼睛看向前方。

该动作神意内含,沉气松体,能够使身体处于无极状态,使内脏及时恢复自然状态。

(三) 太极拳健身的注意事项

第一,健身时间最好选在每日黎明或傍晚。

第二,健身最好在阳光充足、空气新鲜、地面平坦、环境幽静的室外或室内进行。

第三,练太极拳要心里安静,思想集中,排除杂念,全神贯注,体态舒松,动静结合,要做到“用意不用力”。

第四，健身要注意遵循循序渐进、火候适度的原则。动作逐渐增加，次数由少到多，时间由短到长。

第五，健身要注意持之以恒。太极拳是一种逐步收效的健身法，对凡能认真坚持训练者大有益处。坚持进行练习，对神经、心血管、呼吸，骨骼、关节以及肌肉等全身各器官都有良好作用，对健身也有显著的效果。

第六，健身时，要适当掌握运动量。一般来说，要根据个人的体质条件来决定。通常情况下，若健身以后，感到轻松舒服，情绪很高，那么说明运动量大小合适。

第七，做好准备活动和整理活动。

二、八段锦

（一）八段锦概述

八段锦之名始见于南宋文学家洪迈所著的《夷坚乙志》中。它是北宋开始出现的一种成套术式导引，全套由八节连贯动作组成。在我国古老的健身术中，八段锦流传最广，对导引术发展影响最大。

"八段锦"以"锦"命名，一则可以表明这种导引术的精美可贵，二则表明这种导引术不是各个互不相连的单个导引术式的汇集，而是由具有不同作用的导引术式组成的套路式导引术，如织锦那样绵绵不断。"八"字也不是单指"段"的数目，表示如八卦那样，其功法古有多种要素相互联系、相互制约、循环运转之意。

八段锦是中国民间广泛流传的具有保健作用的导引养生功法。它只有八节动作，每一节都有锻炼的重点，而综合起来，则对五官、头颈、躯干、四肢、腰、腹等全身各部位进行了锻炼，对相应的内脏以及气血、经络都起到了保健、调理作用，是机体全面调养的健身功法。经常练习八段锦可起到保健、防病、治病的作用。自古以来，八段锦以其优美似锦的动作和祛病强身的功效深受人们的喜爱。

此外，八段锦不只是简单的肢体活动，而是包括"意念"的和有节奏的呼吸在内的一种全身心的健身运动。简言之，八段锦的意念活动就是在做动作时要集中思想，排除杂念，不受外界干扰，将注意力放在丹田部位使自己处于一种"虚无"的状态。呼吸要尽量做到轻轻悠悠，似春风吹拂，如鹅羽轻飘。

(二) 八段锦的健身方法

根据风格和练法的不同，八段锦在长期的发展中形成了多种流派。按照练习姿态，可以将八段锦分为坐式八段锦和立式八段锦，按照南北刚柔练法的不同，可将八段锦分为文八段和武八段。在众多八段锦套路中，清代光绪年间定型的立式八段锦成为后来较为稳定和流行的健身方法。下面将对其进行重点介绍。

1. 两手托天理三焦

直立，两足分开，与肩同宽。两臂自然松垂身侧，然后徐徐自左右侧方上举至头顶，两手手指相叉，翻掌，掌心朝上如托天状。同时顺势站两脚跟，再将两臂放下复原，两脚跟轻轻着地，反复多遍。若配合呼吸，则需要上托时深吸气，复原时深呼气。

该动作中，健身者两手交叉上托，缓慢用力拉伸，可以上调心肺，中调脾胃，下调肝肾，使练习者的脏腑器官得到舒展，并可以调和气血运行。而拉长躯干与上肢各关节周围的肌肉、韧带及关节软组织，对防止肩部疾患、预防颈椎病等也有很好的疗效。

2. 左右开弓似射雕

直立，左足跨出一大步，身体下蹲作骑马式。两臂在胸前交叉，右臂在外，左臂在内，眼看左手。然后左手握拳，食指跷起向上，拇指伸直与食指成八字撑开。接着左臂向左推出并伸直，头随而左转，眼看左手食指，同时右手握拳，展臂向右平拉作拉马状。动作复原后左右互换，反复多遍。若配合呼吸，则需要展臂及拉弓时吸气，复原时呼气。

做该动作时，习练者展肩扩胸，可以刺激督脉和背部俞穴。坚持练习，可以有效地增加手臂和手部的肌肉力量，提高手腕及手指的灵活性，利于矫正不良姿势，驼背和肩内收等除外，对于肩颈疾病也有很好的治疗效果。

3. 调理脾胃须单举手

直立，两足分开，与肩同宽。右手翻掌上举，五指并紧，掌心向上，指尖向右，同时左手下按，掌心向下，指尖向前。动作复原后，两手交替反复进行，反复多遍。若配合呼吸，则需要上举下按时吸气，复原时呼气。

做该动作时，练习者通过上肢的一松一紧、一上一下的对拉，可以刺激腹、胸等部位的相关经络及穴位，达到调理脾胃、肝脏的作用。此外，还可以锻炼脊柱内各椎骨间小关节及小肌肉，从而增强脊柱的灵活性和稳定性，起到预防肩颈疾病的功效。

4.五劳七伤向后瞧

直立，两足分开，与肩同宽。两手掌心紧贴腿旁，然后头慢慢左顾右盼向后观望，反复多遍。若配合呼吸，则需要向后望时吸气，复原时呼气。

该动作中，上肢伸直、外旋、扭转的动作，可以扩张牵拉胸腔、腹腔内脏。同时，“瞧”的转头动作可以刺激颈部大椎穴，增加颈部及肩关节的运动幅度，可以预防眼肌疲劳，防治肩、颈、背部等疾病，还能够改善血液循环，缓解精神疲劳。

5.摇头摆尾去心火

两足分开，相距约3个足底的长度，屈膝半蹲成骑马式。两手张开，虎口向内，扶住大腿前部。头部及上体前俯，然后作圆环形转摇，转动数圈后再反方向转摇。在转腰的同时，适当摆动臀部。若配合呼吸，则需要在转腰时吸气，复原时呼气。

做该动作时，健身者双腿下蹲，摆动尾闾，可以刺激脊柱、督脉，有利于疏经泄热，去除心火。此外，摇头摆尾的动作还能够加强颈、腰、髋等关节的灵活性和力量性。

6.两手攀足固肾腰

直立，并足，两膝挺伸、上身前俯，以两手攀握两足趾（如碰不到，不必勉强），头略昂起。然后恢复直立姿势，同时两手握拳，并抵于腰椎两侧，上身缓缓后仰，再恢复直立姿势，反复多遍。本式采用自然呼吸。

健身者通过双臂的前屈后伸，可以刺激脊柱、督脉及命门等穴，坚持习练，有助于防治泌尿生殖系统慢性病，达到固肾壮腰的作用。此外，对于肾、肾上腺及输尿管也有很好的刺激改善作用。

7.攒拳怒目增气力

两腿分开屈膝成骑马式，两手握拳放在腰旁，拳心向上。右拳向前方缓缓击出，右臂伸直，拳心向下，两眼睁大，向前虎视。然后收回左拳，如法击出右拳，左右交替进行。若配合呼吸，则需要击拳时呼气，收拳时吸气。

中医认为，“肝主筋，开窍于目”，而本动作中的“怒目瞪圆”可以刺激肝经，调理肝血，进而强健筋骨；两腿下蹲，双手攒拳、抓握、旋腕等动作可以刺激手足经脉及穴位。长期练习，可以使全身肌肉结实，气力增加。

8.背后七颠百病消

直立,并足,两掌紧贴腿侧,两膝伸直,足跟并拢提起离地数寸,同时昂首,作全身提举式。然后足跟轻轻着地复原,反复多遍。若配合呼吸,则需要足跟提起时吸气,足跟着地时呼气。

该动作中,足趾抓地,刺激足部经脉,可以调节脏腑功能;颠足刺激脊柱与督脉,畅通全身脏腑气血;颠足而后立,可以锻炼小腿肌肉力量,提高人体平衡能力;落地震足,可以刺激下肢及脊柱各关节,利于全身肌肉放松,缓解紧张。

(三) 八段锦健身的注意事项

第一,健身时,健身者的衣服要宽松,忌紧身服、高跟鞋。

第二,健身阶段注意补充营养。

第三,健身中和健身后,要避免风吹日晒,尤其忌健身后冷水洗浴。

第四,刚开始练习八段锦的健身者,在时间上要注意“延长法”。即开始健身5分钟便可,随着动作的熟练逐渐延长,一般在1周内延长到30分钟左右。

第五,如果健身者有患病,或发热、出血、外伤等情况,暂停健身。女性在月经期不宜健身。

第六,如果健身者在健身途中出现头晕、恶心等现象,那么马上暂停健身。尤其是年老或体弱多病者更要注意时间的调节。

第七,健身结束时,要注意慢慢进行,先散步1~3分钟,再轻轻活动筋骨,按摩头面。并且,健身结束后不宜立即做重体力活。

三、八卦掌

(一) 八卦掌概述

“八卦”最早见于《易经》:“两仪生四象,四象生八卦。”从这一点来说,八卦掌与中国古代哲学中的八卦学说有直接关系。所谓八卦,就是用两种符号,阳爻和阴爻组成的八种基本图形,每个图形有一定的方位,分别叫作乾、坤、震、巽、坎、离、艮、兑。这八种图形,互相之间有一定的对应关系和变化规律。八卦掌就是按照将八卦的这些基本图形与阴阳鱼结合在一起的八卦图来进行演练的。因此八卦掌也称游身八卦掌、八卦连环掌。八卦掌最突出的特点就是不断地在弧线上走圈,左旋右转,右旋左转。故八卦掌又称“转掌”“游身八卦掌”“阴阳八卦拳”等。八卦掌的走圈用术语来讲，叫作“行桩”，是八卦掌的基本功。

在内家拳种中，八卦掌算是一个后起之秀。虽然自问世以来只有一百多年的历史，但它以简单新颖的运动形式、独特神奇的技击效果、快速显著的健身作用、古老神秘的拳术理论、精彩迷人的神功轶事享誉武林，成为中华武林中不可缺少的拳种之一，引起世人瞩目。如今，八卦掌的传人已经遍及世界各地，并形成了不同的流派，其中程派八卦掌、尹派八卦掌、史派八卦掌、梁派八卦掌、张派八卦掌因流传面广、传人较多的特点而成为八卦掌的主要流派。

（二）八卦掌的健身方法

八卦掌最早形成的套路是先天八卦掌，也称“老八掌”。其套路在不断的传习中又衍化出“后天八卦掌”，即一掌生八式，八掌共生64种掌法。在一定程度上，“后天八卦掌”的出现大大丰富了八卦掌的练习内容。这里我们主要介绍一下八卦掌中几项基本的健身练习方法。

1.单换掌

（1）起势

健身者立正，两脚尖外展。两臂垂于两腿侧，头颈正直，两肩下松。口自然闭合，呼吸自然。眼平视前方。随后两膝略蹲，两手由两侧向腹前交叉（左下右上），手心均向上。右手顺左前臂外侧上穿，两手指尖均向上。在右肘起到略高于肩部、左手约与头顶齐平时（两手右高左低），身体渐渐向右转。随着身体右转，两前臂内旋拧转下落，两掌随转随向外推，手心均向外。右掌高与眉齐，虎口圆撑，食指挺直，拇指、小指、无名指微向里扣；左掌落到右肘下方，虎口对右肘尖，右掌对圆圈的中心。同时右脚向前迈一步，膝部微屈，脚尖向里扣，两脚跟前后相对，重心偏于左腿。眼神随右掌移动，然后注视右掌食指指尖。

（2）摆步右推掌（石青龙反首）

由起势（右脚在前）开始，右脚前进半步，左脚沿着圆形路线继续前进，向右旋转（右脚为里脚，左脚为外脚）。右脚迈步要直，左脚要微向里扣。走到右脚在前时（步子多少均可），左脚尖向右脚尖处内扣上步，两脚尖距离约10厘米，两脚跟向外撑（成八字形）。同时身体向右转，两掌不动。随后，右脚向右方摆步（沿圆圈路线），脚尖外撇。身体右转的同时，右前臂内旋，掌心向外推，拇指侧向下，左掌仍停在右肘下方。眼看右掌。

(3)右穿左推掌(青龙转身左势)

上势不停，身体继续向右转。左脚随身体转动，再向右脚处扣步，两脚尖距离约10厘米，两脚跟外撑(成八字形)。同时左掌顺右腋下向后穿，掌心向上；右前臂外旋，掌心翻转向上，小指侧贴于左肩外侧，眼向右看。左手顺右臂外侧向上移动。同时身体向左扭转，左肘部起到略高于肩、右手高与头齐平时(两手左高右低)，两前臂内旋(向里拧转)并向下落，两掌随向外推，手心均向外。左掌高与眉齐，虎口撑圆，食指挺直，拇指、小指、无名指微向里扣；右掌落到左肘下方，虎口对左肘尖，左掌对圆圈的中心。同时左脚前移半步，膝部微屈，脚尖微向里扣，两脚跟前后相对，重心偏于右腿。眼神随左掌移动，然后注视左掌食指指尖。

2.转身掌

(1)右转身左穿掌(燕子入林)

右掌在前，身体向右环行，走至右脚在前时，左脚(外脚)向右脚尖扣步，身体随之右转，右脚再向右摆步。然后左掌由右前臂下前穿，掌心向上，右掌停在左肩前。同时左脚进一步，重心偏于右腿，眼看左掌。

(2)转身仆步盖掌(走马回头)

上势不停，左脚尖里扣，身体右后转，右脚随之外摆，然后左脚继续进一步，脚尖里扣。同时左掌经左上方向头前盖下，右掌经胸前内旋使掌心向外，手背贴肋，接着再顺着肋部向右腿外侧下插。伸直，全脚掌着地。左掌随之收到左腰侧，掌心向上，眼看右掌。

(3)转身双推掌(白猿献果)

右脚尖外撇，身体随之右转，左脚再向右脚尖扣步，左掌由右腋向右穿。然后身体再向左转，左脚随之前移半步。同时左掌随转体向左旋转，两掌心翻转向上，高与胸齐，两前臂相靠，两肘接近胸部，眼看左掌指尖。

3.双抱掌

(1)翻转抱掌(狮子滚球)

两手心上下相对(左掌在下，右掌在上)，向左环行，走至左脚在前时(里脚)，右脚向左脚尖扣步前进，身体左转。然后左脚向左方外摆，右脚再向左脚扣步。同时左掌经腹前下落，两掌心相对，随身体的转动，左掌由下向上提，掌心向下；右掌由上向下转动，停在右腿外侧，掌心向上，眼向上看。以右脚掌为轴，脚尖里扣，身体向左后，三脚向左后方撤一步，膝部微屈，体重偏于右腿。同时右掌由下向上托起，左掌由上向下落，随身体转动停在两膝上方，掌心相对，眼看左掌。

（2）双抱掌（狮子抱球）

由上势左脚尖向外撇，身体左后转，右脚随之向左脚扣步，同时右向左腋下穿出。然后身体右转，右脚前移半步。右掌随着转身动作由左向右旋转伸出，掌心向上；左掌举在头上方，掌心向下，两掌心上下相对，眼看右掌。

㈢ 八卦掌健身的注意事项

八卦掌的健身锻炼可以分为三个步骤，即定架子、活架子、变架子。相对应地，在八卦掌的练习过程中，要特别注意下面几点。

1. 定架子

八卦掌的练习一定要从练定架子开始，这是八卦掌打基础的步骤。定架子就是亦步亦趋、慢慢地、规规矩矩地按八卦掌的动作练习，不可贪快。

2. 活架子

活架子是步法不停地练习。换式时，不要把步法停住，应迅速向前迈出去，每式都如此换步，就会完全变成活的步法了。

3. 变架子

变架子是随意变化，有时把第一掌放在最后练，有时把第八掌作第一掌练，有时把第四掌当作第二掌练，这样随意穿插练习，就可以千变万化，无穷无尽，越练越多。在八卦掌的健身练习中，切忌墨守成规、流于形式。

第六章 “健康中国”背景下全民健身的科学指导

第一节 运动健身促进健康的基本常识

关于运动健身促进健康的基本常识,最主要的是运动健身在时间、环境、生活卫生等方面需要掌握的基本知识。具体有如下知识。

一、运动健身的时间选择

目前,在什么样的时间段进行什么样的运动健身锻炼能够取得最佳的效果,并没有科学的定论,通常,运动健身锻炼者可根据自身的习惯为依据来有针对性地加以选择。一般地,在一天的不同时段进行运动健身锻炼需要对以下几个方面的事项加以注意。

(一) 早晨运动

很多人会在早晨进行运动健身。经过晚上的充分休息,人会有充沛的体力和精力。另外,早晨空气质量会相对较好,进行运动健身锻炼是较为适宜的。但是,需要注意的是,在早晨进行运动健身锻炼时在运动量上要有所控制,不能过大,也不能太小。因为身体机能是需要经过一个过程才能逐渐达到最佳状态的,在非最佳状态时进行运动锻炼,是不利于身体健康的。另外,很多人会在早晨空腹的状态下进行运动锻炼,并且采用较大的运动量,容易造成低血糖等症状发生。因此,这就要求在早晨进行运动健身锻炼时,要选择较为适宜的有氧运动,较为理想的运动有健身走、太极拳等[1]。

(二) 上午运动

在上午进行运动健身锻炼时,首先要注意不要在饭后一小时、饭前一

---

[1]韩超,郝君:《体育发展促进全民健身的思考》,长春:吉林大学出版社,2015年。

小时的时候进行运动健身锻炼，早饭后两小时左右进行运动健身锻炼是较为适宜的。饭后过早运动会在一定程度上影响人体的消化、吸收；临近饭前进行运动健身锻炼则会对食欲产生影响。因此，在安排上午的运动健身锻炼时，不宜安排大运动量的运动，这样才能对人体的健康产生积极的影响。

（三）下午运动

在下午进行运动健身锻炼是很多人的选择，这样运动时间相对较长，健身者要有针对性地进行运动健身锻炼的科学安排。需要重点强调的是，不能在大强度的运动健身锻炼之后立刻用餐。另外，在下午进行运动健身锻炼时，一定要注意环境的选择。这是由于对于城市来说，工业污染和汽车尾气污染在下午的时候会相对较为严重，空气质量相对较差。

（四）傍晚运动

傍晚运动健身锻炼的时间也是有讲究的。一般要与上床休息的时间相隔一个小时以上，在运动健身锻炼结束之后，要有充分的时间进行调整和休息，这样才能够在取得较为理想的健身效果的同时，还能对睡眠起到积极影响。傍晚进行运动健身锻炼时，对运动量也要进行严格的控制，从而保证较好的锻炼效果。

二、运动健身的环境选择

身体健康也在一定程度上受到人们生活环境的影响，在运动健身锻炼时，首先要对环境在运动健身锻炼方面的影响加以了解。下面就对自然环境对人体健康的影响加以分析和阐述。

（一）空气

1.空气影响着人体健康

人类的生存离不开空气这一重要因素。空气对人体的生命与健康有着极为重要的意义，尤其在物质代谢、气体代谢和热代谢等方面，有着更加显著的作用。空气还能起到帮助人体呼吸功能与外界环境随时进行气体交换的重要作用。

人在生命活动过程中需要吸入足够的氧气。不同的空气质量对人体所产生的影响是不同的。比如，新鲜空气能够对人体产生的影响主要表现为，使精神振奋，疲劳得到有效的消除，学习和工作效率有所提高，睡眠、呼吸功能也得到一定改善，基础代谢能力也有所提升。在运动健身锻炼过程中，机体内脏器官呼吸、循环系统的活动相应加强，尤其是呼吸加深加快，因为这样才能使运动时氧的需要得到较好的满足。如果在不清新的空气中进行运动健身锻炼，那么不仅不会取得理想的锻炼效果，还会导致一些疾病的发生，得不偿失。因此，这就要求在进行运动健身锻炼时，更要注意在空气新鲜的环境下进行。

2. 空气污染对人体健康的危害

空气污染会危害人体健康，可以将其危害大致归纳为以下几个方面。

(1)急性危害

一般来说，空气污染对人体健康所产生的急性危害主要原因在于人们在短时间内吸入很多的有毒物质，急性中毒就是急性危害的一个重要表现。

(2)慢性危害

空气污染所导致的慢性危害主要是指，空气中有毒气体会慢慢刺激呼吸系统，进而对人体呼吸道的防御功能产生一定的损害，导致感冒、支气管炎、肺炎等疾病的发生。由此可以得知，慢性危害发生的主要原因在于大气中的烟尘颗粒。

(3)致癌

在空气污染物中，致癌物质的主要来源主要有煤烟、汽车尾气和柏油马路灰尘等。一些致癌性很强的毒性物质会长期、慢性刺激皮肤和呼吸道，从而使人患上皮肤癌、肺癌等。

3. 运动健身锻炼应该选择空气新鲜的地方

通常，含氧较高、含杂质和灰尘较少的空气就是新鲜空气。在含氧较多的新鲜空气中进行运动健身锻炼，能够为运动能力和运动健身效果的提高产生积极影响。氧是维持生命和健康所必需的。在剧烈运动时，如果没有充足的氧气供应，那么新陈代谢的顺利进行就得不到保障，坚持很长时间进行有益运动锻炼就不会实现。

脑力劳动时单位重量的脑组织通常会消耗更多的氧，这已经大大超过了单位重量肌肉所消耗的氧。人体对缺氧的耐受力可以通过相应的运动健身锻炼来提高。

(二) 气温

1. 温度的重要性

人类是恒温动物,体内所保持的温度是恒定的。人体的体温会随着气温的变化而发生变化,这主要是通过人体的新陈代谢强度和散热方式来实现的。一般来说,21℃左右的气温是人体最适宜的温度,这时人体的生理机能能够保持在最佳状态,机体的工作能力也能得到超常发挥。

2. 较高气温对运动健身锻炼的影响

一般来说,气温超过35℃就属于较高气温了。在这样的环境中,人通常会表现出大量出汗、体液减少等症状,这样就会在一定程度上改变人体的内环境,进而会导致运动能力有所下降,严重者还会出现痉挛、中暑等情况。适应热环境者在气温较高时是可以进行运动锻炼的,但是有一些事项要加以注意,如注意避免阳光直射,穿浅色、轻薄和通气良好的服装,运动量要循序渐进地增加,少量多次地进行水分补充等。对于一般人来说,通常会需要几天的时间来适应热环境。

3. 较低气温对运动健身锻炼的影响

低气温对人体造成的伤害主要是指冻伤。在较冷的环境中进行运动健身锻炼,通常会导致肌肉工作能力和运动能力都出现下降的情况发生。在进行运动健身锻炼时,如果能循序渐进,坚持在冷环境中运动,就能使人体对寒冷的适应能力得到有效改善,提高耐寒力,这对身体各系统机能的进一步加强是有所助益的。

4. 寒冷气温下对运动健身锻炼的影响

在寒冷环境中进行运动健身锻炼时,合适的保温、防寒运动服装都是较好健康中国背景下运动健康促进的理论与方法研究的选择。因为太臃肿的服装会给运动带来不便,还会导致体热不易散出。除此之外,还需要注意的是,在运动健身锻炼前要充分做好准备活动,这样对于达到预期的运动效果以及有效防止运动中出现损伤都是有帮助的。

(三) 湿度

空气的温度和湿度都会对人体产生一定的作用。其中,空气湿度会使空气温度对人体的影响得到进一步强化,尤其在人体散热上得到体现。如果空气温度过高,空气湿度大,那么就会对机体的蒸发散热产生一定的阻碍作用,体热蓄积,通常就会导致中暑的发生。而当气温较低时,空气湿度小就会大大增加机体的传导散热功能，使人感到更冷，冻伤的情况就会很容易发生。由此可以看出，空气湿度过大或过小对于人体来说都是不利的。因此，通常认为将空气的湿度保持在30%~70%是较为适宜的。

另外，空气湿度过大还会大大提高空气污染的程度，这主要是由于水蒸气容易以烟尘微粒为凝结核而形成雾，这样会导致有害气体的扩散受到限制，这也是在比较严重的雾天不能进行室外运动健身锻炼的一个重要原因。

(四) 太阳光线

关于太阳光线的问题，主要在夏季运动健身锻炼中较为显著，要加以重视，使被晒伤甚至人体中暑的情况得到有效避免。

众所周知，阳光中有紫外线和红外线。其中，紫外线带有很大的能量和很强的化学刺激作用，是一种消毒杀菌能力很强的光线。皮肤经它照射后，抗病能力会有所提升，还能促进维生素D的生成。另外，紫外线会在一定程度上刺激人体的造血功能，使骨髓产生红细胞的数量大大增加，也能有效预防贫血。红外线主要具有温热作用。

三、运动健身的生活卫生

(一) 睡眠与健康

充足的睡眠对于人体来说有着不可替代的重要作用，不仅能为人们有效消除疲劳提供一定的帮助，而且能使身体健康得到有效的保持，可以说，睡眠是一种重要的生理现象，是人脑和各器官的一种最基本的休息方式。睡眠时，人体的各个系统活动都会逐渐减慢，新陈代谢率下降，这样一来，就会使人体处于良好的调整和恢复状态。

对于普通人来说，每天都要有充足的睡眠。对于不同年龄段的人来说，睡眠时间的长短是有差别的。通常情况下，学龄前儿童每天需要10个小时的睡眠，青少年每天需要9个小时的睡眠，成年人每天则需要8个小时的睡眠。睡眠时间的长短与是否休息好没有直接的联系。通常，将衡量睡眠的标准定为“质”，也就是睡眠深度。如果睡眠质量高，睡眠的时间是可以适当缩短的。

一般来说，提高睡眠质量的途径主要有以下几种：养成良好的生活习惯，每天按时睡觉、起床；创造良好的睡眠条件和环境。

除此之外，为了保证较高的睡眠质量，除了上述方法和要求外，还要注意在睡前不能过于兴奋，尽量避免剧烈的运动健身锻炼。同时，还要在睡前通过一定的方式和途径来做到静心，保持良好的心态，从而对进入睡眠状态产生积极的推动作用。

（二）戒除不良嗜好

当今社会，由于压力的不断增大，吸烟、酗酒等方式越来越普遍，这对人体健康产生了不利的影响，因此戒除这些不良嗜好是非常有必要的。

1.戒烟

吸烟会危害人体健康，这是毋庸置疑的。具体来说，吸烟是诱发和加重多种疾病的主要原因所在。除此之外，其还能够大大降低人体的健康水平，甚至会使人的生命缩短。

吸烟有着非常严重的危害，主要表现为香烟中所含的大量有毒物质，会伴随吸烟活动进入人体，侵蚀机体的健康，这主要从神经系统、血液循环系统、呼吸系统等方面得到体现。一般来说，人在刚开始吸烟时，会出现一些不适应的情况，如胸闷、恶心、头晕等。但是，如果吸烟时间久了，血液中的尼古丁达到一定浓度，就会反复不断地刺激大脑，同时还会使各器官产生对尼古丁的依赖性。随着吸烟产生的烟雾的不断扩散，二手烟人群越来越大，这群人的健康堪忧，甚至所受到的危害要远远大于吸烟的人。

2.饮酒切忌过量

酒的主要成分是酒精，也称乙醇，是一种有毒物质，大量摄入就会毒害人体的一切细胞，从而对身体健康产生非常严重的破坏。酒精所产生的危害，主要在神经系统和心血管系统方面得到体现。首先，人体的神经系统对酒精极为敏感，有些人饮了少量的酒后，会变得"健谈"起来，这就充分体现出了中枢神经系统功能失调的问题。另外，长期过量饮酒，会使心脏变性，正常的弹力就会逐渐失去。对于长期饮啤酒的人来说，他们通常会出现心脏扩大的现象，也就是医学上所说的"啤酒心"。除此之外，酒精还会大大增加心脏的负担，不利于身体健康。

不可否认的是，人们在紧张的工作之余，少量饮酒，对解除工作的疲劳、促进消化液的分泌、增进食欲是有一定作用的，但一定要控制好量。

（三）劳逸结合

长期处于紧张的学习和工作状态中，就会导致大脑疲劳产生，这对于理想的学习和工作效率是不利的,因此,这时进行休息和调整是非常有必要的。进行体育活动或散步等积极性的休息就是最好的方式。一般来说,只要每天保证一小时的锻炼时间,就能使大脑的反应能力得到提高,同时也能有效保持良好的视力健康。

当前,计算机已经成为人们生活中的重要工具,无论是学习还是工作,都离不开计算机。但是,很多学生和工作人员在使用计算机方面还没有培养出良好的习惯。对于很多人来说,连续几个小时盯着屏幕看是家常便饭,因此,经常会出现眼睛疲劳、头痛,甚至眼睛聚焦困难,看东西模糊等现象,进而对身体健康造成不良的影响。

(四) 运动服装与卫生

服装在运动健身锻炼中也是非常重要的,因此,这就要求一定要穿着合适的运动服装参加运动健身锻炼。不同的运动对服装的要求也会有所差别。但是,总的来说,要保证运动服装的轻便、舒适,有较强的透气和吸湿性。同时,个人的卫生也是非常重要的,要勤洗勤换。

下面就重点对运动鞋和运动衣两个最重要的因素加以分析和阐述。

1.运动鞋

运动鞋是运动者进行运动锻炼所必须具备的重要装备。在选择运动鞋时,要以运动项目特点和自身喜好为依据进行。具体来说,一定要先试穿,找到适合自己脚大小的鞋子,因为鞋子过大或过小都是不利于运动健身锻炼的。另外,运动鞋的透气、排汗等性能也是非常重要的,否则会不利于运动健身锻炼的顺利进行。

在选定合适的运动鞋之后,还要选择专业的运动袜,这也是非常有必要的。运动袜应相对较厚,这不仅对汗液的吸收有利,还能够缓冲运动过程中的震动。另外,运动袜在减少脚部摩擦受伤方面也有重要的作用。

2.运动衣

一般来说,对运动衣的要求通常是较为宽松,在运动过程中使人感觉较为舒服,并且能够对血液循环有利,能够使人体的正常代谢物的排泄得到有力保证。要注意不能穿紧身的运动服,因为这是不利于汗液的排泄的,而且还比较容易造成皮肤的擦伤。

在运动健身锻炼过程中,还应注意及时更换衣服。例如,在天气较凉时进行运动,随着排汗量的不断增加,要及时去除外套;在运动之后则要及时增加衣服,避免着凉。

有人认为,穿着不透气的衣服进行运动健身锻炼能够增加人体的排汗量,从而达到减肥的目的。这样的观点是错误的,如此不仅不会起到理想的减肥效果,反而还会造成人的脱水和中暑,给人体带来一定的伤害。

四、女子运动健身的保健常识

运动健身锻炼对于所有的人都是非常有利的。尤其对于女子来说,经常参加运动健身锻炼能够积极促进身体的生长发育,使健康水平得以提升,身体各器官和系统的功能水平也会随之得到有效提高。除此之外,身体各部分肌肉的协调均匀发展也是运动健身锻炼的重要结果之一。

(一)女子运动健身锻炼的注意事项

青春发育期后,男女在身体形态与生理机能及素质方面的差异性越来越大,而且女子从少年开始就有月经来潮,因此,这也是一个在运动健身锻炼过程中需要考虑的重要方面。具体来说,为了保证女子运动健身锻炼的效果,需要对以下几个方面的事项加以注意。

第一,女子心血管、呼吸系统机能较差,这就要求一定要以其运动锻炼时的主观感受为依据来将锻炼的强度、时间及负荷量等方面确定下来。

第二,女子肩部较窄,臂力较弱,做悬垂、支撑及大幅度摆动动作较为吃力,这就要求一定要在严格遵循循序渐进原则的基础上学习这些动作。

第三,女子身体重心较低、平衡能力较强、柔韧性较好。针对这一特点,较为适宜的运动项目主要有健美操及体操等。为了保持良好的柔韧性,需要在运动健身锻炼过程中有意识、有步骤地加强肩带肌、腹肌、腰背肌和骨盆底肌的锻炼。

第四,有效借助运动健身锻炼来使力量、速度和耐力等素质得到有效发展,使女子的健康水平和运动成绩都得到有效提高,同时,还要使其能够养成长期锻炼的好习惯。

第五,女子不适合过多地从高处跳下的练习,就算要进行这样的练习,也要在良好的条件下进行。一方面,要保证地面不可过硬;另一方面,落地姿势要正确,避免身体受到过分振动。

(二)女子月经期的运动健身锻炼卫生

对于女子来说,月经是正常的生理现象。在月经期间,女子的身体一般不会有较为显著的生理机能变化发生。因此，月经正常的女子在月经期间参加适当的运动健身活动是被允许的。但是，在运动项目的选择上要有所注意。一般来说，广播操、乒乓球、羽毛球或排球等这些运动项目是比较适合月经期女子的。这些活动能够有效改善盆腔的血液循环，对腹肌与骨盆底肌的收缩以及对子宫的柔和按摩都是非常有好处的。此外，丰富多彩的运动健身活动还能够对大脑皮层的兴奋和抑制过程产生积极的调节作用，从而减轻全身的不适反应。

具体来说，女子在月经期进行运动健身锻炼需要对以下几个方面的问题加以注意。

1.运动量要有所减少

对于平常女子来说，月经期间身体机能会出现一定程度的下降。具体来说，主要表现在反应能力、适应能力、肌肉力量以及神经调节的准确性和灵活性等方面。鉴于此，月经期间运动量的安排要适当减少，活动时间也要适当缩短一些。另外，还需要强调的是，月经期间一般不宜参加比赛。

2.尽可能避免游泳运动

月经期间不仅要对经期的一般卫生加以注意，还要注意不能游泳。究其原因，主要是由于经期子宫内膜脱落后，子宫内形成较大的创面，子宫颈口略为开大，宫腔与阴道口位置对直。此时，人体全身与局部对病菌侵袭的抵抗力下降，如果这时候进行游泳运动，病菌就可能侵入内生殖器官，进而引起炎症。

3.尽可能避免剧烈运动

月经期间，要尽可能地避免剧烈、大强度的或振动大的跑跳动作，以及使腹内压明显增高的屏气和静力性运动，否则会使子宫受到过大的振动或由于腹内压过于增高而使子宫受压、受推，造成经血过多或引起子宫位置改变的情况。

4.不宜进行运动健身锻炼的女性

大多数女性可以在月经期间进行运动健身锻炼。但是一小部分女性不适宜在月经期进行运动健身锻炼，尤其是月经紊乱（经量过多、过少或经期不准）以及痛经（经期下腹部疼痛）和患有内生殖器炎症的女性。

第二节 运动健身促进健康的原则与方法

运动健身对人体健康具有积极的促进作用,这些作用的实现都是建立在科学的原则和合理的方法基础之上的。运动健身的基本原则主要有自觉性原则、针对性原则、循序渐进原则、经常性原则、全面性原则等。另外,人们在健身的过程中还要按照一定的方法进行锻炼,不能盲目进行,盲目参加锻炼不仅不能达到事半功倍的效果,有时甚至容易导致运动损伤,这不仅不利于运动锻炼的持续进行,还危害身体健康。总之,人们在参加运动健身的过程中,就要坚持以上基本原则,采取有针对性的手段与方法,持之以恒地进行锻炼,如此才能有效地提高身体素质水平,保证运动安全。

一、运动健身的原则

(一) 自觉性原则

人们通常都是在一定目的性的基础上进行运动健身锻炼的,人们自觉地投入其中,这样所取得的效果才会较好。在进行运动健身锻炼时,需要遵循的一个重要的基本原则,就是自觉性原则。为了使人们运动健身锻炼的积极性得到有效的提升,首先要做的就是将其对体育运动的认识进一步深化,使他们将终身体育的思想建立起来。同时,还要使人们能够对相应的知识和技能有较为熟练地掌握,并且能够将所学内容积极运用到以后的工作和生活中。运动健身锻炼并没有完善的监督性和制约性。因此,对于锻炼者来说是非常开放和自主的,但是,要想取得理想的健身锻炼效果,就要求锻炼者必须具有非常强的自觉性。否则,只能是走马观花。

由此可以看出,建立良好的自觉性是非常重要且必要的。为了达到这一目标,就要求人们一定要将锻炼的目的明确下来,一个人的动机会在很大程度上决定着一个人行动的质量。无论如何,只有将目的明确下来,强化动机,才能够更好地贯彻自觉性原则。

(二) 针对性原则

要以个人的实际情况和外界环境条件的实际为主要依据来进行运动健身锻炼,将锻炼的目的确定下来。同时,还要选择适宜的运动项目,合理地安排运动时间和运动负荷,这就是所谓的针对性原则。可以说,要想有效增强身体素质及提高运动水平,就必须遵守这一重要原则。具体来说,需要满足以下两个方面的要求。

1.要以自身的实际情况为出发点

人们之间有着不同的性别、年龄、体质和健康状况等,因此,这就决定了运动健身锻炼也是会因这些因素而有所差别的,这就要求有一定的针对性和目的性地选择和确定运动项目,对锻炼的时间和运动负荷进行科学合理的安排。在每次锻炼前都要对自己当时的健康状况进行评估,使运动的难度和强度不超过自己身体的承受能力。

2.要以外界环境为出发点

季节、气候、场地、器材等外界条件的实际情况都会对运动健身锻炼的顺利进行和最终的锻炼效果产生或大或小的影响。因此,这就需要按照科学锻炼的方法来选择运动项目、练习时间、运动负荷,从而保证良好的锻炼效果。需要强调的是,在进行运动健身锻炼时不要在阳光下运动时间过长,避免中暑的发生[1]。

(三)循序渐进原则

健身是具有一定的认识规律、动作技能形成规律和生理机能的负荷规律的,这就要求人们在进行运动健身锻炼时,一定要在此基础上来合理安排内容、方法和运动负荷等,由小到大、由易到难、由简到繁、由低级到高级逐步进行,这就是所谓的循序渐进原则。运动健身切忌急于求成。因此,在进行运动健身锻炼时,学习动作要由易到难,运动量由小到大,运动强度(刺激强度)由弱到强。同时,还要以各自的年龄、性别、身体素质水平为主要依据,因人而异地安排练习的内容,从而使良好的锻炼效果得到保证。

对于循序渐进原则来说,其在运动健身锻炼负荷方面的内在要求就是要适量。在运动健身锻炼的不同阶段,所安排的负荷量会相应有所差别,并随着运动健身锻炼地进行而积极调整运动健身锻炼的负荷量,最终保证取得最理想的运动健身锻炼效果。

(四)经常性原则

所谓的经常性原则,就是要保证运动健身锻炼的经常性,要使其成为

---

❶刘姿含:《运动健身的三条主要原则》,《青春期健康》(家庭文化),2017年第12期,第38～39页。

日常生活中的重要部分。经常进行运动健身锻炼会使肌肉活动反复多次强化,进而带来一定的改变,如运动技术的形成和提高、人体各组织系统机能的改善等。如果不经常进行运动健身锻炼,那么就不会取得理想的健身效果。与此同时,生物界"用进废退"规律还在一定程度上制约着运动技能的形成,以及人体结构、机能的改善,身体素质提高。如果不经常锻炼,已取得的效果就会逐渐消退。"拳不离手,曲不离口"就将这一原理直观且形象地体现了出来。

在运动健身锻炼过程中,要想更好地贯彻经常性原则,首先要建立起良好的运动健身锻炼的习惯。其次,在进行运动健身锻炼之前,要制订出适合自身情况的运动健身锻炼计划,并按照相应的计划进行科学合理的锻炼,形成规律的习惯和稳定的生物钟,从而使运动健身锻炼能够持之以恒。

(五) 全面性原则

身体锻炼应全面发展身体的各个部位、各器官系统的机能、各种身体素质和活动能力,追求身心的和谐发展,这就是所谓的全面性原则。运动健身锻炼包含着非常丰富的内容,不同身体部位的活动以及多种项目和不同性质的活动都包含在其中。

身体本身就是一个整体,是由各系统构成的,而这些系统之间是相互联系、相互制约的。身体某个系统的发展会在不同程度上影响到其他系统的机能。如果各个系统都能得到全面发展,那么它们之间就能相互促进、共同提高。因此可以说,在运动健身锻炼中贯彻全面性原则是非常重要且必要的。

对于不同的运动项目来说,对人体所产生的作用也是不相同的。例如,短跑运动能够使锻炼者的速度素质得到有效发展;投掷、举重运动则能够使人的力量素质得到有效提升;长跑运动能够有效训练人的耐力素质;篮球、足球等运动则能够使人的灵敏性和协调性得到显著提升。所以,为了能够使其身体素质得到全面的发展,应对运动健身锻炼项目进行合理搭配。

二、运动健身的方法

运动健身促进健康需要采用的科学方法主要有以下几种,具体要以实际情况和需要为依据来加以选用。

(一) 重复锻炼法

在运动锻炼过程中,重复锻炼的次数的多少与对身体所产生的作用之间是有着非常密切的联系的。一般来说,重复次数越多,身体对运动反应的负荷量越大。但是,重复次数并不是无上限的。如果达到身体承受负荷的极点,那么就需要立即停止,并逐渐降低锻炼次数,否则会对身体健康造成不必要的伤害。

在运动健身锻炼过程中运用重复锻炼的方法,一定要做到掌握好负荷的有效价值范围(即最有锻炼价值负荷量下的心率)这一关键点,并且以此为依据来对重复次数进行适当调节。在重复锻炼中,为了达到理想的锻炼效果,需要对负荷的控制、重复的方法等加以斟酌。在采用该方法进行运动健身锻炼时,首先要使每次重复练习的质量得到保证,同时,还要克服单纯重复造成的枯燥感。除此之外,重复锻炼法对于锻炼者的意志力也能起到积极的锻炼作用。

(二) 间歇锻炼法

众所周知,运动锻炼能够有效提升人们的体质水平,但是,实际上这种体质增强的实现并不是在运动锻炼过程中实现的,而是在间歇中实现的,是在休息过程中取得了超量恢复。可以说,只有有间歇休息地超量恢复的运动锻炼,才是有意义的运动锻炼。从严格意义上来说,间歇对增强体质的作用与运动本身是同等重要的。

间歇训练法与重复锻炼法一样,对于以负荷的有效价值标准为依据来有效调节间歇的时间也是非常需要的。通常情况下,当负荷反应(心率)指标比有效价值标准低时,应缩短间歇时间;而在高于价值标准时,则可延长间歇时间。通过适当的间歇,可以把负荷量调节到负荷有效价值范围,以达到良好的锻炼效果。实践中,一般心率在130次/分左右时,就应再次开始锻炼。另外,还需要强调的是,在间歇时,不要做静止休息,而应边活动边休息,如慢速走步,放松手脚、伸伸腰腿或做深而慢的呼吸等。

(三) 连续锻炼法

运动健身锻炼对人们体质的增强,并不是通过一次重复、间歇的锻炼就能够实现的,在需要连续的时候就应该持续地进行下去。因此可以说,连续、间歇、重复都是在同一锻炼过程中实现的。连续、间歇、重复等因素的作用是有所差别的。具体来说,连续的作用在于持续负荷量不下降,维持在一定的水平上,使身体充分地受到运动的作用。

一般来说,运动健身锻炼的连续锻炼时间的长短是有所差别的,具体来说,要以负荷价值有效范围为主要依据而确定。通常,在140次/分左右心率下连续锻炼20~30分钟,可使机体的各个部位都长时间地获得充分的血液和氧的供应,因而能够使有氧代谢能力得到有效提升。

(四)循环锻炼法

循环锻炼法是由几个不同的练习点组成的。具体来说,一次循环锻炼,就是当一个点上的练习一经完成,练习者就迅速转移到下一个点,下一个练习者依次跟上,并依次完成各个点上的练习。

循环练习法对技术的要求是相对比较低的,且各项目都采用比较轻度的负荷练习,所以练起来简单有趣。另外,在采用该锻炼方法时,要抓住一个重要的关键点,就是要以全面性原则为依据去搭配项目,使得身体机能、身体素质等各方面都得到一定的发展。因此,在进行运动健身锻炼时,一定要注意科学地搭配项目。

(五)变换锻炼法

变换锻炼法能够对生理负荷起到积极有效的调节作用,使兴奋性得到提升,锻炼意向得到强化,克服疲劳和厌倦情绪,以达到提高锻炼效果的目的。对于刚刚进行运动健身锻炼的人来说,多做些诱导性练习和辅助性练习是非常有必要的。随着锻炼水平的提高,练习的难度也要适度增加。锻炼条件的变化可使锻炼者的大脑皮层不断地产生新异的刺激,提高兴奋性,激发锻炼的兴趣,从而使机体对负荷的承受能力得到有效提升,锻炼效果也会有所改善。

(六)游戏锻炼法

采用游戏的形式进行锻炼身体的方法,就是所谓的游戏锻炼法。提高兴奋性,将人们对运动的兴趣有效激发出来,是这一锻炼方法的主要目的所在。在嬉笑娱乐的游戏中锻炼身体、愉悦身心,对于减轻压力、释放激情都是非常有利的,但这种锻炼方法的运动量要视锻炼者的实际情况而定。

(七)竞赛锻炼法

所谓的竞赛锻炼法,顾名思义,就是以竞赛的形式来进行锻炼。从某种意义上来说,这一方法是以人类先天的竞争和表现意识、竞技能力形成过程的基本规律和适应原理、现代运动比赛规则等因素为主要依据而提出的。

竞赛的条件能够使锻炼者运动健身的积极性得到有效提升。在良好的比赛氛围中,锻炼者可以积极有效地相互交流经验,这对于全面地提高技、战术水平是非常有帮助的。此外,竞赛锻炼法能够使锻炼者的心理承受能力得到有效提升,同时对良好的意志品质,以及积极的、拼搏的、良好的生活态度的培养与建立都是非常有益的。

第三节 运动健康促进计划的实施与评价

一、运动健康促进计划的实施

对于运动健康促进计划的实施来说,社会动员是其中的核心策略。这里就重点对社会动员加以分析和阐述。

(一) 社会动员的概念

对于社会动员,联合国儿童基金会的定义为:社会动员是一项人民群众广泛参与,依靠自己的力量,实现特定的社会发展目标的群众性运动,是一个寻求社会改革与发展的过程。它以人民群众的需求为基础,以社区参与为原则,以自我完善为手段[1]。从社会动员的概念中可以看出,其包含着非常丰富的内容,具体来说,主要有以下几个方面。

第一,其主要目的和动力都在于社会发展目标的实现。

第二,社会动员过程是对伙伴式的合作共事关系进行建立的过程,它是一个在社会各个阶层、各个部门之间构建的对话机制。

第三,动员必要的社会资源,有效的信息传递,争取跨部门的合作,建立多学科的联盟,对社会动员的成败起到关键的作用。

第四,社会动员并不是立刻就能完成的,需要长久的努力以及长远的战略规划。所以社会动员也是一个具有计划的、非中央集权的组织过程。

---

[1] 张钧,何进胜:《运动健康管理》,上海:复旦大学出版社,2019年。

在这一过程中,所有参与者都要共同努力、相互补充,并追求社会发展共同的目标。

从上述内容中可以得知,社会动员就是将社会发展的目标更好地转化为社会行动的过程。一旦社会发展目标同人民群众的需求相切合,那么社会各界、各阶层便会广泛参与。在有足够的人力、物力、财力的共同保障下,社会动员便能够得到顺利实现。

(二) 社会动员的意义

社会动员本身就具有非常重要的作用和意义,具体来说,可以从以下几个方面得到体现。

第一,健康是人生来所具有的一项基本权利,对居民的健康进行维护也是各级政府的主要责任之一,同时也是社区家庭以及居民个人的义务。

第二,在对初级卫生保健实施方面,社区参与是其中的基本原则。

第三,要以预防为主。

第四,健康同社会经济发展有着非常紧密的关系。只有对社区一切可以利用的资源加以最为广泛的动员,才能对特定的健康目标的顺利实现起到积极的推动作用。

第五,传播手段的不断向前发展,为社会动员创造了一个良好的条件,使组织推行社会动员成为可能。

(三) 社会动员的手段

一般来说,社会动员所采用的手段主要有以下几种,具体要根据实际情况加以选用。

1.信息传播

信息传播在社会动员中具有非常重要的作用和意义,这在不同的层次上有不同的表现。例如,在决策层,传播的主要作用是为创造一个认识和支持的决策环境;在基层,传播将社区和个人的多渠道参与作为着眼点;而在中层,传播的主要作用在于承上启下,帮助政府和社区之间进行有效沟通。

信息传播的形式主要有两种:一种是健康教育工作者根据受教育者的具体实际,通过知识的传授以及传授相关的健康维护技能,说服受教育者改变不健康状态及行为的人际传播;另一种是在大众传播过程中加以应用的技术性媒介,也就是所谓的大众媒介传播。其中,大众媒介可以分为传统的印刷媒介和电子媒介两大形态。

2.社会市场学技术

社会市场学是根据受众的需要,运用商业市场学的基本原理和技术去设计社会发展项目,并通过恰当的传播途径实现既定的社会发展目标。社会市场学的基本要素包括产品、价格、地点和促销。

(1)社会市场学技术组成

社会市场学技术是由以下几个方面构成的:①受众分析。通过采用定量分离技术,来对某一部分具有相同特征的人群需要和需求特点进行分析,进而通过乐于接受的传播交流方式来向特定的受众提供特别设计的服务以及产品;②检验。对现有产品或信息的效度进行检查和验证,进一步提升效益;③激励机制。激励机制主要包括如何对工作人员的积极性进行调动、如何激发顾客的需求这两个方面。

(2)社会市场学的优劣分析

社会市场学的优势主要表现为了解受众,运用定量分析技术、激励机制以及严密的监督管理过程,有效地利用大众传播媒介,立足当前、正视现实,注重需求信息的准确性,承认价格准则的作用。同时,其也具有不可忽视的缺点,主要表现为:①所需要投入的人力、财力以及时间都巨大;②在教育、卫生等社会服务领域中,市场要素并不完全存在;③社会公益事业的传播受到大众传媒商业化的严重影响。

3.人员培训

针对负有某种责任的人员所开展的专门知识传播以及技能训练的过程,就是所谓的培训。使受训者能够对某项专门工作所需要的知识和技能进行学习和熟练掌握,社会动员中的人员培训旨在强化各类人员在社会卫生项目中的有关的知识能力而确保项目的顺利进行,是培训的主要目的。

在培训过程中,通常会采用多种多样的方法,较为常用的有模拟法、角色扮演、讲授法、案例分析、讨论法、演示法、练习及实习等。具体方法要根据实际需要加以选用。

4.管理技术

(1)计划

计划是社会动员所必须具备的基本技能,它是对项目未来的行动方案所进行的总体设计。就其本身来说，社会动员是大规模的有计划的群众运动，完善的计划能够为社会动员的成功提供相应的保障。

制订一个完整的计划，是需要按照一定的程序进行的，具体来说，主要涉及以下四个方面的内容：①收集分析包括人口状况、社会经济状况、健康状况、卫生服务状况、卫生资源状况等在内的背景资料；②在分析的基础上，找出项目及社会动员所面临的主要问题、确定目标、制定策略；③对具体行动以及行动日期进行拟定；④确定后勤保障和财务管理。

(2)实施

计划需要社会各阶层的广泛参与才能得以实施。在实施过程中，其管理工作所包含的内容主要有以下三个方面：①对行动计划进行制订，将计划的行动进行具体化；②组织与激励。对项目中各个阶层的人员进行鼓励，使其能够高效地完成各种工作；③检查与控制。目的是使计划中的各项活动能够得以按时、按量、按质地完成得到有力保证。

(3)评价

在管理的过程中，评价是其中的一个重要过程。从严格意义上来说，它涉及整个管理过程。评价主要是为了分析计划的制订和实施的不同环节，总结经验，吸取教训，借以改进当前的各项活动，从而进一步完善计划。通常情况下，卫生项目评价所包含的内容主要有确切程度和适合程度、效率、进度、影响及效果这几个方面。

(四) 社会动员的过程

1. 要将动员对象确定下来

要将动员对象确定下来，最主要的动员对象主要有领导、社区家庭及个人、非政府组织、专业人员以及舆论领袖等几个方面。

2. 对动员对象的特征、需求进行分析

由于动员对象在年龄、性别、社会层次、职业等方面存在着一定差异，且自身的特征和需求也会有所差别，因此，对他们的具体情况加以分析是非常重要且必要的。

3. 将良好的关系建立起来

与动员对象建立起良好的人际关系，是成功社会动员的必要条件。

4. 达成共识

要想与动员对象达成共识，可以通过多种渠道，其中，最为主要的有开发领导、开发社区居民、开发专业人员、开发宗教领袖及其他权威人士、开发其他系统的相关人员等几种。

5.鼓励参与

参与主要包括参与问题的发现、参与寻求问题的解决方法、参与评价三个方面。因此，鼓励参与也就是对这三个方面的鼓励。

二、运动健康促进计划的评价

在项目计划中，体育运动健康促进计划的评价是其中重要的组成部分，它贯穿项目计划的整个过程。通过将项目执行的具体情况与预期目标的相互比较，对该项目计划所具有的科学性、可行性以及效果进行衡量，并为管理者提供最客观的反馈信息。

（一）运动健康促进计划评价的概念

在遵循一定原则或标准的基础上，来对项目计划的设计、实施和结果进行检查和衡量的过程，就是所谓的评价。

在项目管理方面，评价是非常重要的组成部分，其在项目计划设计与实施的始终都有所涉及，是对计划设计的先进性进行全面监测、控制、保证。它的成功实施，将获得达到相应效果的关键性措施。

（二）运动健康促进计划评价的目的与种类

1.体育运动健康促进计划评价的目的

运动健康促进计划评价的根本目的就在于通过评价总结经验教训，以改进以后的或正在进行中的计划活动。

运动健康促进计划评价的具体目的主要有以下六个方面：①将计划设计的先进性与合理性确定下来；②将计划活动是否适合目标人群、活动开展质量、资源利用状况确定下来；③将计划达到预期目标的程度及其影响确定下来；④将项目的经验与教训及提出进一步探索的问题确定下来；⑤向社会介绍项目结果及价值，改善公共关系，争取目标人群及社会公众的广泛合作与支持；⑥向领导、资金提供者说明项目结果。

2.运动健康促进计划评价的种类

以评价目的为主要依据，可将体育运动健康促进计划评价分为五大类，具体见表6-1。

表6-1　运动健康促进计划评价的种类

类别	含义
效应评价	以确定计划达到预期目标的程度及其影响为主要目的的评价
形成评价	以确定计划设计的先进性与合理性为主要目的的评价
过程评价	以确定计划活动是否适合目标人群、活动开展质量、资源利用状况为主要目的的评价
结局评价	以确定计划产生的远期影响(人群健康状况和生活质量的提高)为主要目的的评价
总结评价	前几类评价的综合

(三) 运动健康促进计划评价的意义

运动健康促进计划评价具有非常重要的作用和意义。具体来说,其能够使计划设计与实施的质量得到保证,能够科学地说明项目结果,对项目改进和推广提供根据。除此之外,还能够使专业人员项目计划设计、实施与评价的水平得到有效提高。

(四) 运动健康促进计划评价的一般性过程

运动健康促进计划评价的一般过程主要包括以下八个方面。

1.将评价问题确定下来

对于评价的问题,要以评价要求和资源的可能性为主要依据才能确定下来。此外,不同的评价问题使用的评价类型也是有所差别的。

2.将评价指标确定下来

评价指标的确定是要以评价问题为依据而进行的。具体来说,可测量、有效性和特异性是评价指标所要具备的。通常情况下,可以将评价指标分为两类,即实施指标和结果指标。在项目实施的不同阶段和评价类型中,选择的评价指标不同,如过程评价更多地使用实施指标,效应评价更多地使用结果指标。

3.将评价设计类型确定下来

以评价问题、干预作用性质、资源条件及评价持续时间为主要依据来将评价设计类型确定下来。一般来说,用到的评价设计类型主要包括实验研究、准实验研究、单组前后比较等。

4.将评价资料收集方法确定下来

评价资料常用的收集方法主要有访谈、活动记录档案、疾病监测、实地观察、问卷调查及仪器测量等。一般来说,可以评价的指标和评价问题为主要依据来选用相应的资料收集方法，多种方法结合使用是最为常见的方式。

5.将测量工具确定下来

要以评价指标为主要依据有针对性地选择适用的测量工具。可靠性、准确性和可行性，以及测量成本是在对测量工具进行选择时所要注意的。尤其是要对测量所使用的“量表”进行标准化处理。

6.现场调查与质量控制

在评价资料收集的过程中，要做到质量控制，目的是使评价结果的真实性得到有力保证。在控制质量方面，一方面进行人员培训，以促使所有的工作者能有统一的、规范的操作。实地观察中要对不同观察员之间的差异对资料的影响给予充分的重视；另一方面则对测量工具进行标准化或校正。

7.整理资料并加以分析

对收集到的评价资料在审核验收的基础上，进行编码、计算机录入、核对、数据处理、统计检验和结果表达。整个过程一定要做到客观真实、科学严谨。

8.修订计划

以评价结果为主要依据，总结经验教训，进而对原计划做出修改或指导新的健康教育与健康促进项目计划的设计与实施。

(五) 运动健康促进计划评价的内容与方法

运动健康促进计划评价包含着非常丰富的内容，每一项内容又包含着具体的内容和方法指标。具体内容如下。

1.形成评价

(1)形成评价的内容

第一，对目标人群的基本特征和健康问题（人口学、流行病学）加以了解。

第二，对目标人群对各种干预措施的看法加以了解。

第三，对适用于目标人群的干预策略加以了解。

第四，干预策略及健康教育材料的预实验及其完善。

第五，教育材料的发放系统，包括生产、储存、发放形式（批发、零售、赠送）及渠道。

(2)形成评价的方法与指标

第一,形成评价的方法。在形成评价中可采用多种研究技术。其中,文献、资料回顾、目标人群调查、现场观察、预实验和试点研究等是最为常用的几种方法。

第二,形成评价的指标。形成评价中常采用的指标主要有计划的科学性、政策的可支持性、技术的适用性、人群的可接受性等。

2. 过程评价

(1)过程评价的内容

第一,实施人员在工作态度、职业技能、合作情况等方面所具有的质量。

第二,传播渠道和教育材料及其他干预活动的作用。

第三,目标人群的参与情况。

第四,支持环境的利用。

第五,运用社区组织的能力。

第六,在实施项目期间是否存在重大的环境变化,并且对项目实施产生了怎样的影响。

(2)过程评价方法与指标

第一,将过程追踪系统建立起来,换句话说,就是实施监测和质量评估体系。

第二,评价资料收集方法包括活动记录档案、小组讨论、随机样本调查。

第三,评价指标。较为常见的评价指标主要有以下三大类。

第一类指标为干预活动,如对活动干预的类型、次数,活动持续的时间,人群媒介拥有率以及干预活动覆盖率等,如式(6–1)、式(6–2)所示。

$$\text{干预活动覆盖率} = \frac{\text{实际参与人数}}{\text{目标人群的总人数}} \times 100\% \tag{6–1}$$

$$\text{人群媒介拥有率} = \frac{\text{拥有某媒介人数}}{\text{目标人群的总人数}} \times 100\% \tag{6–2}$$

第二类指标为目标人群参与,如干预活动暴露率,如式(6–3)所示。

$$\text{干预活动暴露率} = \frac{\text{实际参与人数}}{\text{应参与干预活动的人数}} \times 100\% \tag{6–3}$$

第三类指标为有效指标,如有效水平、有效指数,如式(6–4)所示。

$$有效水平 = \frac{实际参与率}{计划要求参与率} \times 100\% \tag{6-4}$$

如对于某项活动来说，其计划目标人群参与率为80%，而实际参与率为60%，则如式(6–5)、式(6–6)所示。

$$有效水平 = \frac{60}{80} \times 100\% = 75\% \tag{6-5}$$

$$有效指数 = 各项有效指标的算术平均数 \tag{6-6}$$

3.效应评价

(1)效应评价的内容

效应评价的内容主要包括两个方面，即行为及行为影响因素的变化，以及非行为变化。具体如下：①行为及行为影响因素的变化包括目标人群健康相关行为、行为倾向因素、行为促成因素和行为强化因素；②非行为变化是指组织、政策的支持和卫生服务的支持发展变化，这会对行为产生一定的促成作用。

(2)效应评价的方法与指标

效应评价常用的方法主要有两种，即问卷调查和现场观察。

效应评价的常用指标主要有健康知识知晓率、行为改变率、行为流行率、信念流行率和卫生知识积分，如式(6–7)~式(6–11)所示。

$$健康知识知晓率 = \frac{正确知晓某知识的人数}{被调查人数} \times 100\% \tag{6-7}$$

$$信念流行率 = \frac{持某信念的人数}{被调查人数} \times 100\% \tag{6-8}$$

$$行为流行率 = \frac{有某种行为的人数}{被调查人数} \times 100\% \tag{6-9}$$

$$行为改变率 = \frac{在一定时期内某行为发生改变的人数}{观察期开始时有该行为的人数} \times 100\% \tag{6-10}$$

$$卫生知识积分 = \frac{被调查者知识得分的总和}{被调查人数} \tag{6-11}$$

4.结局评价

结局评价也被称为长期效果评价。结局评价的内容主要包括两个方面，即健康状况和生活质量。其中，健康状况通常需要通过进行疾病的检测和现场调查来对评价资料进行收集，其通常会采用生理指标、疾病与死亡指标这几项指标；而生活质量则通常采用相关的测量量表，通过进行社会调查来对评价资料进行收集。

5.总结评价

运动健康促进的总结评价是对形成评价、过程评价、效应评价和结局评价的综合评价以及对各方面资料做出总结性的概括。同时,总结评价也是对体育运动健康促进进行全面的总结。对经验和教训进行总结可为以后制订项目计划提供科学依据,这是总结评价的主要目的。

6.评价种类的选择应用

在具体实践中,选择具体的评价类型需要充分考虑评价的可能性以及具体要求。通过评价解决相关的问题,是对评价进行选择的一个重要依据。从很大程度上来说,时间和资源会对评价的选择产生较大的影响。

第四节　全民健身在"健康中国"建设中的意义

一、运动健身的健康促进观

进入20世纪后,借助科学技术的力量,人们对人文社会现象有了更深入的认识,随之也形成了现代意义上的社会科学。社会发展进入21世纪后,健康问题成为人类所面临的最主要问题之一。这个问题不是仅靠医学或自然科学就可以解决的,而需要多学科体系的协同以满足人类的健康需求。众所周知,运动健身对健康具有促进作用。通过运动健身,人的生物属性不仅会得到改造,其社会属性还会得到改变[1]。

(一) 自然科学的体育健康促进观

人类对于自然界所存在的事物、现象和规律的认知,以及从这些认知中转化而来的各项知识和技术,被统称为自然科学或科学,其包括数学、物理、化学、生物、地理、医学等对人类生存发展至关重要的领域。人类通过自然科学中的事实判断方法来揭示自然界的各种规律,以增强自身认识世界和改造世界的能力。

体育以运动人体科学为主要学科,运用生物学、医学、化学及物理学的

[1]李广东:《全民健身推动健康中国建设的路径研究》,《当代体育科技》,2021年第11卷第21期,第210～212页。

理论方法对人体运动的原理和规律进行阐释，进而寻找提高运动能力与促进身心健康的方法和手段。在自然科学中，运动健身对健康的促进作用体现在以下几个方面。

1.运动促进健康还是损害健康

人类经历了工业革命之后，从在英国盛行户外运动到现代奥运会的举办，极大地推进了现代体育运动的快速发展。随着体育运动更加普及，以早期竞技运动为代表的现代体育运动受到了自然科学界的关注，如医学界开始研究运动对人体到底有什么样的影响。1899年，瑞典医生亨申（Henschen）发现成绩优秀的滑雪运动员普遍都存在心脏增大的情况，进而在运动医学界引发了一场为期近百年的争议——运动对人体健康的作用到底是促进还是损害。

这一问题的提出和讨论对运动人体科学的发展与研究产生了推动作用。通过运动解剖学、运动生理学、运动生物化学等基础学科的建立和发展，相关学者逐渐得到了正确答案，那就是体育运动既能够使运动者的身体机能提高，但也有损害人体正常机能的可能。如果运动方法错误或者人体状态不佳时进行锻炼，个体就会出现诸如猝死、运动损伤、免疫能力下降、疲劳等状况；如果科学合理地锻炼，那么运动可以促进机体生长发育、增强体质、预防疾病等。从目前运动人体科学的发展成果来看，可以对体育运动对健康的影响做出结论：适量运动能够对健康产生积极作用，运动负荷太大或太小都会对健康产生消极作用，甚至会出现一些健康问题。

运动健身对机体的特殊作用，以及人类自身对健康的向往与追求激发了科学家的研究热忱。20世纪40年代后，运动人体科学领域不断取得新的成果，如戈德华特（Goldwater）应用有限制的定量运动，使60%～70%的心肌梗死患者重新走向工作岗位；德国霍尔曼（Hollmann）研究所制定出各类运动处方，面向大部分群体；美国医生库珀（Cooper）对健身与健康关系进行大量研究，出版了《有氧代谢运动》《12分钟跑体能测验》《有氧运动得分制》等专著。这些成果对全球形成健身热潮起到巨大的推动作用，使有氧运动在全世界流行。自然科学的发展成果逐渐使体育运动健身成为解决人类健康问题的重要途径。

2.运动促进机体健康的作用显著

在自然科学基础学科领域中，运动促进机体健康的机制是一项重要内容。该领域通过成熟理论和先进技术的运用使人们对宏观上的系统、器官、组织和微观中的细胞、分子在运动中对人体健康的作用有了一个清晰的了解。虽然这些机制仍需研究者进行深挖和探索,但这些成果为提高人的运动潜力,挖掘运动的健康价值提供了科学依据。

(1)增进身体健康

长期、适量进行体育锻炼和健身对全身各系统都有好处。例如,可改善肌肉、心血管、呼吸系统的功能;提高神经、内分泌和免疫等系统的调适能力;全方位地提高人体的健康水平,使个体的形态结构、生理机能、运动能力都达到完好状态,在日常生活与工作学习中的精力更加充沛,做事效率更高。

人体运动时表现出的生物学规律表明,个体进行运动时,不仅是相关的器官在运动,还包括心血管、呼吸、内分泌等系统在内的全身各组织器官会产生相应的机能变化,并在神经系统的统一调配下进行活动。由于通过体育运动,全身的各系统、器官、细胞、分子系统都能得到锻炼,促进了人体各级机能的提高,运动健身能促进人体低级功能对高级功能的纵向服从和横向协调。

(2)促进心理健康

对于现代人来说,健康心理的促进与维护是一项重要的健康内容。通过心理健康的教育,能有效预防各种心理疾病。事实证明,经常参加体育锻炼是非常好的心理教育手段,能培养人优秀的心理素质,令人意志坚强、情绪乐观、抗压能力强,缓解并消除紧张、焦虑和抑郁,培养竞争意识,提高自我控制的能力,使自己不断实现自我超越。如果心理素质过硬,那么就容易形成开朗的性格、坚强的意志,以及具有充分的自信。正面、积极的情绪体验,是获得健康、幸福的动力,也是人体现出生命活力的根本。

(3)积极的生活方式

结合当今全球人类的健康特征与疾病危害趋势,世界卫生组织的相关研究人士指出,导致现代人生病和死亡的主要原因之一就是缺乏体育锻炼。布伦特兰博士曾在世界卫生日的专题演讲中指出:“缺乏足够的体力活动对人体健康能够产生严重的后果,全球每年约有200万人因此而失去生命。”

事实证明,通过个体、家庭、社区以及全社会的共同努力,个人拥有健康的生活方式并引导他人也形成健康的生活方式是促进健康的重要内容。所谓健康的生活方式，就是在日常生活中建立促进健康的行为，避免危害健康的行为，其中体育运动将发挥重要的作用。如今，体育锻炼在所有对健康有益的手段和方法中以其独特的作用与魅力深受大众喜爱，成为人们现代生活中不可缺少的一环。积极进行体育运动健身、树立终身体育的观念，享受幸福人生，是现代人一直追求的东西，也是获得愉悦的基本保证。

3. 健身方法科学化

按照体育促进健康的机制，结合运动科学的理论，相关人员进行分析和总结，创造出一系列的运动健身方法。从古至今诞生了许多健身方法，但所产生的效果却是参差不齐的，很难去衡量和评价。自然科学以其生理学、解剖学、生物化学及运动学的原理为基础，将这些健身方法进行定量分析，以运动处方的形式去提高运动效果，为不同人群制定相应的运动方式，以达到最佳的健身效果，并确保运动安全。

4. 运动疗法——疾病治疗的新途径

人类社会发展表明，健康问题并没有因医学技术发展而得到缓解，反而摆在医学研究者面前的健康问题越来越多。造成这种情况的原因是医学只能控制少部分生物性致病因素，而影响健康的因素有太多太多，其他因素就不是医学所能考虑的了。第二次世界大战以后，社会经济进入快速发展阶段，威胁人类健康的疾病谱发生改变，不良的行为与生活方式成为影响人类健康的头号杀手，其次是环境因素，而生物学和卫生服务因素排在第三位。近年来，导致死亡的主要原因是心脑血管疾病，具体包括高血压、脂代谢异常、糖代谢异常和超重。而出现这些疾病的原因有很多，但缺乏体力劳动是基本原因之一。

运动疗法作为一种独立治疗方法，如今日益受到人们的重视。运动疗法不但对患病后的身体机能障碍具有独特疗效，而且能缓解多种疾病的危险因素，预防某些疾病。在临床治疗中，要结合不同人群，不同疾病和不同需求，制定具有针对性的运动治疗处方的效果会很好。

(1)运动疗法对心血管系统的作用

大量研究证实，有氧运动健身以中等强度为宜，以85%最大吸氧量或60%～90%的最大心率作为靶强度，其中将靶强度的时间严格控制在10～15分钟的区间内，这样才能使运动达到好的效果。

运动疗法除了可以提高健康水平、建立心脏内外适应机制外,还可以降低各种致病因素,可以说是将疾病扼杀在摇篮里。例如,长期坚持运动健身能使血液中的心钠素含量下降,提高前列环素、降低血栓素水平,使两者比例更加合理;通过科学的方法进行运动健身还可以缓解血液的高凝状态,降低血糖,降低血清密度以及胆固醇含量,同时提高高密度脂蛋白胆固醇的浓度等;运动疗法还能大大降低冠心病的死亡率和发病率。

(2)运动疗法对糖、脂肪代谢的影响

运动疗法可以进一步改善糖和脂肪代谢异常,改善的效果有快和慢两种。所谓快效果是较大变动肝脏、脂肪组织、肌肉间能量基质流动状况,而慢效果是身体对这种流动的适应和反应。运动疗法对糖尿病、高脂血症有很好的疗效。

(3)运动疗法对神经系统、运动系统疾病具有独特的作用

对于神经损伤、偏瘫、骨关节和软组织损伤,运动疗法亦有明显的疗效。运动健身能很好地改善神经系统和运动系统的功能,提高人们的生活质量。

5.运动所带来的健康问题

单纯从健康角度来看,很多运动手段不仅不具有健康促进作用,还会危害人的健康。

(1)运动员的健康问题

高水平竞技运动作为现代体育发展的主要推动力,具有无穷魅力。运动员在竞技体育中展现的英姿和潜能,成为大众的偶像。另外,竞技运动的特点和环境因素也使其成为影响健康的罪魁祸首。

高水平竞技运动的自身特点决定了运动员必须长期地、一如既往地去面对高强度、大负荷的运动训练。虽然有些运动员可以适应下来并坚持到底,实现人生理想,但并不是所有人都能这样。有很多运动员面对这种持续性的恶性刺激,出现了运动损伤、心血管系统过劳、免疫力低下、神经衰弱等问题。虽然从外表看他们有强壮的体格,但机体却要受到很多折磨,甚至有很多运动员退役后丧失了劳动能力。

这样的例子有很多。例如,男子跨栏是一个需要强大爆发力的项目,对运动员腿部肌腱会造成相当大的压力,很容易导致肌腱拉伤甚至断裂,尤其是在跟腱发炎的情况下,很容易出现意外事件。我国男子跨栏奥运会

冠军刘翔就因跟腱炎发作，被迫放弃比赛，也因此成为全国人民关注的焦点。“跟腱炎”也是所有的田径运动员经常要面对的问题。在举重运动中，运动员经常会出现腰伤的现象。曾有调查报告指出，超过30%的举重运动员患有“椎弓峡部裂”这种超负荷运动导致的腰椎疲劳骨折，而它又反作用于比赛，因此是破坏运动员临场良好发挥的最大威胁之一。

影响运动员身体健康的因素，除了运动损伤外，还有其他一些因素。比如，运动员为了追求比赛成绩而滥用兴奋剂。使用兴奋剂违反了奥林匹克精神，但依旧有很多运动员铤而走险，造成很多恶性后果，如不孕症、成年女性男性化、心脑血管疾病风险飙升以及内分泌失调等。兴奋剂使用将对人的生理、心理产生极大的危害，会使服用者心力衰竭、激动狂躁，成年女性男性化，男子过早秃顶，患糖尿病、心脏病等。除此之外，兴奋剂还能引起中毒症状，包括心动过速、瞳孔扩大、血压升高、反射亢进、出汗、寒战、恶心或呕吐，以及异常行为，如斗殴、夸大、过度警觉、激越和判断力受损。长期使用会导致人格改变，如冲动攻击、易激惹和猜疑，也会导致妄想性精神病。长期或大量使用后停用兴奋剂，会产生戒断综合征，表现为抑郁心境、疲劳、睡眠障碍和梦多。

（2）健身者的运动安全

人们参加运动有很多目的，但最集中的还是追求健身效果，提高健康水平。但要注意的是，任何运动本身都有潜在危险，因此都要注意安全问题。运动中肌肉、关节或韧带出现损伤是十分正常的，也会因一些意外状况，或者是场地、器材、气候等原因导致健身者受伤，影响健康。所以，运动健身中还要进行医务监督，预防和避免因运动反而对身体造成损伤。

（3）冒险性运动

有些运动项目具有极高的危险性，如登山、徒步等探险类运动，拳击等搏击类运动和滑板等极限运动。虽然这些运动十分刺激，能让参与者的精神得到极大的满足，但从健康促进的角度来看，这些项目对健康的促进并不比其他项目高出多少，并且运动本身太过危险，很容易损害机体的健康甚至影响人们的生命安全。

（二）人文社会科学的体育健康促进观

1.体育要面向全人类发展的根本需要

人文，即人类的精神文化，是人类文化的核心部分。人文精神，就是人类文化体现出来的最基本的精神，是提高人类生活质量的灵魂。人文精神以人的自由和全面发展为终极目标，追求真、善、美等崇高的价值理想，指向人的主体生命层面的终极关怀。我国体育发展历经了百年风雨，有以下四个发展阶段。

第一阶段是起步阶段，从19世纪末到20世纪中期。这是我国体育运动的起步和缓慢扩展的阶段。

第二阶段是半封闭阶段，从20世纪50年代初到20世纪70年代末。这一时期最直观的表现是体育为政治、外交服务。对中国体育运动来讲，该阶段依旧是相对封闭的。

第三阶段是改革开放的20年，从20世纪70年代末到20世纪90年代末。在这一时期，我国体育运动变得更加开放，专业竞技体育不断完善、巩固和发展，我国体育事业逐步取得突破，取得辉煌成就。

第四阶段是进入21世纪至今。进入21世纪后，中国体育事业攀登到顶峰，尤其是2008年北京奥运会的成功举办极大地提高了民族凝聚力，体育一时间成为我国群众津津乐道的话题。此后，全民健身日的设立和《全民健身计划》的实行，标志着我国体育事业建设更加完善、更加成熟。

从历史发展来看，体育将从政治回归到人民群众的文化生活上，实现以人为本，辐射社会多个层面，以民族利益为重，长远关注个体和人类发展。体育的社会性决定其不仅要为某些特定群体服务，而且要考虑每个人的需要，从全人类的发展去探索体育的终极目的。

2.促进人类健康是体育的终极目的

体育是人类全新生产方式的产物，近代体育实际上是工业化的副产品。促使体育从原始状态中脱离出来的根本原因是人类生产方式的进步。大工业生产的分工导致综合性体力劳动一下子演变到片面性体力工作，文明程度增高而体质水平降低，工作固定而闲暇时间更多，这些原因促使体育具有崭新的面貌。如今，人类已步入知识经济和信息社会，生产方式和生活方式发生巨变，所以体育的功能和特征必然会随着社会的变迁而改变。

此外，医学中的健康观因社会发展也产生新的变化。健康属于一种高度的概括，主要包括人的身体素质、心理素质和社会适应能力。也就是说，“健康”这个概念不再以“是否得病”的唯一标准来评判，需要建立起全面、综合性的评价体系和评价标准。如今,医学发展和作用已经和社会发展有了密切的联系,这种关系的确立主要依靠健康观的思维性。维护健康、预防疾病不是个人和医生的事情,而是一种全社会共同承担的责任。政府与社会都有保护本国居民健康的责任和义务,社会进步与民族兴旺又是以全民健康为基础的,这就是健康、医学和社会的整体发展趋势,也是健康促进的需要。

如今,全新的健康观念彻底改变了人类对健康认识的深度与广度,健康问题的研究早已超越了医学范畴。因此,健康的保护与促进不仅需要医学的帮助,还要从社会中采取相应的措施。健康促进和健康保护是维护健康的一种综合性措施,它既注重医学手段的干预,又采取了一些社会措施。目前,人们提出了高水平健康医学模式,该模式主要以合理营养、科学规范的体育锻炼、调节和诱导心理适应能力以及加强运动保健等方式来提高人群的健康。运动锻炼已被认为是健康的四大基石之一,说明体育对健康的促进作用已得到大家的重视与认可。

人类社会经过几千年的发展,现已进入快速发展阶段,人类对自然的征服与改造已经达到相当高的水平。但是生产力提高、社会进步和生活上的改善并没有使人类的健康问题有所改观,人类还将面对更多的健康挑战,如社会文明病、生活方式引发的非传染性慢性疾病和亚健康状态的蔓延等。事实上,人类一向重视自然和社会的改造,反而忽视了对自身的关怀,人类的健康问题早已成为社会可持续发展的重要关注点。

体育作为社会系统的子系统,呈现加速发展的趋势,发展为具有独立体系的一种文化形态,发展到社会的每一处角落,深刻影响着人们的社会生活,对社会总体发展的作用越来越显著。现代体育必将与社会系统同步发展,以人类的全面发展为终极目标。反过来说,人的全面发展以健康为基础,体育的特征和功能必定要承担促进人类健康的重任,也因此必定以人类健康作为终极目标。

二、运动健身对个体健康的促进

(一) 个体健康与适量运动的概念

1. 个体健康的概念

个体健康通常指的是个体的身心正常发育,没有病痛,具有劳动能力,且寿命很长。研究个体健康状况是临床医学的重要任务。临床医生通过临床医学观察或检验的方法,研究并分析个体的健康状况或患病的原因,进而采取改善个体健康的相应措施。

2.适量运动的概念

适量运动是指结合运动者的身体状况,考虑到场地、器材和气候条件,选择合适的项目,采取科学合理的运动负荷,使负荷不超过极限。运动中合理把控运动强度、持续时间和运动频率,心率控制在120~150次/分,机体无不良反应,运动后微微感到疲劳,快速恢复,情绪积极,食欲大振,睡眠质量高,睡醒后浑身舒爽。

研究表明,运动时心率在110次/分以下,机体的血压、心电图等多项指标不会有明显变化,健身效果不大;心率在130次/分时,每搏输出量近似达到人体最佳状态,健身效果很好;心率达到150次/分时,每搏输出量开始出现下降;当心率达到160~170次/分时,虽不会出现异常反应,但健身也不会达到更好的效果。因此,只有运动时平均心率达到120~150次/分,锻炼时间在20~60分钟,运动频率达到3~5次/周时,才会收到理想效果,运动才有利于人体的健康。

(二) 运动健身对人体生理机能的影响

1.运动对心血管系统的影响

在血液循环的作用下,人体实现了与外界物质的交换以及体内物质的运输,如果血液循环停止,则人的生命也将终结,可见心血管系统对人体生存的重要意义。参与体育锻炼对心血管系统的作用主要表现在以下两个方面。

(1)促进血液循环,防治心血管疾病

一般情况下,正常人的血液总量只占体重的8%,而经常参加体育锻炼的人血液总量约占体重的10%,且血液的重新分配机能快。这就保证了人体在承受较大的生理负荷时,经过神经系统的调节,反射性引起肝和脾释放储存的血液。同时,血管的收缩和舒张,动员了大量血液参加循环,保证了肌肉活动时的血液供给。

(2)改善心肺功能

实验研究发现,经常参加体育锻炼能使心肌肌红蛋白的含量增加,组织代谢能力加强,供血量增加,使心肌纤维变粗,心脏的重量和大小增加,心脏搏动有力。由于心壁增厚，心腔增大，而使心脏的收缩能力提高，心容量增大。一般人的心容量为765～785毫升，但如果经常进行体育锻炼，其心容量就可达到1015～1027毫升，每分钟输出量和每搏输出量也随之增加。

(3)提高免疫功能

体育锻炼可以使总血量增加25%。一般成年男子每立方毫米血液中含有红细胞450万～550万个，女子380万～460万个。经常参加体育锻炼的人，血液中红细胞增多，可达每立方毫米600万～700万个，这是因为运动能够改善红骨髓的造血机能。运动对血液中具有免疫功能的白细胞影响较大，白细胞包括淋巴细胞、单核细胞和自然杀伤细胞(NK细胞)等。在体育锻炼后白细胞数量明显增加。短时间大强度和长时间小强度的运动都可以使淋巴细胞数量增多。运动后单核细胞有轻度增加。中低强度的运动对提高NK细胞的活性是一种良性刺激，而NK细胞是对肿瘤免疫有效果的细胞。但长时间的剧烈运动则可能会抑制它的活性。

2.运动对呼吸系统的影响

呼吸系统由呼吸道和肺两部分构成。在它们的活动下，实现了人体与外界的气体的交换，它们为人体的各项生理活动提供必要的氧气供应，同时排出人体生成的二氧化碳。呼吸系统是代表人体生命活动的标志，对人体的健康有着重要的作用。

(1)提高呼吸系统的机能水平

实验研究显示，经常进行体育锻炼会使机体的呼吸频率相对减少，呼吸深度加大，由于呼吸肌的力量增强，肺泡弹性增大，肺活量和肺通气量的指标会明显增大。例如，一般成年女子的肺活量为2500毫升左右，成年男子的肺活量为3500毫升左右。安静状态下一般人的呼吸频率为12～16次/分，肺通气量为6～8升，而经常参加体育锻炼的人的呼吸频率仅8～12次/分就可达到同样的肺通气量。呼吸系统机能水平的提高和改善对保持健康和预防疾病有着非常重要的作用。

(2)促进呼吸器官结构的改变

一些体育运动的强度比较大，肌肉活动比较剧烈，需要消耗氧气量、产生二氧化碳量都会很大，于是呼吸系统必须加大工作量以满足机体活动的需求。因而人体呼吸频率加快，呼吸次数增加，深度加深，胸廓活动度加大。尤其是大负荷的运动练习时，呼吸次数可增到40～50次/分，每次吸入空气量达到2500毫升，是安静时的5倍。同时，由于运动时对氧的需求量增加，呼吸的深度加大，经常锻炼就会提高呼吸效率，肺泡也会最大限度地参与气体的交换，这会促进肺泡的生长发育及弹性的改善。经常参加体育锻炼的人，其胸围一般要比同年龄人大3～5厘米，呼吸差也会增加到9～16厘米。

3.运动对运动系统的影响

人体的运动是由运动系统实现的。运动系统由206块骨骼、400多块肌肉以及关节等构成。球类体育锻炼可以让运动系统产生良好的适应性变化。具体表现为以下三个方面。

(1)促进结构机能的有利变化

人在参加体育锻炼时，骨肉工作加强，血液供应增加，蛋白质等营养物质的吸收与储存能力增强，肌纤维增粗，因而肌肉逐渐变得更加粗壮、结实，肌肉力量增强。由于肌肉中肌红蛋白的增加而使其结合氧气的能力增强，储存的营养物质——肌糖原增加，肌肉内毛细血管的数量也会增多，也因此更能适应运动或劳动的需要。这就使得结缔组织也逐渐增多，肌肉的生理横断面和体积增加，肌肉纤维增粗。肌肉含量增加，脂肪含量就会相对下降，使人体基础代谢率提高，有利于人体健康。同时还可以加强肌肉收缩时的力量，加快肌肉的收缩速度，灵活性、耐久性提高，弹性、柔韧性增强。

(2)提高关节的柔韧性和灵活性

经常参加体育锻炼的人，可以增加关节面软骨和骨密质的厚度，并可让关节周围的肌肉发达、力量增强、关节囊和韧带增厚，因而可让关节的稳固性和抗负荷能力加强。在增强关节稳固性的同时，由于关节囊、韧带和关节周围肌肉的弹性和伸展性提高，关节的运动幅度和灵活性也大大增加，进而提高了关节的灵活性。

(3)强化骨结构，提高骨性能

经常参加体育锻炼的人，由于其新陈代谢增强、血液循环加快，而使骨结构和性能也随之发生了变化，增强了骨质。球类体育锻炼引起肌肉对骨骼的牵拉和重压，使骨骼不仅在形态方面产生了变化，还让骨骼的机械性能也得到了提高。骨骼在形态方面最明显的变化是肌肉附着处的骨突增大，骨外层的骨密质增厚，而里层的骨松质在排列上则能适应肌肉拉力和压力的作用。这就使得骨质更加坚固，可以承担更大的负荷，进而提高了骨骼抵抗折断、压缩、弯曲、拉长和扭转的能力。同时还能刺激骺软骨的增生，对人体的增高有很大的意义。

4.运动对神经系统的影响

神经系统对人体的内分泌系统的控制、调节作用是在与其他各器官系统的共同协调下实现的。在不同器官的共同作用下，人体成为一个统一的整体，不断适应着内外界环境的变化。合理的体育锻炼对于神经系统的功能起着全面的促进作用。

(1)提高神经系统的反应能力和灵活性

人们在参与一些运动负荷较大的运动时，神经系统需要迅速动员和调节各器官与系统的机能，使之适应肌肉活动的需要。同时一些运动项目如街舞、健美操等，采用的是开放式的运动环境和较快的音乐节奏，这会刺激机体的应激能力，加强神经系统的兴奋性，抑制交替转换的灵活性，改善神经系统对全身各系统的迅速调节能力、反应速度及灵活性，使人体动作更加协调、灵敏和准确。

(2)提高人体对环境的适应能力

经常参加体育锻炼的人血管收缩的反应性、基础代谢率等都会得到较大改善，体温调节能力加强，对气候的变化反应灵敏，在受到环境温度变化时能够迅速保护和防御，以免机体受到伤害。因此，长期参加这种运动的人，能健美体格、增强体质，环境适应能力和免疫力都会高于一般人。

(3)提高大脑皮层神经细胞的耐受性

经常参加体育锻炼可以促进血液循环加快，使单位时间大脑血流量增多，脑细胞得到更多的营养，提高大脑的功能，加快神经疲劳的消除，提高大脑抗疲劳的耐受力，使肌肉收缩节约化，进而提高大脑长时间工作的能力。

(4)延缓大脑组织的衰老

大脑是人体中的信息器官，而信息器官需要不断的信息刺激。如果大脑长期处于“信息饥饿”状态，那么则必然会出现大脑早衰。为了防止大脑早衰，最有效的方法就是给大脑以良性刺激，而合理的体育锻炼就是最好的运动性良性刺激。四肢的骨骼肌肉在进行体育锻炼时，可以将外周的效应器上的信息，作为输入信号反馈给中枢，反过来刺激中枢神经系统，从而维持中枢神经系统处于一定程序的激活状态，维持甚至增强其应激能力。

5.体育锻炼对消化系统的影响

消化系统通过分泌相应的物质实现人体对营养物质的消化和吸收，最终为人体的生理活动提供必要的营养和能量。食物在消化管内被分解为小分子物质，然后这些物质进入血液和淋巴液，剩余的残渣通过大肠排出体外。消化系统由两部分组成，即消化管和消化腺。

体育锻炼对消化系统的整体机能具有一定的提高作用，加强肠胃的蠕动，促进肠道内消化废物的排泄。运动实践表明，长期进行体育锻炼能够有效促进肠胃平滑肌和消化道括约肌功能的改善，使其变得更强壮，从而让肠胃的蠕动更加有力，促进肠胃消化功能的增强，帮助排便。同时，长期进行体育锻炼能够使得人体内固定内脏器官的韧带增强，有效预防肠胃下垂疾病。肠胃蠕动功能的增强能够使人体更加积极地消耗肠胃外壁的脂肪组织，降低腹腔内的压力，减轻腹内压力对于肾脏、脾脏等器官的不良作用，从而使脏腑器官能够更好地保持健康的生理状态。

规律的体育锻炼能够促进人体的消化液分泌和脂肪代谢，在提高肠胃对食物的消化和吸收能力的同时，还能够提高食欲。这能够使得人体更加高效地吸收食物中的各种营养，从而对人体的营养均衡具有重要的作用。

6.体育锻炼对泌尿系统的影响

泌尿系统由肾脏、输尿管、膀胱和尿道组成，其主要功能是将机体在代谢过程中产生的废弃物输送出体外。泌尿系统的正常工作能够使得人体的电解质和水平衡，维持人体内环境的稳定。

中小强度的体育锻炼能够促进肾脏器官的轻微收缩，但血液循环、有效循环血量和肾小球毛细血管压力都保持在正常状态范围内。当人们停止体育锻炼时，这种肾脏血管的收缩状态逐渐恢复正常，并且会出现一定时间段内的扩张现象。这种反复的作用可以有效改善肾脏本身的营养血液循环，提高肾脏的健康水平，有效预防各种肾脏疾病。

在体育锻炼的作用下，人体的血压和血流呈波浪形变化，这在一定程度上对肾脏和泌尿系统形成一定的冲击和按摩作用，从而能够有效促进肾脏的应激能力、排毒能力和代偿能力。

(三)运动健身对人体心理机能的影响

1.体育锻炼改善情绪状态的控制

体育锻炼对心理健康影响的主要标志之一就是情绪状态,也是人的自然需要是否得到满足而产生的一种体验。情绪几乎参与人的所有活动,对人的行为活动起着很大的调节作用。而体育锻炼是人体情绪的调节剂,会对人的情绪产生积极的影响。

现代社会的人们由于处在快节奏、高效率、强竞争的环境下,心理上都会产生一定程度的紧张、焦虑和不安。体育锻炼可以使人们的不良情绪状态得到改善,心理承受能力得到提高。

2.体育锻炼提高意志品质的培养

意志品质通常是指一个人的目的性、自觉性、自信心、坚忍性、自制力以及勇敢顽强和主动独立等精神,意志品质既是在克服困难的过程中表现出来的,又是在克服困难的过程中培养起来的。锻炼者越能克服困难,也就越能培养良好的意志品质。相应项目的体育锻炼能够使人变得坚忍且勇敢,并能够更好地面对学习和生活中的各种困难。

体育锻炼对于培养人们的意志品质,如勇敢、顽强、坚毅、果断、自信心、自制力等方面均具有重要作用。人们在具有明确目的的体育锻炼活动中,通常需要不断克服客观困难(如气候条件的变化、动作的难度或意外的障碍等)和主观困难(如胆怯和畏惧心理、疲劳或运动损伤等),这就导致人们需要足够的意志力。一些中长跑、野外生存运动以及极限运动等,都是对人的意志品质的挑战运动,都能够促进其意志品质的提高。

3.确立良好的自我概念

自我概念是个体主观上对自己的身体、思想和情感等的评价,它是由许多的自我认识所组成,包括“我是什么人、我主张什么、我喜欢什么、我不喜欢什么”等。坚持体育锻炼可使体格强健、精力充沛,因而体育锻炼对于改善人的身体表象和身体自尊很重要。

身体表象是指头脑中形成的身体图像。身体表象障碍在正常人群中普遍存在。有关资料显示,54%的大学生对他们的体重不甚满意。与男性比,女性倾向于高估她们的体重,而且,身体肥胖的个体更可能有身体表象和身体自尊方面的障碍。身体自尊主要包括一个人对自己运动能力的评价,对自己身体外貌(吸引力)的评价,以及对自己身体的抵抗力和健康状况的评价。身体表象和身体自尊与整体自我概念有关。无论是男性还是女性,对身体表象的不满意会使个体自尊变低(自尊指自我概念的积极程度),并产生不安全感和抑郁症状。有研究表明,肌肉力量与身体自尊、情绪稳定性、外向性和自信心相关,加强力量训练会使个体的自我概念显著增强。

(四) 运动健身促进个体健康的实施原则

1.科学性原则

运动健身首先要有科学性。锻炼前,首先要进行健康测量与评价,以了解身体发育和健康状况,重点关注心脏系统和呼吸系统,并根据个人喜好来选择运动项目,根据健康评价结果安排运动负荷、运动时间和运动频率。要选择能锻炼全身、强度易控制的有氧项目,并且选择的项目能锻炼人体各部位、各器官系统的机能,发展各项身体素质。同时,运动健身中要注意卫生,保持营养均衡,保证睡眠质量,保持积极乐观的情绪与平和的心态,从而达到发展健康、增强体质的目的。

2.适用性原则

制订运动健身计划要符合人体运动规律,目标要定得适中,符合运动者的个人情况。目标如果被定得过易或过难,就容易导致运动者失去兴趣,降低运动效果。

制订运动健身计划时要做到发展全身、方法多样、形式灵活等特点。此外,体育锻炼计划还应考虑运动场地、器材及服装等条件,确保锻炼能顺利进行。一些对场地、器材要求不高的运动,如跑步、太极拳等,可作为首选项目。

3.循序渐进原则

循序渐进原则是指在运动健身时充分遵循人体发展规律和个人实际情况,逐步提高运动的要求,运动强度从小到大,运动时间从短到长,运动量从少到多。在长期健身过程中,总负荷量要逐渐增加。因为伴随锻炼效果的发展和体质的增强,机体对固定负荷的反应会越来越小,锻炼的效果会相应减弱。在一次锻炼的过程中,机体从安静状态进入运动状态需克服生理惰性,这是一个逐步适应的过程,因此,运动健身锻炼的负荷也要遵循从小到大的规律。

4.长期性原则

运动健身是个长期、系统的过程,而不是一个一蹴而就的过程。只有长期且系统地健身才能逐步累积锻炼效果,逐渐改善机体各器官系统的形态和机能,达到良好的健身效果。事实证明,如果中止锻炼,那么长期锻炼累积的生理机能增强会立刻降低。因此,要想保持运动效果,运动健身就要持之以恒。

三、运动健身对人群健康的促进

(一)人群健康概述

1.人群健康的概念

人群健康也称居民健康,是指某个人群的整体健康水平,包括不同地域或不同特征的人群的整体健康状况。通常来讲,评判人群健康水平常用指标主要有人口统计指标、疾病统计指标、身体发育统计指标。人群健康达到较高水平的标志应该是:整体身体发育水平良好;急性传染病、严重危害健康的慢性疾病患病的发病概率低;粗死亡率和婴儿死亡率低;平均期望寿命延长。人群健康对制定人口政策评定国家或地区的健康状况和健康服务具有重要影响。

2.人群健康状况评价指标

(1)人口统计指标

第一,出生率。出生率也称粗出生率。纵观全球,各国的出生率有着巨大的差别,高的可超过50%,低的为20%以下。出生率较高说明该国家20岁以下和年龄较高母亲的分娩率高,分娩间隔短,所以婴儿的健康质量很差,死亡率较高。通过对出生率进行分析和研究,能对当地的计划生育、妇幼卫生工作有实质性帮助。影响出生率的因素是人口年龄、性别构成。如果育龄妇女占人口总数的比重较大,那么可增加出生率;处于生育旺盛期的妇女占育龄妇女总数的比重较大时,也可增加出生率。

第二,死亡率。死亡率又称普通死亡率或粗死亡率。死亡率在不同国家的差别也很大,高的可达27%,低的小于5%。影响死亡率的主要因素是人口年龄的构成。老年人和婴儿死亡率较高,幼儿、少年和青年死亡率相对较低。也就是说,若老人和婴儿占总人口比重较大,那么死亡率就会增高。

第三，年龄别死亡率。年龄别死亡率也称年龄组死亡率。年龄别死亡率也具有一定的规律。婴儿死亡率高，到幼儿死亡率迅速下降，10～15岁达到最低，青年期保持平稳，壮年期以后逐渐升高。婴幼儿死亡率经过制定相应的措施并付诸行动后能下降，而老年死亡率很难下降。年龄别死亡率不受人口年龄构成的影响，不同地区同一年龄组的死亡率可以直接比较。通过对年龄别死亡率的对比分析，能找出健康工作的重点人群。

第四，婴儿死亡率。婴儿死亡率指标十分敏感，它不仅直接反映了影响婴儿健康的卫生问题，也体现出母亲的健康状况、产前和产后的保健水平，以及婴儿保健水平和环境卫生状况等。随着生活水平的提高、环境卫生条件的改善以及卫生保健服务水平的提高等，婴儿死亡率可以进一步降低。

第五，新生儿死亡率。婴儿年龄越小，死亡率就越高。据统计，20世纪60年代，新生儿死亡占婴儿死亡总数的30%～50%，而不满7天的死亡者占新生儿死亡总数的一半。随着社会、经济和卫生事业的迅速发展，婴儿死亡率下降很快，如今新生儿死亡占婴儿死亡总数的55%～75%，早期新生儿死亡占新生儿死亡总数的60%～70%。新生儿死亡率与围产期保健紧密相关。

第六，5岁以下儿童死亡率。具体指的是以年为单位，5岁以下儿童死亡数与同年活产数之比，单位为千分率。由于很多发展中国家婴儿死亡率资料不易获取且准确性较差，且5岁以下儿童的死亡率又相当高，故用5岁以下儿童死亡率反映婴幼儿的死亡水平。如果5岁以下儿童死亡率高，那么这说明母亲在围产期所处的卫生条件较差，对婴幼儿产生较大影响。

第七，幼儿死亡率。幼儿死亡率又称儿童死亡率。该指标十分敏感，能够客观反映社会、经济发展的状况，它比婴儿死亡率更能体现出当地的贫困程度。此外，幼儿死亡率也能反映营养状况、环境卫生状况和意外事故对幼儿健康的影响。

第八，孕产妇死亡率。孕产妇死亡率在不同国家和地区的差别也很大。孕产妇死亡率的世界平均水平为430/10万，发达国家为13/10万，发展中国家为470/10万，最不发达国家为1100/10万。孕产妇死亡率能直观体现出妇女怀孕和分娩期的危险性。影响孕产妇死亡率的因素分别为社会经济状况、妇女孕前健康状况、怀孕和分娩期的各种并发症、卫生保健措施及围产保健的利用。

第九，平均期望寿命。平均期望寿命也被称为预期寿命，是评价人群健康状况、社会经济发展和人民生活质量的一个常见的重要指标。该指标既能综合反映各个年龄组死亡水平，又能对寿命的长短进行预测。平均期望寿命和死亡率是相对概念，死亡率低（高），平均期望寿命就高（低）。

（2）疾病统计指标

疾病统计指标是反映人群发病、得病、感染及残疾情况的重要指标，具体包括发病率、患病率、感染率及残疾率等。各种疾病统计指标，可从不同层面说明疾病在人群中发生、分布的特征，以及对人群健康的危害程度等。

（3）体质健康指标

在体质健康指标上，本节重点研究《国家学生体质健康标准》（以下简称《标准》）。《标准》对不同年龄阶段的学生的体质健康方面提出了基本要求，并构成了我国学生体质健康测评的标准体系。《标准》测试内容包括身体形态、身体机能以及身体素质等方面。总体来讲，各测量项目涉及身体形态和身体成分、心血管系统功能、肌肉力量和耐力以及身体的柔韧性这四方面。

根据测试对象的年龄与阶段不同，《标准》测试的各项指标也有所不同。其中，体重指数（BMI）和肺活量是所有学生都要进行测量的项目。另外，各阶段学生的测试指标的差异如下。

第一，小学阶段。小学一、二年级的测量项目还包括50米跑、肺活量、坐位体前屈和1分钟跳绳；小学三、四年级的测量项目在之前基础上增加了1分钟仰卧起坐；小学五、六年级则在之前基础上增加了50米×8往返跑。

第二，其他教育阶段。初中、高中、大学的测试项目除了BMI外还有：50米跑、坐位体前屈、立定跳远、引体向上（男）/1分钟仰卧起坐（女）、1000米跑（男）/800米跑（女）。

（4）身体发育统计指标

身体发育水平与特征是反映人群健康水平的另一方面。利用身体发育统计指标，分别研究社会因素、自然条件、遗传因素对人群健康状况的影响。下面对几种常见的身体发育指标进行阐述。

第一，新生儿低体重百分比。新生儿体重如果过低，将对婴儿的存活和之后的生长发育产生较大影响。新生儿低体重百分比较高的原因有可能是产妇的健康状况较差、生育次数太多、产前保健做得不好等。

第二，年龄别、性别低身高百分比。低身高系指低于同年龄同性别健康儿童身高均值减去两个标准差的数值。对低身高的判定可利用本地或国家制定的年龄别性别身高标准。该指标能反映出婴儿出生前后营养不足和感染的累积作用，以及环境状况差、早期营养不良的程度。

第三，年龄别、性别低体重百分比低体重系指低于同年龄同性别健康儿童体重均值减去两个标准差的数值。对低体重的判定可利用本地区或国家所制定的年龄别性别体重标准。该指标能体现出自出生以来营养不足或慢性营养不良的累积作用，也可以反映营养不良的情况。

(二) 运动健身促进人群健康的方式

体育是促进国民体质健康的重要手段之一，尤其是在社会经济高速发展的今天，体育对体质健康的作用越来越明显。世界各国政府都非常重视大众体育的工作，因为体育运动促进体质健康的主要方式就体现在大众体育的发展与推广上。

1. 国际大众体育

在20世纪70年代中期，欧共体下属的继续教育与文化发展理事会在群众体育运动的浪潮中率先提出了“大众体育”的口号。他们提出，大众体育的宗旨是“帮助全体公民，无论年龄、性别、职业与贫富，认识和理解体育的价值，促使人们终身积极参加各种体育活动”。由于该口号高度符合国民的内在需求，契合政府的愿望，所以口号提出后，首先就在挪威、荷兰、瑞典、冰岛等国开展起来，之后在东欧地区、美国、澳大利亚、加拿大等国家和地区广泛推行。

从此，全球掀起大众体育的热潮。这种持续的、蓬勃的大众体育热潮代表着人类现代文明，也是各国经济保持活力的保障，所以大众体育热潮自始至终都受到各国政府的关注与支持。

在20世纪中后期，为了保证本国的国民用健康体魄来迎接21世纪，各国政府都将大众健身活动放在重要的战略地位，并采取了相应的措施和办法。概括起来包括四个方面：①规划和制定切实可行的发展目标；②建立和完善大众体育的领导机构；③兴建和修复体育资源设施；④倡导建立体育俱乐部，增加体育人口。

体育人口是衡量大众体育发展的一项重要指标。所谓体育人口，就是指长期从事体育健身运动、接受体育教育、积极参加体育活动、具有统计意义的一类社会群体。它是以体育为重要特征的,具备人口规模、人口结构、人口空间分布三要素的一种特定类型的亚人口。

国际上判定体育人口的标准不一,一般认为以下的体育人口判定标准符合我国居民的实际情况:①每周至少参与三次体育运动健身;②每次运动健身的活动时间在30分钟以上;③每次运动健身的强度在中等以上。

2.我国的全民健身运动

(1)我国全民健身运动的发展背景

20世纪70年代在世界范围内掀起了体育改革的旋风,而我国在20世纪80年代所倡导的奥运战略和全民健身战略的协调发展则是坚持普及与提高相结合的方针。1995年,我国正式颁布《中华人民共和国体育法》和《全民健身计划纲要》,这标志着我国体育已进入健康的良性发展轨道。我国以《全民健身计划纲要》为实现目标,以《体育法》为依据,以体育的商业化、市场化和产业化为推动器,从此拉开了体育改革的帷幕。

从历史来看,中国体育选择的发展方向确实顺应了历史的进程和世界的潮流。在大众体育国际化和群众体育社会化的总体进程中,我国政府及时颁布了《体育法》,对我国体育的根本宗旨、性质、任务、原则和方针做了明确的规定:"国家发展体育事业,开展群众性的体育活动,提高全民族身体素质。体育工作坚持以开展全民健身活动为基础,实行普及与提高相结合,促进各类体育协调发展。"这将在很长一段时间内是我国体育事业发展的根本方针。

(2)《全民健身计划纲要》的出台

1995年6月,我国正式公布了《全民健身计划纲要》,这是中华人民共和国历史上第一项深化体育改革的重要方案。该计划的目的是组织、动员所有人民群众,以积极的态度和饱满的热情投入各种形式的健身锻炼中去,最终目的是增强体质、改善民族素质。

《全民健身计划纲要》在实施初期取得了很大的效果,我国逐步建立了成年人体质监测网络,首次向社会发布了成年人的整体体质状况。到1998年年底共培训社会体育指导员10万人,验收批准了第6批87个体育先进县,在城市、农村共兴建了547个全民健身体育设施与场所。

（三）《全民健身计划》的总结与展望

1.《全民健身计划（2011—2015年）》的效果评估

为推进全民健身事业全面、协调、可持续发展，进一步开展全民健身活动，2011年2月15日，国务院印发了《全民健身计划（2011—2015年）》，这是“十二五”时期全国健身事业的总规划。《全民健身计划（2011—2015年）》对指导思想、目标任务、工作措施、保障措施和组织实施均做出详细规定。从2014年起，我国由国家体育总局牵头，对计划实施效果进行详细评估。

（1）实施效果明显

第一，经常参加体育锻炼的人数比例上升。2011—2014年，我国居民的体育健身意识有了明显的增强；锻炼健身逐渐成为人民群众日常生活的一部分。截至2014年年底，我国参加运动健身的居民比例达到了33.9%，比上个时期提高了5.7%，其中16岁以上（不含在校学生）的城市居民所占比例为19.8%，农村居民的比例为9.5%，分别比上个时期提高了6.7个和5.4个百分点。广大学生参与运动锻炼的政策体系变得更加完善，老年人、残疾人群体的参与人数有了有明显增长。

第二，城乡居民身体素质有所提高。根据2014年国民体质监测结果来看，我国居民的体质达标率为89.6%，与2010年的监测结果相比提高了0.5个百分点。全国学生体质健康状况显示出难得的良好势头，数年内青少年体质持续下降的整体趋势有了一定的缓和。青少年的身体发育状况继续提高，肺活量指标逐年稳步上升，爆发力素质有了小幅回升，耐力素质止住了之前连年下跌的颓势并有了好转，速度素质下滑趋势得到遏制，力量素质虽依旧下降但程度降低。

第三，全民健身“三纳入”基本实现。所谓“三纳入”，就是将全民健身事业纳入各级国民经济和社会发展规划、将全民健身事业经费纳入各级财政预算、将全民健身工作纳入各级政府年度工作报告。这是落实《全民健身计划（2011—2015年）》的重要抓手。从整体来看，全国绝大部分省、自治区和直辖市基本实现了“三纳入”的全覆盖。

第四，全民健身宣传教育不断加强。全国各地在全民健身活动的实施过程中要积极开展相关的教育活动，发挥出体育健身的综合价值和多项优势，使得宣传全民健身和传播科学健身知识成为居民日常体育活动中不可或缺的一部分。

第五，配套政策法规相继出台。《全民健身条例》正式出台后，各地政府部门加快推进全民健身的立法进程，相应地，有一些省市出台了适用于本地的全民健身条例，还有一些省份对现有的全民健身法规进行了再次修订。

(2)覆盖城乡、比较健全的全民健身公共服务体系初步形成

第一，体育健身场地设施有较大幅增加。从第六次全国体育场地普查结果来看，截至2013年，我国有169.46万块场地，人均体育场地面积达1.46平方米。2014年，我国建设了一批健身场地设施，人均体育场地面积相较2013年提高了0.08平方米。从这五年的整体情况来看，我国很好地完成了《全民健身计划(2011—2015年)》提出的“全国各类体育场地达到120万个以上”“人均体育场地面积达到1.5平方米”的目标。

第二，社会化全民健身组织网络基本形成。从考察的数据结果来看，全国县及以上地区的体育总会的平均覆盖率达到72%，有8个省份的覆盖率达到了100%。各单项体育协会、行业体育协会及残疾人、老年人、少数民族、农民、学生等群体的体育协会数量有了明显的增幅，其中青少年体育组织力量不断壮大，各级各类青少年体育俱乐部总数达到6770个。此外，全国各地还涌现出了各种各样的民间体育组织、网络体育组织、广场健身队伍等健身组织。城市社区普遍建设了体育健身站点，全国的全民健身站点达到3个/万人。

第三，全民健身活动丰富多彩。在《全民健身计划(2011—2015年)》实施后，制度化项目业余联赛、示范性健身活动、自发性群众身边活动等各种全民健身活动广泛开展。从具体的开展形式来看，从大型展示活动向就近就便、小型多样转变，活动组织发展为从政府组织转变为社会、全民共同参与，参加人群遍布社会中的各个群体，活动内容发展为从传统单一向多样时尚转变。各地区根据当地的传统特色和人民群众的喜好，打造“一地一品”“一区一品”“一行一品”的全民健身发展模式，参加项目从固定的传统项目逐步向新兴项目拓展。另外，根据《中国足球改革发展总体方案》，我国举国上下广泛开展青少年校园足球活动，足球体制机制更加丰富与完善。其中校园足球定点学校超过了5000所，举办各种比赛达10万余次，青少年足球人口基数不断扩大。

第四，全民健身指导和志愿服务队伍不断壮大。截至2014年年底，我

国已有超过170万人获得了社会体育指导员技术等级证书，有12万人获得了社会体育指导员和救助人员国家职业资格证书，大大超过预期目标。全国每1000人中就有1.7人是公益社会体育指导员，已经超过了1.5%的预期目标。社会体育指导员从最开始的只注重数量，向重视培训指导和实践转变，社会体育指导员的综合素质和服务水平有了明显提高。

第五，科学健身指导服务惠及城乡居民。2011—2015年，全国各省、直辖市、自治区充分发动各种渠道，传播科学健身知识和方法，探索建设科学健身示范区和体质测定与运动健身指导站，大力开展各项健身活动和体育竞赛，创建科学的常态化运行模式。此外，根据不同群体的特征开展体质测定工作，向各人群提供科学健身指导服务，吸引广大市民参与到全民健身活动中，进一步提升了科学健身质量和水平。

(3)公众对全民健身公共服务水平还有新期待

国家体育总局在全国12个省市进行公众满意度抽样调查。总体来看，全国12个省市的平均健身公众满意度指数为68.7分，表明我国群众对全民健身的服务质量和水平总体来讲还是满意的。此外，公众对体育场地、体育组织、体育活动的满意度指数依次为70.0分、69.8分和66.4分，表明他们对全民健身公共服务水平还有新的期待。

(4)实施过程中面临的挑战

第一，全民健身的发展依然不平衡。一是地区间存在着严重的发展不均的问题。西部地区的发展水平依然较低，不如东部和中部地区；二是城乡间也存在着发展不均的问题。从参加健身的人数、体育场地设施、体育组织管理和活动开展等方面来看，城市地区的发展水平总体要优于同地域的农村地区；三是参与健身的人群也不平衡。我国全民健身的参与群体依然是“两头高、中间低”的“马鞍形”状况，即青少年学生和中老年人群积极参与，显示出很大的热情，中青年人参与则没有那么大的热情。

第二，全民健身公共服务体系尚需完善。体育场地设施的建设和广大群众的需求还有很大的差距，这在大部分经济不发达地区依旧是个很棘手的问题。在这些地区中，室内运动场地几乎没有，户外体育设施种类也很少且十分简陋，公共体育场馆和学校体育设施的开放程度和使用率低。在一些新建的小区中，由于相关工作没有落到实处，依然存在没有预留健身用地、健身场地面积减少及设置不合理等问题。

第三，参与全民健身的社会力量动员不够。全民健身工作的落实与到位主要得益于政府部门发挥出主导作用，而社会力量尚未体现出资源丰富、潜力巨大的优点。

第四，体育社会组织有待发展壮大。政府对体育社会组织没有加大力度去扶持，各级体育社会组织数量少且发展速度慢，没有体现出应有的价值。社会组织的职能没有显现出来，全民健身活动对政府的力量还有很大的依赖性。

第五，公共财政的投入依然较低。目前，各级政府的全民健身经费纳入财政预算基本实现了全面覆盖的要求，但是各级政府财政对全民健身工作经费的预算支出尚不稳定，有待制定相关措施去进行约束，投入数额总量和人均都偏低，经费投入部分依赖体育彩票公益金的局面依旧没有得到改观。

2.《全民健身计划（2016—2020年）》的目标解读

2016年6月23日，国务院正式发布了《全民健身计划（2016—2020年）》，下面对新时期的健身计划进行详细的解读。

《全民健身计划（2016—2020年）》中规划，到2020年，我国要有7亿人每周至少参与1次体育锻炼，经常参加体育健身的人数的目标为4.35亿，群众的健康状况得到进一步加强。此外，全民健身的教育、经济和社会等功能要充分体现出来，全民健身与各项社会事业共同发展、共同促进、共同繁荣。

（1）丰富健身活动供给

第一，大力发展散步、跑步、骑行、登山、徒步、球类、游泳、广场舞等广大群众喜闻乐见的项目，积极开展并培养帆船、击剑、马术、极限运动、赛车等具有消费引领特征的休闲运动项目，扶持推广武术、太极拳、健身气功等民族传统体育项目。

第二，鼓励各地举办各类健身运动会，设立残疾人组别，真正实现“全民共同开展”。

第三，支持各地、各行业充分利用本地的资源，充分挖掘地域文化、农耕文化、旅游休闲等资源与体育运动的联系，打造具有区域特色、有影响力、可持续性强的品牌健身活动。

（2）统筹建设健身场地设施

第一，推动公共体育设施建设，着力构建县（市、区）、乡镇（街道）、行政村（社区）三级群众健身设施网络和城市社区15分钟健身圈。加强场地建设，计划在2020年全国人均体育场地面积达到1.8平方米，重点建设无障碍体育运动场地，让所有人都能享受到体育锻炼的资源。

第二，有效扩大增量资源，重点建设便民的中小型体育场馆，建设县级体育场、全民健身中心、社区多功能运动场等场地设施，建设农民体育健身工程，实现行政村健身设施全覆盖。

第三，新建社区要做到"室内人均建筑面积不低于0.1平方米或室外人均用地不低于0.3平方米"的标准要求，确保运动场地的设计、施工、验收、使用与居民楼同步，不得私自侵占。没有全民健身场地设施的老旧小区，或者是现有场地达不到规划要求的社区，要因地制宜地打造全民健身运动场地。

第四，充分利用仓库、厂房等老旧设施，利用农村和空闲地等闲置资源，改建为全民健身运动场地。

第五，制定运动场馆对外开放政策，鼓励体育场馆免费或低收费向外界开放。此外，确保公共体育场地设施和企事业单位、学校体育场地设施全面向公众开放。

（3）发挥全民健身多元功能

鼓励尝试发展健身信息聚合、智能健身硬件、健身在线培训教育等全民健身新业态。要与时俱进地利用"互联网＋"等技术开拓健身产业市场，使居民提高体育消费在总支出中的比例。

（4）强化重点，推动体育服务均等化

第一，树立普惠性、保基本、兜底线、可持续、因地制宜的原则，重点扶持边疆地区、革命老区、少数民族地区、经济不发达地区的全民健身事业建设。

第二，重点关注青少年的健康状况，大力发展青少年体育活动，改变青少年体质逐年下降的趋势。

第三，加强学校体育教育，将提高学生体育素养和养成健康行为方式作为重要的教学内容，保证学生在学校的锻炼时间和场地资源，将学生体质健康水平考核纳入工作考核体系，加强学校体育工作绩效评估。

第四，加快老年宜居环境建设，统筹规划建设公益性老年健身设施，加强养老服务与健身服务的衔接，鼓励社区充分利用公共服务设施和社会场所组织举办老年健身活动,为老年人提供科学的健身方法。

第五,全面开展职工、农民、妇女、幼儿体育,将外来人员和随迁子女的公共体育服务纳入属地供给体系。加大对社区矫正人员等特殊人群的全民健身服务供给,使他们获得归属感、获得感和满足感。

第六,加大对全民健身助残工程的支持力度,推行优惠政策,推动残疾人康复体育和健身体育的广泛开展。

第七,大力发展足球运动和冰雪运动,加大足球场地供给,支持各地建设和改建冰雪场地。

第八,鼓励全国各地依托人文资源,开展各种冰雪运动活动,实现“3亿人上冰雪”,加大冰雪运动的群众基础。

3.《全民健身计划(2021—2025年)》的目标解读

2021年8月3日,国务院正式发布了《全民健身计划(2021—2025年)》,下面对新时期的健身计划进行详细的解读。

《全民健身计划(2021—2025年)》明确,到2025年,全民健身公共服务体系更加完善,人民群众体育健身更加便利,健身热情进一步提高,各运动项目参与人数持续提升,经常参加体育锻炼人数比例达到38.5%,县(市、区)、乡镇(街道)、行政村(社区)三级公共健身设施和社区15分钟健身圈实现全覆盖,每千人拥有社会体育指导员2.16名,带动全国体育产业总规模达到5万亿元。

《全民健身计划(2021—2025年)》提出了8个方面的主要任务,包括加大全民健身场地设施供给、广泛开展全民健身赛事活动、提升科学健身指导服务水平、激发体育社会组织活力、促进重点人群健身活动开展、推动体育产业高质量发展、推进全民健身融合发展、营造全民健身社会氛围等。

第七章 全民健身与全民健康深度融合的多维路径

第一节 全民健身与全民健康的政策融合

一、全民健身与全民健康深度融合政策体系的价值

(一) 有利于落实习近平总书记关于全民健身与全民健康的重要讲话精神

习近平总书记爱好运动，对足球、游泳等项目情有独钟，他不仅是“体育迷”，还是新时期体育事业发展的决策者和推动者。党的十八大以来，以习近平同志为核心的党中央高度重视全民健身与全民健康事业，从治国理政的战略高度对全民健身与全民健康工作谋篇布局。习近平总书记多次在不同场合发表了关于全民健身与全民健康的重要讲话，这些讲话深刻阐述了新时代全民健身与全民健康的辩证关系，高度强调了全民健身在健康中国建设中的重要战略定位，有力推动了全民健身与健康中国两大国家战略部署的形成，为实现中华民族伟大复兴的中国梦奠定了坚实的健康基础。2016年8月，习近平总书记在全国卫生与健康大会上明确提出：“推动全民健身和全民健康深度融合。”因此确定了健康中国战略下全民健身与全民健康发展的具体方略；习近平总书记在本次大会中进一步强调“要将健康融入所有政策，人民共建共享”，这实际上是要求从政策设计层面谋划健康中国战略推行的具体路径，为全民健身与全民健康深度融合提供了政策思路。因此，构建政策体系，从政策目标政策内容等方面引导全民健身与全民健康走向深度融合，是落实习近平总书记重要讲话与指示精神的体现[1]。

[1]张彤：《全民健身与全民健康融合研究》，沈阳：辽海出版社，2018年。

(二) 有利于推动健康中国和全民健身两大国家战略的有效对接

中国特色社会主义进入新时代,体育领域的全面深化改革已经处于新的高地。全民健身在厚植体育基础上发挥着举足轻重的作用,2014年全民健身上升为国家战略标志着全民健身迈入新的征程。2015年党的十八届五中全会首次提出推进健康中国建设,并将全民健身工作纳入其中,我国全民健身的工作格局再一次发生了历史性变化。由此,健康中国战略背景下全民健身工作格局将面临新的定位和抉择,因而需要新的制度设计和具体策略。一般来讲,公共政策从类型划分可以分为总政策、基本政策和具体政策。习近平总书记指明了全民健身与全民健康深度融合工作的总体向。《"健康中国2030"规划纲要》中第六章"提高全民身体素质"第三节专门提出"加强体医融合和非医疗健康干预"的相关部署,《全民健身计划(2016—2020年)》多次出现"结合'健康中国2030'等总体发展战略""跨部门联动"等内容规定,但是以上这些都属于指导性、纲领性的政策,内容还不够具体,操作性还不强,还不能针对健康中国战略下全民健身与全民健康的融合工作提供具体思路和实施步骤。公共政策的重要价值在于对实践的引导与规范。鉴于此,需要构建专门针对全民健身与全民健康深度融合的政策体系,既具有指导性的总政策,又包括基本性、具体性的配套政策,从制度设计层面厘清推动全民健身与全民健康深度融合的目标方向、内容要旨、实施进程以及对策措施等,为落实全民健身国家战略,推动健康中国建设奠定了坚实基础。

(三) 有利于保障全民健身与全民健康深度融合工作的统筹推进

"健康中国"作为国家顶级的健康系统工程,全民健身与全民健康二者都是"健康中国"的一级子系统,全民健身代表的是"非医疗健康干预"系统,医疗卫生等全民健康则代表的是医疗健康干预。由于过去我国全民健身与全民健康形成了独立的制度体系,整体呈现"各自为政"的工作格局,在政策、体制与机制等层面缺少交流与沟通,因而两个系统并没有形成足够有效的整合。随着新时代健康中国战略的实施,全民健身与全民健康需要在多领域、多层次、多要素的深度融合。这就要求打破全民健身和全民健康各自的原有工作体系和制度,重新划分政府、市场、社会以及政府不同部门的职责权限,进行利益的重新调整。但是长久形成的制度路径依赖已深入人心,使得仅靠政治动员和行政手段已经很难对全民健身和全民健康旧有的利益格局进行调整，整合，从中央到地方，各部门协同共治的工作格局形成存在一定困难和障碍。在此背景下，就需要构建全民健身和全民健康深度融合的政策体系，希望通过发挥法律法规以及规范性文件的权威性、约束性和稳定性，统筹体育、卫生健康、文化、教育等部门的权力和义务，破解全民健身与全民健康深度融合的制度障碍和具体问题，进一步推进健康中国战略格局下全民健身工作的规范化与程序化，进而保障全民健身与全民健康深度融合工作的顺利开展，形成科学合理的运动促进健康公共服务体系，最终从健康维度满足新时代人民对美好生活的需求。

二、全民健身与全民健康深度融合政策体系的理念

（一）体现以人民为中心的政策导向

2017年8月，在天津会见全国体育先进单位和先进个人代表时，习近平总书记对体育工作提出了殷切希望：要坚持以人民为中心的思想，把人民作为发展体育事业的主体；把满足人民健身需求、促进人的全面发展作为体育工作的出发点和落脚点同。政策体系理应带有一定的导向，这与公共政策的政治性与实践性密切相关。新时代"坚持以人民为中心"的思想，自然成为全民健身与全民健康深度融合政策体系的价值导向。

第一，以人民为中心的政策导向要满足人民的需求。进入新时代，我国社会主要矛盾发生了转变，人民的需求已经由以往的物质文化需求转变为美好生活的需要。美好生活以人的身体健康为前提，健康是人民追求美好生活的根本保障，全民健身又是提高人民健康水平的重要方式，人民对健身与健康的需求成为人民对美好生活向往的重要指标。因此，构建全民健身与全民健康深度融合的政策体系，以人民为中心的政策导向就是要满足人民对健身与健康的需求，既要考虑健身与健康需求的充分性，又要兼顾需求的均衡性，同时还要辐射需求的多样性。这就需要对社会公众进行广泛而深入的调研，将人民的利益诉求以及关切的重点、难点问题考虑到政策体系当中，并制定有针对性、有回应性的政策措施，将全民健身与全民健康深度融合的成果更充分、更均衡、更多样地惠及全体人民。

第二，以人民为中心的政策导向要把人民作为政策体系构建的重要力量。人民群众是历史的创造者，是推动历史前进的决定力量。构建全民健身与全民健康深度融合的政策体系需要紧紧依靠群众，把人民群众作为政

策制定与执行的重要参与力量，建立畅通的利益诉求渠道，听取广大人民的意见和建议，让人民参与到具体政策的制定过程中，改变以往仅仅依靠政府和专家的力量制定政策的局面，建立政府、专家团队与人民广泛参与的政策形成机制。由于全民健身政策目标群体的广泛性，在全民健身与全民健康深度融合政策的执行中，需要依托人民作为政策执行的主体，激励人民为了身体健康积极响应与落实国家各项政策。同时需要调动人民承担对政策执行的监督角色，有效监督政府等主体在政策执行过程中的行为，规避政策执行中的腐败行为发生。

第三，以人民为中心的政策导向要以人民的满意作为评价标准。政策评估是对政策制定与执行效果的最直接检验，构建政策体系需要明确评估的标准与方法。对于全民健身与全民健康深度融合政策的评估，要以人民满意度作为首要的评估价值标准，要把人民获得实实在在的健身权益以及通过健身达到的健康水平作为政策评估的重要指标。

(二) 突出解决实践问题的政策宗旨

推动全民健身与全民健康的深度融合是新时代体育与健康事业的发展特征，是基于国家和人民现实需求的路径选择。政策制定的初衷就在于对现实问题的解决，构建全民健身与全民健康的深度融合的政策体系不是漫无目的、毫无针对性地进行顶层设计，而是要以解决现实问题作为政策宗旨的。“政策作为政治系统外在性体现，其作用和功能应该是着眼于解决具体的社会问题。”以解决实践问题作为政策宗旨，既要解决全民健身与全民健康各领域的问题。如全民健身公共服务还存在着地区不平衡、城乡不平衡、供给内容不平衡以及健身场地、健身指导、健身组织等具体公共服务供给不充分的问题。还要解决全民健身与全民健康深度融合的各种问题。特别是当前全民健身与全民健康的融合处于初期阶段，全人群覆盖、全生命周期覆盖的运动促进健康公共服务体系还没有形成，原本隶属于体育、卫生、医疗等多个系统的工作深度融合需要克服各种体制、机制等障碍问题。这些都需要以解决实践问题作为政策体系构建的导向。那么，明确政策体系的问题导向首先要科学界定问题的主要内容。只有精准定位具体问题之所在，才能对全民健身与全民健康的深度融合做科学合理的顶层设计。美、英等发达国家在制定各类体育政策之前均会对民众的意愿进行充分调研，然后结合专家调研数据以及文化传统最后形成政策决策。这启发我们科学界定政策问题，要对全民健身与全民健康的融合进行自上而下与自下而上的深入调研。换言之，除了听取来自政府部门以及相关专家的意见和建议之外，对民众意愿的调研也是科学界定问题的重要路径。其次需要明确问题的解决方案。从一定意义上讲，政策的本质其实就是社会问题的解决方案。最后在科学界定全民健身与全民健康深度融合所存在的问题后，就需要明确问题解决的具体方案，包括明确问题解决的时间节点，问题解决的步骤与方法、问题解决涉及的部门及其分工情况等。需要指出的是，由于问题存在的复杂性和动态性，推动全民健身与全民健康的深度融合绝非一日之功，而是一个渐进逐步调试的过程。

（三）确保政策的合法性与权威性

合法性是政策制定的前提性存在，政策的权威性也是以政策合法性为基础的。制定全民健身与全民健康深度融合的政策体系需要确保其合法性与权威性，提升政策执行主体和目标群体的认同程度有利于政策在实践中的贯彻落实。

1. 要合乎《宪法》以及行业法律法规的相关规定

全民健身与全民健康深度融合的政策在制定时，首先要符合我国《宪法》的内容要求；其次要符合体育行业法规，也就是要符合《体育法》《全民健身条例》等法律法规的内容规定，这是确保政策合法性的首要条件；最后要符合国家重要性规范性文件，如国家层面的各类规划计划：《关于加快发展体育产业促进体育消费的若干意见》《全民健身计划（2016—2020年）》《"健康中国2030"规划纲要》等。

2. 要确保政策制定的程序合法性

程序的合法性是指政策制定过程的合法性，以往"政策问题提出程序方面的规定并不十分明确，政策问题的提出主要不是来自公民的政策诉求，而是来源于政策内部机关的信息收集系统"。在哈贝马斯看来，这种政策形成的过程并非全面的合法性，"合法性可能还意味着某种政治秩序被认可的价值。"只有经过民主的，源于公民利益诉求的程序，这样制定的政策才具有实质性与合法性。因此，在当全民健身与全民健康深度融合的政策问题被提上议事议程后，需要强化对社会民众和专家的"听证""咨询"程序，建立制度化的政策制定参与机制，让社会公众等利益相关群体能够充分表达利益诉求，确保政策在利益群体中的广泛认同，从而达到实质的合法性。

3.有效保障政策的权威性

正如前面所阐释的，政策的权威性离不开政策制定的合法性，但只有这些还不够。由于全民健身与全民健康深度融合的政策通常涉及多个政府部门或团体，还需要在政策内容中明确规定利益相关部门的责权利，并且自上而下地推动政策的传达与解释，以及将政策执行情况纳入政府绩效考核体系等，并实现体育、卫生健康、文化、财政、人事、土地规划、园林等利益相关部门对全民健身与全民健康融合政策的认可与重视，进一步增强政策在实际执行的权威性。

(四) 强化政策的整合性与协同性

习近平总书记强调："人民健康是社会文明进步的基础。拥有健康的人民意味着拥有更强大的综合国力和可持续发展能力。"构建全民健身与全民健康深度融合的政策体系的最终目的是提升人民的健康水平，实现人的全面发展。在全民健身与全民健康的辩证关系中，全民健身是基础，也是手段，全民健康则是目标。政策的本质是对各种资源的合理配置。要实现全民健康的最终目标，就需要全民健身与全民健康在政策目标与政策内容等方面的高度整合。

1.政策目标的整合

政策目标是公共政策制定主体依据现实的政策问题提出的发展方向，要达成的价值目标。以往由于全民健身与全民健康隶属于不同部门，这些部门依其所辖范围制定各自的政策方案，很难在政策目标上形成促进人健康的合力，割裂了人健康发展的整体服务需要，造成社会资源的浪费。因此，全民健身与全民健康的深度融合政策需要扭转这种态势，形成健康与健身相互整合的政策目标，如全民健身政策需要把健康纳入政策目标的诉求中，全民健康也应将健身作为实现人健康目标的重要方式和手段，体现在具体的健康政策目标体系当中。

2.政策内容的整合

政策内容是实现政策目标的具体措施和路径。整合性的政策目标决定了全民健身与全民健康深度融合政策内容的整合性特征。2017年英国"体育的未来：充满活力的国家新战略"推出了体育与健康及其他行业融合的案例，如奥福德综合体设有多个健身场馆、1个教育中心、3个全科医生诊所、1个图书馆、1个生活方式团队以及1个中央咖啡馆。该案例实际上涉及健身与健康在场地建设、休闲娱乐与教育等方面的整合性。其实政策内容的整合理应涵盖全民健身与全民健康深度融合的各个方面，如立法与执法的整合、财政投入的整合、组织机构的整合、场地建设的整合、活动工程的整合、舆论宣传的整合以及人才培养的整合等。只有全民健身与全民健康的整合实实在在的落实到具体的政策中，两者共建、共享的工作格局才可能够真正实现。

全民健身与全民健康在政策目标、内容等方面的整合离不开各部门机构的协同配合，既需要体育部门与外部卫生健康等部门的协同，也需要体育部门内部的高度协同性；既需要政府部门，也需要市场因素。实践证明，在全民健身工作领域，如果缺少政府其他重要部门的支持，而只有体育部门的单打独斗，那么是很难推动各项工作顺利开展的，许多政策在地方可能就会变成一纸空文。强化体育部门与外部卫生健康等部门的政策协同性需要从整体视角审视健身与健康事业，树立“大健康”的利益价值观，成立全民健身与全民健康深度融合的统筹领导机构，打破各部门之间的壁垒，有效整合体育与卫生健康、教育、文化等领域各种资源，共同设计与制定全民健身与全民健康深度融合的政策，共同执行各项政策，并及时评估与反馈政策结果。强化体育部门与内部部门的政策协同性不光需要立足“大体育”的视野，还服务健康中国建设的整体需要。习近平总书记指出：“体育是提高人民健康水平的重要手段，也是实现中国梦的重要内容，能为中华民族伟大复兴提供凝心聚气的强大精神力量。”这里的“体育”不仅包括全民健身，还包括竞技体育、体育产业等，因此政策的协同性需要打破体育内部传统的群众体育、竞技体育、学校体育以及体育产业等部门之间的界限，形成整合多部门资源协同制定、执行与评估政策的局面。此外，全民健身与全民健康的深度融合是全社会共同参与、共同建设、共同享有的事业，因而也离不开市场与社会力量广泛参与。要充分调动市场和社会力量的积极性，盘活社会各种资源，有效提升内生动力，打造集体育、健康、教育、娱乐于一体的运动健康产业，让其共同服务于提高人民健康水平的目标，进而推动全民健身与全民健康深度融合。

（五）重视政策量化标准与异体评估

政策规划要取得好的成效，关键在于执行和落实，而执行和落实的着力点在于确立具体可操作性的量化考核标准,科学合理的量化标准同时又是政策评估的逻辑前提。过去我国出台的一些全民健身政策缺乏量化标准,描述性的政策文本较多,量化的政策标准较少,这在一定程度上扩大了执行主体政策执行的自由裁量权,导致部分政策在实践中陷入阻滞境地,政策的目标难以实现。因此,构建全民健身与全民健康深度融合的政策体系,需要重视政策的量化标准。①要明确政策的具体目标与内容,尽量以量化的描述代替模棱两可的定性描述,能用数字说明的就不要用文字。欧美国家运动健康政策制定时特别重视政策目标的量化,如美国的"健康公民"计划,从第一代到第四代计划都具有清晰明确的健康促进指标,这有效保障了"健康公民计划"的执行与评估;②需要重视政策测评在政策过程中的重要作用。在政策正文中增加政策绩效测评的内容,科学确定政策测评的指标以及具体实施部门、完成时间等。

要加强对全民健身与全民健康深度融合政策的异体评估。过去体育政策的评估主要是体育部门的同体评估,政府既是运动员又是裁判员,评估存在一定的不合理性。新时期随着《关于开展〈全民健身计划(2011—2015年)〉实施效果评估的通知》的发布,国家体育总局群体司于2014年5月在北京启动了《全民健身计划(2011—2015年)》实施效果的评估工作。同时,委托上海体育学院组成专家评估组,对我国全民健身政策的执行效果进行第三方评估,这在真正意义上拉开了国家层面全民健身政策绩效异体评估工作的序幕。然而,从实践情况来看,还存在测评的覆盖面少,一所高校的力量比较有限,以及因没有上升为规章、条例测评的权威性不足等问题。因此,以第三方为主的异体评估任重而道远,还要以法规、规章的形式将第三方评估工作固定下来,提升第三方评估的权威性;要在政策中明确第三方评估的具体内容,使第三方评估有法可依、有章可循;要建立由多个团队组成的第三方评估机构,尽可能大范围地对政策执行情况予以评估,逐步实现第三方评估的常态化。

三、全民健身与全民健康深度融合政策体系的框架

在梳理了政策体系所应遵循的设计理念之后,则需要进一步明确全民健身与全民健康深度融合政策体系的框架内容。按照政策科学理论,框架主要包括政策目标、政策内容、政策主体、政策工具以及政策测评五大方

面，这些子系统是构成全民健身与全民健康深度融合政策体系的具体组成部分。

（一）政策目标

政策目标是政策所要达到的标的，是政策制定、实施与评估的方向。全民健身与全民健康深度融合的政策体系的构建首先需要确定方向，明确政策目标，建立科学合理的政策目标体系。依据党的十九大对实现“两个一百年”奋斗目标所做出的新的战略安排，习近平总书记关于全民健身与全民健康工作的重要论述，以及《全民健身计划（2016—2020年）》《“健康中国2030”规划纲要》等重要规范性文件的决策部署，设计了新时代全民健身与全民健康深度融合的政策目标，包括终极目标、阶段目标以及具体目标三个维度。

1.终极目标

实现人的全面发展是全民健身与全民健康深度融合政策体系的终极目标。马克思主义关于人的全面发展理论认为，人的全面发展是人类社会的最高价值追求，人类的一切社会实践活动都以人的全面发展作为终极目标。人的全面发展离不开健康的身体。习近平总书记指出，只有提高人民身体素质和健康水平，才能促进人的全面发展，也才能推动社会经济全面发展。构建全民健身与全民健康深度融合的政策体系，充分发挥全民健身对提升人的健康水平的独特优势和功能，建成运动促进健康的公共服务体系，使人民在全面健身与全民健康深度融合中实现全面发展。

2.阶段目标

第一阶段，到2020年，紧紧围绕《“健康中国2030”规划纲要》的战略目标以及《全民健身计划（2016—2020年）》的总体要求，按照全民健身与全民健康两大领域中“厚基础，促融合”的思路，引导人民树立以全民健身促进身体健康的理念，建成覆盖城乡的全民健身与全民健康的基本公共服务体系，基本形成结构合理的全民健身与全民健康产业体系。同时积极探索全民健身与全民健康体制机制的融合改革，基本形成体育与医疗卫生等部门协同整合、全社会共同参与的运动促进健康治理体系。第二阶段，从2020年到2035年，围绕《“健康中国2030”规划纲要》的目标要求，结合我国基本实现社会主义现代化的战略目标，要经过15年的努力，到2035年实现人民群众的运动健康素养明显提升，运动促进健康的生活方式基本形成，覆盖全人群、覆盖全生命周期的运动促进健康公共服务体系基本建成，运动健康产业规模显著扩大，全民健身与全民健康深度融合的体制机制基本形成，运动促进健康的治理体系和治理能力基本实现现代化。第三阶段，从2035年到2050年，我国将全面建成社会主义现代化国家，进入世界强国的行列，人民的生活水平差距不断缩小，并逐步实现共同富裕。在这个阶段全民健身与全民健康的深度融合将全面实现，人民的运动健康素养普遍提升，体育与医疗卫生健康等部门的健康促进职能高度整合，充分、多样、公平、均衡的运动促进健康公共服务体系趋于完善，如火如荼的运动健康产业成为国家重要基础产业，并成为中国在世界展示综合国力的国家名片。

3.具体目标

在全民健身与全民健康融合发展的不同阶段，要围绕不同阶段的不同问题制定具体的政策目标，政策的具体目标是阶段目标的具体化，具有问题针对性比较集中，可操作性强等特征。换句话讲，全民健身与全民健康深度融合的阶段目标乃至终极目标，都是在一个个具体目标实现后以及一个个政策问题解决后才得以最终实现的。围绕不同的具体目标，会产生不同的政策文本，由此构成了纵横交错的全民健身与全民健康深度融合的政策体系。

(二) 政策内容

政策内容是实现政策目标的具体规定，是解决全民健身与全民健康深度融合各类问题的具体依托。根据《"健康中国2030"规划纲要》《全民健身计划(2016—2020年)》《体育事业发展"十三五"规划》等基本政策的相关规定，结合当前我国全民健身与全民健康深度融合的基本情况，特别是存在问题较多的领域，认为新形势下全民健身与全民健康深度融合的政策体系应包括以下八个方面的内容。

1.宣传动员政策

全民健身与全民健康的深度融合离不开广泛的宣传与动员。要通过广播电视、期刊以及网络新媒体等各种方式宣传国家体育发展的理念、方针和政策，宣传国家层面的各种全民健身与全民健康政策，引导人民树立科学的健身观与健康观，动员人民积极参与到全民健身与健康活动当中。

2.奖励激励政策

通过物质奖励与荣誉激励的方式引导、推动各级地方政府、各类社会组织以及公民个体,以实际行动推动全民健身与全民健康的深度融合。例如,可以出台"运动健康城市评选政策""运动健康小镇创建政策"以及"运动健康公民评选政策"等。

3.制度改革政策

制度层面的改革是实现全民健身与全民健康的深度融合的关键,要针对阻碍政府部门与社会力量,政府部门中体育与卫生、健康、教育等深度融合的体制机制因素出台具体政策,形成全社会共建、共享、共治、共赢的,适应于全民健身与全民健康深度融合的制度体系。

4.财政保障政策

全民健身与全民健康的公共性属性决定了国家财政是推动两者深度融合的主导力量,各级政府要将两者纳入财政预算中,并随着健康中国战略的深入开展不断提升投入比例,着力建设覆盖全人群、全生命周期的运动促进健康公共服务体系。在此基础上,还要通过制定税收优惠政策,充分借助社会力量参与到全民健身与全民健康中,有力推动运动健康产业的快速发展。

5.场地设施政策

新时代人民的健身需求呈现新的特征,对场地设施的多样性、身边化、个性化的要求逐步提高,更青睐于场地设施与健康、教育、娱乐等领域的融合发展。这就要求政策制定部门从人民群众的实际需求出发,多部门协同颁布各类政策,推动场地设施的改善与升级,实现场地设施建设从粗放型的规模扩张转向以质量提升为主的内涵式发展,为人民提供优质的健身与健康服务。

6.活动开展政策

各类活动的开展是全民健身与全民健康融合发展的基础。与以往相比,人们在开展各种活动时的自组织特征明显,对运动健康指导服务的需求提升,群众体育赛事举办得越来越多。政府部门要结合新时代人民活动开展的特征,主动转变角色,释放社会和市场的活力,强化公共服务的职能。通过完善体质健康监测体系,购买运动健康服务,规范健身指导市场,扶持社会体育组织,培育群众性赛事体系等政策措施,不断满足人民对健身与健康活动开展的需求。

7.人才培养政策

紧密结合国家战略需要和社会需求,研制与出台“运动健康指导师”的国家认定标准,改革高校医学、体育学等学科相关专业的课程设置,培养医学、体育学以及其他跨学科跨专业的复合型高水平专业人才,强化对现有全科医生、社会体育指导员的继续教育,开展运动健康知识与技能方面的培训。

8.弱势补偿政策

参与体育运动,享受健康快乐是每个公民的基本权利之一。通过制定“落后地区居民运动健康支持计划”“弱势群体运动健康行动计划”等政策,从制度层面为偏远地区或欠发达地区居民,以及残疾人、老年人、留守儿童等弱势群体提供人文关怀与扶持帮助,以实际行动维护运动健康权利的公平性,真正建成覆盖全人群的运动健康公共服务体系。

(三) 政策主体

政策主体是政策体系的核心要素,政策的研制与出台,政策的扩散与执行等都与各类主体密切相关,影响着政策的质量以及在实践中的运行。总体来看,政策制定主体、政策实施主体以及政策目标群体三大政策主体推动并影响着全民健身与全民健康深度融合政策体系的整体进程。

1.政策制定主体

要形成复合型的政策制定主体,发挥政府部门的组织协调作用,建立广泛的社会参与机制,确保政策利益相关者与政府部门共同参与到政策制定过程中。鉴于全民健身与全民健康深度融合政策体系具有多重目标,又涉及多个部门领域,因此需要构建一个国家级的统筹主管部门。从短期来看,可以借鉴中国足球改革领导小组的模式,成立中国全民健身与全民健康深度融合领导小组,以国家体育总局、卫健委、发改委、财政部、人力资源社会保障部等部门为主组织协调研制各类政策。通过邀请各利益相关主体参加讨论,以及广泛征集多领域、多方面的意见所形成的主流民意为逻辑起点,组织相关部门、运动健康研究专家、运动健康专业智库机构以及社会公众代表共同参与并形成政策决策,强化政策制定的合法性、合理性、科学性,最终形成人民满意、目标明确、内容科学的全民健身与全民健康深度融合的政策体系。

2.政策实施主体

全民健身已上升为国家战略以及健康中国的建设，这意味着全民健身与全民健康已经从以往体育系统、医疗卫生系统独立开展转向跨界整合与互动融合，同时意味着两大战略的领导机制从部门推动转向各级政府的整体推动。要打造跨界跨部门的政府主导、社会参与的政策实施协同网络，需要各级地方政府予以主导推动，体育与卫生健康关键部门牵头，通过制定配套政策、建立统筹领导机构、调控相关部门关系、提供各类政策资源、建立监督评估机制等措施执行全民健身与全民健康深度融合的政策体系；需要社会力量与市场因素予以有力补充，只靠地方政府还不能充分满足社会公众多样化、个性化的健身与健康需求，要通过购买运动健康公共服务等多种方式充分释放社会和市场力量。特别是在场地设施建设、运动健康活动开展、科学健身指导等方面，充分发挥社会体育组织、健康促进团体、运动健康企事业单位以及公民个体的作用，打造政府与社会协同配合的政策实施主体，共同推动全民健身与全民健康深度融合政策体系的有效落实。

3.政策目标群体

从本质来看，全民健身与全民健康深度融合的政策带有强烈的普惠性，任何中国公民不分民族、性别、地位、年龄都是政策的目标群体。目标群体是影响政策执行过程的重要因素。要通过媒体宣传、标语宣传、讲座培训等方式增强社会公众的运动健康意识及利益表达意识，建立顺畅的利益表达机制，使社会公众能够在政策决策中充分表达运动健康需求以及政策意见，从而更有利于形成更加科学、合理的政策体系。

(四) 政策工具

政策工具是政策主体为实现政策目标、解决政策问题而采取的各种方式。政策工具理论内容较丰富，这里主要借鉴了施耐德和英格拉姆所提出的政策工具思想，并结合全民健身与全民健康政策的特性，提炼出法律法规、行政方式与经济方式这三种用于推动全民健身与全民健康深度融合的政策工具类型。

1.法律法规

作为权威性政策工具，法律法规有助于提升全民健身与全民健康深度融合的法律地位，保障政策体系的权威性与稳定性。目前我国与全民健身相关的法律法规主要有《体育法》《公共文化体育设施条例》《全民健身条例》等。但是,其中一些内容规定已很难适应新时代全民健身工作格局发生重大变化的背景,难以实现对全民健身与全民健康深度融合的实质性规范和约束。因此,要结合健康中国背景下全民健身的发展实际,修改与完善《体育法》《公共文化体育设施条例》《全民健身条例》,增加全民健身与全民健康深度融合的内容规定,还要研制专门性法规、规章与规定,制定与颁布诸如全民健身与全民健康深度融合发展的条例、办法、章程。各地方政府部门要出台相关配套的法规条例,以此保障全体公民的运动健康权利,明确不同主体的责任与义务,强化体育与卫生健康等政府部门职能的协同整合,推动全民健身与全民健康的深度融合。

2.行政方式

由于全民健身与全民健康的公共性特质,政府通过行政方式统筹推进全民健身与全民健康的深度融合,是健康中国战略的时代需求,是保障我国公民健康权利的内在要求。要通过自上而下的组织领导、宣传动员、编制配备、部门整合、标准制定、规划建设、人员培训、监督检查、考核评估等形式的政策工具,将全民健身与全民健康深度融合工作纳入当地国民经济和社会发展规划,建立组织领导与协调机制,细化年度工作任务,及时进行监督检查,开展过程与效果评估。此外,还要下放管理权限,进一步盘活市场资源,充分发挥社会力量,构建政府主导、部门协同、全社会共同参与的运动健康公共服务体系。

3.经济方式

全民健身与全民健康的深度融合需要政府提供各种内容的公共服务,离不开资金配套、物质奖励、资助援助等政策工具的有力推动。要进一步扩大各级政府用于全民健身与全民健康的财政预算比例,打造覆盖全人群、全生命周期的运动健康公共服务体系,要通过物质奖励表彰先进,激励各级政府、全社会提升对运动促进健康的认识,投身于全民健身与全民健康的深度融合过程。要通过重点资助与弱势援助的方式提升贫困地区居民、老弱病残等群体的运动健康素养,提供精准化的运动健康公共服务,从而达到运动预防疾病、运动促进健康的目的。

(五)政策测评

本研究所指的政策测评即对政策的监测与评估,是测评主体依据一定的标准和程序,对政策的进展、效果以及公众满意度等进行监测与评估的内容设计,是指导具体测评实践的文本规定。美国、英国等发达国家都非常重视对体育政策目标与内容的测评,都把政策测评作为政策的主要部分,通常以图表形式在具体政策中明确政策的测评指标和测评主体。政策测评理应成为全民健身与全民健康深度融合政策体系的重要组成部分,并在具体政策中应从测评标准、测评主体以及测评方法等方面予以明确规定,进而构建易监督可测量、可反馈的政策体系。

1.测评标准

为了人民对新时代美好生活的向往,依据"以人民为中心的发展路线"的根本遵循,首先要把人民满意度作为全民健身与全民健康深度融合政策的测评标准。要结合国内外公众满意度模型研制全民健身与全民健康深度融合的政策满意度模型,提炼具体的、可量化的测评指标。其次要重视对政策效益的测评,将投入与产出作为政策测评的标准,构建量化的投入产出效益测评模型。并且,以此反映全民健身与全民健康深度融合政策的实际执行与解决政策问题情况,进一步改善政策内容及政策资源的投入。全民健身与全民健康深度融合政策的测评要强化效果评价为主、经济评价为辅的模式。主要包括:重点评价在场地设施建设、运动健康活动开展、运动健康监测指导等方面人民群众得到的实惠是否日益增多;重点评价在运动促进健康指数、运动促进幸福指数等方面人民群众的满意度是否逐渐提升等。

2.测评主体

要形成政府部门与专家机构合作的、舆论媒体和社会公众参与的复合型测评主体。①要强化政府部门与专业机构等第三方的合作关系,政府部门要坚持开展小型规模的自评。其重点是与体育专业高等院校、运动健康智库研究机构等第三方合作开展阶段性、周期性的大规模评估,要赋权赋能于第三方,对全民健身与全民健康深度融合政策实施专业性、真实性、开放性的有效评估;②要强化社会公众和舆论媒体的社会监测功能,及时在政府网站、报纸杂志等公开政策进展情况,接受社会公众和媒体的监测,帮助规避政策过程中的腐败问题,促进全民健身与全民健康深度融合政策在地方的顺利实施。

3.测评方法

对于人民满意度的测评可采用统计抽样的测评方法,分析所调查地区的人民群众健身与健康需求,发现存在的导致人民不满意的问题,进而采取措施予以改善。然而,对于投入产出的效益测评可采用成本效益分析法,通过量化分析提高政策测评结果的专业性、准确性与权威性。

第二节 全民健身与全民健康的管理融合

一、全民健身与全民健康管理深度融合的必要性

(一) 全民健康管理是全民健身活动开展的基础

健康管理是对个人身体健康状态的观察,并且通过特殊的方式,促进个体健康朝向良好的方向发展。就全民而言,健康管理是通过一系列方式方法,使国民的健康程度提升,这既包括身体健康,也包括心理健康。健康管理,既包括健康状况评价,也包括健康生活方式的倡导。目前,我国正在大力推行的全民健身活动,是建设健康生活的方式之一,也是健康管理的必要手段。进行健身活动,应从个体的健康状况出发,进行有针对性的活动,这样的健身才能体现出一定的效果,因此,全民健身与全民健康管理应深度融合[1]。

(二) 全民健身活动的成果可以通过健康管理体现出来

健身活动的最终目的是提高国民的身体素质,而同时,健身意味着长期参加体育活动。在这个过程中,人们会感受到相关的体育精神,如团结、自强、坚持等。通过运动,工作的压力和生活的压力将得到排解;通过运动,人们可以发现更好的自己,这是健身活动带来的心理素质的发展和进步。因此,全民健身活动的成果应该从身体和心理两个方面表现出来,并且引导人们选择更健康的生活方式,而健康管理所重视的也是这些,这意味着健康管理工作能够展现健身活动的结果,二者有深度融合的必要性。

---

[1] 吴戈,马昆,李葳:《"健康中国"背景下健康教育融入学校体育教学的改革研究》,《体育视野》,2020年第12期,第85～86页。

二、全民健身与全民健康管理深度融合的路径

(一) 全民健身政策推行中融入健康管理

全民健身是践行“健康生活”发展战略的主要方法，这是健康中国发展理念的主要表现。而从理念上看，基于“健康中国”语境，健康已不仅是指身体方面的健康，而是身心全面健康，包括良好的体格、心态和道德观念。建设“健康中国”不仅仅是卫生系统的事业，还是卫生、体育、计划生育、教育、交通、环境等多领域、多部门、多系统共同的事业。为此，在理念上应树立“大健康”观。作为体育部门而言，应把健康战略任务融入各项体育政策之中。例如，促进公共体育服务均等化，以社区、户籍为单位，提供全面的身体健康检查，建立互联网网站，为各类健康状况不同的公民提供可操作性强的健身计划。又如，健身全民化经常化，以工作场所为单位，进行特殊人群的健康指导和健身指导。另外，推进体育与医学之间的互通和融合，也是全民健身和全民健康管理深度融合的一种表现。高校、体育管理部门应该加强对相关人群的身体健康状况的调查，形成个人运动和健康档案，归入国民医疗管理档案之中，以此作为健身活动计划的基础，也作为健康管理的出发点。

(二) 将全民健身作为特殊群体健康管理的手段

国民健康状况具有明显的群体性特征，则全面健身活动，可以从群体性特征出发，将健身作为健康管理的重要手段。这不仅能够突出体育健身的作用，也是进行健康管理的有效途径。例如，上班族长期面对生活和工作的压力、长期久坐，很容易有颈椎、腰椎、呼吸系统和肠胃方面的疾病，则可以设计专门的健身计划，以舒缓治疗为目的，开展健身活动。又如，婴幼儿发展过程中，肢体协调性发育非常重要，则可以由医院和社区联合，为新生儿家庭提供相关的运动指导。再如，老年人希望缓解机体衰老的症状，那么，可以由专业运动养生专家，如高校体育院系传统养生体育专业的教师，健身、气功、太极拳等相关协会和俱乐部机构的老师、教练员，可以根据特定老年慢性病的病理机制及项目里老年人群的实际情况等因素，从传统养生体育中选择或提炼有针对性的运动处方，组织老年进行学习和持续练习，以此获得更为显著的干预效果。总而言之，将全民健身作为全民健康管理的手段，不仅能够迅速表现出全民健身的效果，还可以作为一种生活

方式,使人们全面感受健康的重要性。

(三) 将全民健康管理作为健身服务活动的项目之一

公民的健康状态需要医疗制度提供相关的检查指导,健身活动则需要合理的健身指导和辅助。因此,无论从全民健康理念的践行角度来看,还是从全民健身计划的推行角度来看,全民健康都需要相关的社会公共服务做支持。例如,可以通过社区医院管理国民健康,通过居住环境立法改善和保障国民获得健康的权利和机会,促进健康公平;为促进"国民身体活动计划"的实施,成立国民身体活动"统筹委员会",机构成员均是身体活动研究结构、疾病防御中心等非营利组织,在"健康国民"实施过程中发挥着重要的指导、协调、咨询等作用。以上这些都是符合全面健康理念的健身服务。此外,针对社会公共健身场馆和社区健身场地,还应提供简便的器械应用指引和运动规范性指导等。这些不仅有助于全民健身活动的开展,也是实现全民健康的重要策略。个性化的健康服务非常必要。例如,社区提供的与健身相关的健康服务,应有针对性地进行,对使用健身器材的老年人进行运动保护,对中青年进行运动指导等,使个性化服务成为全民健身的保障。

三、在进行全民健康管理过程中需要注意的问题

(一) 重视健康管理资源的高效利用

全民健康管理是一项覆盖面很广、时间周期很长的活动。与健身活动一样,必须通过长期不懈的坚持,才能展现出相应的效果。在这个过程中,相应的医疗资源、体育资源以及管理资源,都是必需的,并且是消耗量巨大的。为了保证全民健身与全民健康管理的深度融合,必须重视健康管理资源的高效利用。例如,对健身器材进行回收翻新、对健身计划进行及时调整,交流利用健康检查设备等。只有高效利用这些资源,健康管理和健身活动才能长久地开展下去。

(二) 重视健康管理人才的广泛培养

健康管理活动需要大量的人才。解决公民日常体育锻炼中与健康有关的问题,单纯依靠各级政府体育管理部门和健康管理部门的工作人员远远不够。在社区中培养相关的管理人才,邀请医院的医生做义工,都是广泛培养人才的有效途径。另外,高校也应将健康管理人才的培养纳入学生

培养计划中。只有这样，健康管理和健身活动才能深度融合，才有足够的人力作为支持。

第三节 全民健身与全民健康的组织融合

一、全民健身与全民健康组织融合的必要性

（一）满足健身活动的差异性需要

我国人口年龄特征划分明显，人口老龄化比较严重，而低龄儿童又是发展国民素质的重点对象。因此，在全民健身活动中，50岁以上的老年人和7岁以下的低龄儿童是需要特殊考虑的。这两类运动者，以个体为单位进行体育活动是不现实的，他们需要合适的运动场地、足够安全的体育器材以及充分的健身指导。然而，我国体育运动资源短缺是不争的事实。成立组织，以组织的形式开展体育运动，不仅是全民健身的需要，也是全民健康目标达成的重要途径[1]。

（二）满足健身运动的传承性需要

我国体育运动的历史悠久，但一些极具民族特征的、传统的体育活动项目由于缺乏引导和相关的教学，逐渐退出了体育运动的舞台。在全民健身活动的热潮中，很多体育项目又有了发光发热的机会，然而运动并不成体系，运动场所和相关器材也比较缺乏。虽然很多体育爱好者热衷于这些传统体育项目，但由于缺乏相关资源和条件，也很难坚持下去。成立全民健康组织，不仅是传承体育运动的一种方法，还是满足民众健身需要的可行手段。

（三）满足健身运动的宣传需要

全面健身运动需要相应的宣传才能全面开展起来，主要的宣传目的是使民众确实感受到体育精神、体育运动对身心健康发展的积极作用。这就需要具有一定规模的体育活动作为宣传的手段，而个人体育锻炼并不具有这样的宣传能力。只有组织起来的体育活动或者赛事，才具备一定的宣传

❶郭立三：《全民健康推进中的大众体育健身需求与方法探索》，北京：中国水利水电出版社，2019年。

能力。通过大型体育活动的组织，体育运动资源、健康管理资源才能得到充分的利用。因此，从全民健身运动的长远发展角度来讲，全民健身需要与全民健康组织进行深度结合。

二、全民健身与全民健康组织深度融合的方法

（一）根据运动群体的特征创建运动组织

国民因所处的地区、年龄、性别和工作环境等诸多复杂原因，形成不同类型的运动群体。这些运动群体的特征不同，体育锻炼所选择的内容、所用的器材以及场地均不同。因此，应该根据运动群体的特征创建运动组织。在一定的运动组织的引导下，按照年龄、性别、身高、体重与体质的区别，对项目技能进行各种规范工作，使其既具有一般群体的适用性特点，也具有不同群体的特定适用性，从而起到因人制宜的积极作用。以社区为单位成立家庭运动组织，专门进行传统体育活动，并为这些活动设定专门的场地、制作专门的运动器材，定期组织相关的体育活动，这是创建全民健康组织的一个好方法。例如，在放风筝、打陀螺等传统体育项目的活动中，可以根据运动者不同的需要，制作出不同颜色、重量、大小的辅助工具等，以满足不同兴趣、体质、年龄等运动者的需要。尊重技能动作之间的生理规律化和运动规律化，以家庭为单位，请父母保护孩子进行运动，组成家庭联合运动会。在全家都能参与体育运动的同时，互相帮助和指导，这不仅能提高体育运动的有效性，还能促进家庭、邻里之间的和谐关系的建立，从而达到民众的身体健康和心理健康的双重建设。

（二）创新体育运动的传承模式

传统体育运动是全民健身中发展较快的一部分，很多老年人喜欢进行传统体育运动。由于传统体育的发展，越来越多的年轻人也开始表现出极大的兴趣。这种兴趣应该被利用起来，使其成为一种爱好。那么，以传承体育为出发点建立民间体育运动组织，是全民健身与全民健康组织深度结合的一种有效方式。在建立相关的民间组织之后，为了达到传承的目的，应该按照现代教育的方式开展项目及其技能的教学活动，既有专门的学校教育、培训机构教育，也有师徒教学、群众运动的广场教学与网络自主学习等方式，为爱好者、兴趣者与其他健身需要者创设了自由的学习环境。对民间传统体育社团而言，应多以成员的志愿者教育活动为主，他们或以邀

约专家的名义,或以教育机构创办者的名义等,发挥他们在传统体育项目方面的专业性特长,为群众体育、传统体育的发展服务。这样不仅能使民间体育快速发展起来,还有利于民族心理的建设。

(三) 以体育赛事的组织进行健身活动宣传

想要形成全民健身活动的良好局面,根本就要人们养成积极参与的良好意识。积极参与不是偶尔参与,而是体系化全面参与。在人们健康理念不断熟的今天,越来越多的人逐渐形成了参与体育锻炼的意识。但是,由于缺乏全面合理引导,其参与体育活动缺乏完善的习惯,没有形成体系化参与,这不仅无法达到体育健身的价值,同时也不能形成对全民健身的良好氛围。举办体育赛事则能够通过各种类型的体育活动,让人们对各项体育活动形成全面认知和了解,从而有效培养人们能够积极广泛参与其中的意识和思维。体育赛事举办所带来的影响力通常不是一时的,而是持续性的。因此,合理对其影响力进行发酵,将为全民参与其中营造良好的氛围。有条件的城市,应该利用现有的体育场馆,积极接纳相关的体育赛事的开展,如大学生足球联赛、篮球联赛等。这些赛事的举行都是大型的体育组织活动,都能够引起人们的注意,并使其主动参与到运动中。这是推动全民健身并宣传全民健康意识的一种有效方式。

三、建立全民健康组织过程中需要注意的问题

(一) 政府应积极给予政策支持

以全民健身活动的行为目标建立的组织,有包括体育活动的,也有包括体育宣传或者体育健康方面的。这些组织的活动形式不一样、规模不一样、活动空间和频率都不一样,因此难免会造成一些冲突,或者形成一定的管理问题。政府应对这些组织给予政策上的支持。例如,在广场上规划不同人数的广场舞团队的使用空间,避免“占地”问题;同意民间体育传承组织进行宣传,扩大影响范围等。

(二) 以人为本建立全民健康组织

全民健身活动与全民健康组织的深度融合,其根本目的是大力发展体育运动,提高国民素质。这就需要践行“以人为本”的组织建设理念,即一切从国民的健身需求角度出发,而不是从盈利或者其他角度出发。只有这样,这些组织的建立和组织活动的开展才能真正发挥作用。

第四节 全民健身与全民健康的活动融合

一、全民健身与全民健康活动的实施意义

从根本上说,全民健身是调动全国人民积极参加以增进身心健康为主要目的的一项群众性体育健身活动。它是体育事业的重要体现,也是关系国家繁荣昌盛、民族繁荣发展的重要任务。这使得全民健身的发展水平成为衡量一个地区和国家体育发展水平的重要标志。而在全民健身的时代浪潮之下,全民健身活动的开展成为推动全民健身与全民健康活动深度融合的重要途径。它的表现形式异常丰富,所涉及的行业、区域十分广泛。从总体上看,全民健康活动除了偏重体育健身的层面,还体现在医疗健康等诸多方面。早在2007年,国家卫生计生委就联合疾控局,全国爱国卫生运动委员会办公室和中国疾病防控预防中心发起了“传播健康知识和促进居民健康行为”的品牌性项目活动。在这一实施项目之中,创新性地提出了“健康一二一”的发展理念,以此倡导广大人民群众能够坚持健康的作息方式。所谓“健康一二一”,就是坚持每日1万步、坚持吃动两平衡,实现一辈子健康的生活方式。借助于这种建设模式,能够加速传播积极的健康发展理念,进一步吸引人民群众参与到全民健康活动的各项活动当中[1]。

二、全民健身与全民健康活动的开展场所

(一) 体育场馆类活动

在大型体育场馆的发展中,免费开放、低收入开放或分时段开放的健身活动中心是人民群众经常参与的健康设施场所。其场所的设定包括政府投资的区域性体育馆、学校内部的体育馆、一些机关单位设立的体育活动教室等。由于这些体育健身场馆包含了许多专业的体育健身器械,也包含了医疗室、紧急救护和医疗康复等中心,因此这些场馆具有更加专业化、科学化的健身和医疗发展优势。有数据显示,我国现有各类体育场馆616万个,绝

[1] 宫彩燕:《全民健身工程下的社会体育发展机制研究》,北京:中国原子能出版社,2018年。

大多数均向公众开放。除了能够满足人民群众的业余健身需求,还能够给专业的运动员、健身社团提供专业的训练场所和各类辅助健身资源。

(二) 私人健身类活动

私人健身类活动是借助于健身俱乐部而展开的,健身俱乐部的风靡满足了人民群众对健身的一部分需求。但是由于健身俱乐部及会所围绕的根本是经济利益的最大化,因此更倾向于提供一种有偿的体育健身服务。这种健身服务在活动类型上既包括瑜伽、游泳等体育项目,也覆盖了肚皮舞、伦巴等文艺舞蹈形式。

(三) 群众广场性活动

群众广场性活动是满足人数最多、消费资本最小、运行方式最为便捷的健身路径。为了满足用户的需求,党中央已经通过国家拨款、财政专项列支等形式,在城市社区、广场、公园、小区周边及人民群众经常聚集的地方,设立了形式多样的小型体育健身实施场所,供广大群众在这里举行多种多样的休闲、健身活动,以此初步形成了具有中国特色的全民健康设施保障体系,从而确保人民群众的健身需求能够得到满足。

三、全民健身与全民健康活动深度融合的路径

(一) 增进健身意识和健康活动的融合

从根本上说,健身意识是从全民健身中提炼出来的,而健康活动是从医疗健康事业中分解出来的。两者有着一定的相同,又有着一定的不同。相同的是,健身意识和健康活动都是以一种积极、健康的生活方式在增进人民体质健康水平;而不同的是,体育健身作为一种防治为主的活动,能够促进人体的生长发育,提高人体的免疫力和各项机能。而健康活动则是偏重帮助人们缓解和治疗各项疾病。例如,缓解人们因为疾病所导致的生活、行动压力,减低心脑血管、糖尿病等一些疾病的发病率。它也是延缓衰老、提高人们的身体质量的过程。俗话说:“病从口入”。健身意识和健康活动首先要对人群膳食结构和生活方式进行全面的转变。要提倡“减盐、减油、减糖、健康口腔、健康体重、健康骨骼”的饮食结构,确保人民群众的身体素养和健康指标能够得到稳定。要加强全民健身意识的传播面积。开展一系列形式多样的社会文化体育活动,通过举办各类体育赛事,吸引更多的群众参与到全民健身工作中来。除了要帮助人民群众树立“终身运

动"的体育意识,还要增进全民健康设施的投入。以各类体育、健身、医疗设施作为发展载体,进一步加快全民健身工作的发展水平。

(二) 健身活动和健康医疗的融合

全民健康生活方式将健康饮食、适量锻炼和医疗预防充分结合在一起,能够使人民群众对健康生活方式保持更加严谨的态度。同时,将健身活动和健康医疗结合在一起,通过卫生系统的组织动员,实现体育健身事业和健康医疗事业的相互融合。借助于运动健身和医疗行业对人民群众身体素养的满足,进一步实现全民健身事业、医疗健康事业的科学发展。大力支持群众举办赛事活动,以项目为基础,着力提高城乡居民的体育专项水平;以赛事为杠杆,建立层级分明、方便城乡居民参与的赛事体系,引导社会和市场更加积极地投入;并且将文化体育系统和医疗卫生部门的相关资源进行融合,借助于医疗行业的需求性,推动医疗行业信息化的发展进程。以云计算、大数据、无线网络健康信息为抓手,使健身活动和健康医疗之间的连接更加紧密,在技术资金、医药资源等方面,获得预期的发展。同时,搭建一个以人民群众的需求为核心、跨行业设计的医疗服务发展平台。例如,文体部门可以利用信息技术支持,加大对全民体育活动项目的设计和记录。结合专业的医疗资源,实现对全民健身资源有限和无线网络的相互结合,建立跨学科的健身医疗服务平台。

(三) 健身教育和健康教育的融合

为了进一步增进广大人民群众的体育意识,强化体育锻炼教育的发展成果。相关部门要结合全民健身的实施体制,用更加专业的视角,从肌肉力量、形体柔韧度、身体协调能力等方向入手,使健身教育和健康教育能够进行适当的融合。改善人民群众的整体健康状况,要在体育运动竞技上,为群众的体育锻炼设施提供适当的环境。例如,利用8月8日全民健身日和传统节假日等重要节点,充分调动各级各类体育社会组织和广大群众的积极性。在举办一系列全民健身赛事活动的同时配备医务人员。在建设过程中,要普及相应的医疗知识。进行安全防护和医疗保健的宣传,积极开展一系列的群众性体育活动。除了开拓中国传统的养生保健类活动,如太极拳、武术、气功,还要进行一系列的娱乐性体育活动,包括羽毛球、网球、门球等,以推动全民健身和全民健康的融合发展。

举办活动是推动全民健身与全民健康深度融合的重要途径。根据相关部门的统计数据表示,体育健身运动的开展能够使人民群众的生理、心理得到更好的发展。对提高劳动者的身体素养、提高他们的心理承受能力和抗压能力具有重要的作用。不同形式、不同区域的健康活动能够增强我国医疗服务水平,推动社会卫生、精神文明的建设和发展。要想促进全民健身产业的发展成果,就必须从根本上转变发展理念,制定严谨的《全民健身规划》,加快推动全民健身与全民健康活动的融合,详细了解其中存在的发展模式,并逐步解决全民健康活动在组织、设计、运转等方面的问题。

第八章 全民健康目标下健身实践形式的创新

第一节 体育俱乐部健身运动形式与方法

一、体育俱乐部健身运动的组织形式

体育俱乐部(sport club)原指一种群众性体育组织,是群众体育活动的场所。它分为单项和综合两种形式,设有运动场地、器材和技术指导人员,可进行运动员训练和开展比赛活动。随着体育俱乐部的发展,其内涵得到了进一步的拓展,在形式和方法上也呈现出多样化的格局。体育俱乐部既可作为一种组织,它是一种自发的由社会兴办的开展体育活动的基层组织,是"人的集合",是以体育爱好者自发性、自立性结合为基础,是为增进健康和促进相互间的协调和睦而进行持续性体育活动的组织,同时也可作为一种组织的活动形式或活动过程。

就我国目前社会体育俱乐部健身运动的组织形式来看,主要分为以下四种。

(一) 企业型俱乐部健身运动

企业型俱乐部健身运动将体育俱乐部视为一个经营实体,按照市场运作规律,自主经营与自负盈亏的一种俱乐部健身运动类型[1]。

(二) 社团型俱乐部健身运动

社团型俱乐部健身运动将热心于体育运动中某一个项目、某一种活动的人组织起来,通过缴纳一定的会费来享受一定的权利并承担一定的义务,按照章程开展活动的一种体育俱乐部健身形式。

(三) 民办非企业型俱乐部健身运动

这种俱乐部健身运动的特点是其组织管理与企业相似,可以开展经营

[1] 苗国琳,田杰:《基于全民健身的社区体育人才培养路径选择与优化》,《体育世界》(学术版),2019年第10期,第180~181页。

活动，但它与企业型俱乐部的根本区别就在于盈利不得分红，必须用于事业的发展。

(四) 单位内部的各种体育俱乐部健身运动

单位内部的各种体育俱乐部健身运动主要是为本单位职工服务，属于公益福利性质。目前，国外许多国家的体育俱乐部组织形式与我国大体相似，如日本的体育俱乐部分为学校体育俱乐部、企业（或实体性单位）体育俱乐部、社区体育俱乐部和民间体育俱乐部四大类。各类俱乐部均有各自的特点。

为充分贯彻“以人为本”“健康第一”的教育理念，体现“以学生为主体、教师为主导”的教育思想，我国许多高校不同程度地进行了体育俱乐部制改革，实施了大学生体育俱乐部制。体育俱乐部主要有以下两种模式，一类是由体育教育行政或实施部门所组建的体育教学俱乐部健身运动，另一类是由学生社团组织或体育爱好者自发组织成立的课外体育锻炼俱乐部。

体育教学俱乐部是指在设置体育课程的教学期间，将体育教学授课对象中具有共同体育锻炼爱好的大学生，基于生理、心理、社会和自我完善等需要，以素质教育、健康教育和完成教学任务为目标，从大课程观出发，在任课单元内实施以专门体育项目的教学、训练、竞赛与能力培养为主要任务的教学活动或组织形式。在教学过程中，它与课外体育锻炼、群体竞赛、运动训练有机地融为一体并纳入“体育大课程”之中，以此成为一种综合性的体育教学活动过程或组织形式。

二、体育俱乐部健身运动的组织与管理

体育俱乐部健身运动打破了原有体育教学的传统做法。它是把具有共同兴趣、爱好和需要的学生自愿地组织在一起的，不受教学计划、教学大纲的束缚，且形式多样，活动内容丰富多彩，为培养和造就全面发展的人才提供了可能，是一种新型的体育健身模式。

(一) 俱乐部的设置

俱乐部的设置原则是顺应社会发展趋势，以培养目标为依据，并根据现有体育场地设施条件、师资专业结构和学生体育需求等情况而设置的。目前开设较普及的有篮球、排球、足球、网球、乒乓球、羽毛球，健美操、体育舞蹈、跆拳道、野外生存等单项体育俱乐部。

(二) 俱乐部的选项工作

通过宣传栏、广播、网络等多种信息平台和渠道,使广大学员在选择项目以前能基本了解体育教学俱乐部的项目设置、组织形式、活动内容及教师的基本情况。学员根据自己的兴趣和爱好以及自己对体育课程的全面评价,自由选择和确定参加体育教学俱乐部。

(三) 俱乐部教学形式

俱乐部采用以学员为主体的教学组织形式。教学的基本形式如下:教师依据学期教学计划,根据学员的实际情况,制订以“教学模块”为单元的教学计划,灵活地实施教学进程。在教学过程中,教师应采取集中辅导与个别辅导相结合的教学方式,并采用“以赛带练”“以赛促练”的方式进行教学,以不断提高和巩固学员对该运动项目的兴趣,促进技术和技能水平的提高。

(四) 体育俱乐部健身运动学习效果的评定

体育俱乐部健身运动的评价应采取过程评价和结果评价相结合的方法,应注重学员的实际参与过程,注重平时参与体育教学俱乐部活动时的具体表现和态度,注重学员个体的差异性,注重学员在运动竞赛中所取得的成绩与名次及进步情况。要采用定量与定性相结合的评价手段,客观公正地评价每位学员的体育学习,最大限度地激发每一位学员学习体育俱乐部健身运动的积极性。

三、体育俱乐部健身运动锻炼计划的制订与内容选择

(一) 体育俱乐部健身运动的锻炼原则

1.明确目的,提高自觉性和积极性

“欲图体育之有效,非动其主观,促其对于体育之自觉不可”。只有使学员认识到体育健身的作用,明确锻炼目的,树立自觉、积极的态度,才能收到预想的锻炼效果。

2.从实际出发,讲究实效

只有做到因时、因地、因人制宜,才能获得锻炼身体的效果。因时制宜,就是要根据地区季节气候的变化,选择合适的内容和方法;因地制宜,就是要从实际出发,充分利用现有的体育场地、设备、器材;因人制宜,就是要根据不同性别,不同的生理、心理素质及不同的体育基础,选择锻炼的内

容,安排合适的运动负荷。

3.全面锻炼,合理选择

全面锻炼能使身体的形态机能和各器官的功能得到全面的发展。另外,学员应根据个人的具体特点去选择全面提高身体素质的内容。

4.循序渐进,制订适宜的运动负荷

体育锻炼要遵守由浅入深,由易到难,由简到繁,运动量由小到大,循序渐进的原则。心率一般控制在110~150次/分,这是体育运动取得良好效果的有效心率范围。运动负荷过小,则作用甚微;负荷过大,则有损健康。

5.经常锻炼,持之以恒

人体机能水平的提高,各项身体素质和运动技能的形成与巩固,不是一朝一夕就能奏效的。体育锻炼,贵在坚持,不能一曝十寒。否则,不仅不能获得锻炼效果的积累,反而会使已获得的适应性逐步消退。

(二) 体育俱乐部健身运动锻炼计划的制订

制订锻炼计划的目的在于使体育锻炼更符合系统性与科学性,同时也便于检查锻炼的效果和总结锻炼的经验。锻炼计划可分集体和个人两种形式,按照时间又可区分为阶段性计划和课次计划。一般而言,体育俱乐部健身运动的阶段计划以一个学期为宜。

1.制订锻炼计划的原则

第一,选择锻炼内容和安排运动负荷,要符合自己身体的特点和锻炼目的。若为了减肥,那么可参加有氧健身运动,采用大、中等强度运动量进行运动;若为了健身,那么可采用中等强度运动量进行锻炼。

第二,每周运动负荷的安排要大中小相结合,把大运动负荷安排在超量恢复阶段。一般情况下,每周安排1~2次大运动负荷的锻炼即可,期间辅以中、小运动负荷进行调整。

第三,阶段计划应简单易行,每次计划要具体。对每一次锻炼要有具体目标,并选择有效的锻炼途径和锻炼方法。

第四,锻炼计划的执行要与医务监督相结合。最好能做锻炼日记,以便及时发现问题,并及时加以调整,使锻炼计划不断完善。

2.制订锻炼计划的方法

第一,根据阶段性计划、锻炼目的和内容等选择锻炼方法,进行练习时间的分配和负荷控制。

第二,制订计划的实施方案,应包括准备活动、基本活动和整理活动三个部分。不同项目有不同的特点,三部分时间的分配应根据项目特点进行合理安排。

3.锻炼内容的选择

科学地选择锻炼的内容,是达到良好锻炼效果的重要环节,其主要原则是因人制宜,方便实用。

第一,因人制宜。在选择锻炼内容时应考虑自身性别、身体条件、健康状况和锻炼的目的,明确目的是为了健身还是健美,是为了娱乐还是医疗康复,是为了比赛还是消遣等。

第二,方便实用。参加体育俱乐部的锻炼活动须考虑锻炼的全面性,应使身体的各个部位(上下肢、躯干)、内脏器官(尤其是心脏)、身体素质(力量、速度、耐力、灵敏与柔韧)获得全面的发展,要做到"少而精",讲求实效。

第二节 社区体育健身路径选择与方法

一、健身路径的选择

由于个人年龄、性别、身体条件和健康状况的不同,在进行健身路径锻炼时应合理选择锻炼方法。按体质、健康状况等方面,可把锻炼划分成五种类型,个人根据自己的实际情况选择适合自身的锻炼内容和方法,以达到理想的健身效果。

(一)健康型

健康型是指身体健壮,有较强的参加体育锻炼的热情和欲望,并能承受较大的运动负荷者。这类人根据实际情况可选择一两个运动项目作为健身手段。常用综合练习法、重复练习法和间歇练习法等进行有计划的锻炼。

(二)一般型

一般型是指身体不太健壮,但无疾病,体质一般者。这种类型的人占大多数，他们通常认为自身无病而缺乏参加体育锻炼的热情和恒心，进行体育锻炼通常流于形式。这类人应选择对增强体质有实效，形式活泼，能激发参加锻炼兴趣的项目和方法。常用综合练习法、重复练习法较好。

（三）体弱型

体弱型是指体弱多病的人。为增强体质，战胜疾病，增进健康，可采用慢跑、定量步行、太极拳、气功等方法进行锻炼。宜先用重复练习法、循环练习法进行力所能及的锻炼。

（四）肥胖型

肥胖型是指体重超过正常标准的人。他们的锻炼多为减肥，因此可选择长跑、长距离游泳和健美运动等进行锻炼。一般多采用重复练习法和循环练习法。

（五）消瘦型

消瘦型是指体重低于正常指标的人。他们希望通过锻炼能使自己更壮实、丰满，可选用举重、体操、健美运动等项目，多采用重复练习法和循环练习法。只要长期坚持，并有一定负荷刺激肌肉，使之横断面增大，就能够使肌肉健壮，进而拥有匀称的健康体型[1]。

二、健身路径的方法

健身路径的练习方法是根据人体发展规律，运用各种身体练习和自然因素以发展身体的方式。健身路径的练习方法是贯彻体育锻炼原则，达到体育锻炼目的的途径。

（一）重复锻炼法

重复练习法是指按一定负荷标准，多次重复进行某项练习。重复的次数和时间，是决定健身效果的关键。确定和调节重复的次数和时间，应考虑项目的特点。运用重复锻炼法时要注意克服厌倦情绪，防止机械呆板。

（二）间歇锻炼法

间歇锻炼法是指进行重复锻炼时两次之间要合理的休整。它是提高锻炼效果的一种常用的锻炼方法。

间歇锻炼时，间歇时间长短主要以运动负荷阈值为准。一般地说，负

[1] 阮凌：《体育保健与康复系统的建立与应用研究》，北京：中国原子能出版社，2018年。

荷超过上限时，间歇时间应长些，以防止负荷继续上升，造成过多的体力消耗；在上限时，间歇时间应短，密度应大。后次锻炼应在前次锻炼的效果未减退时进行，倘若间隔时间过长，在前次锻炼效果消失后再进行锻炼，就会失去间歇的意义。

（三）变换锻炼法

变换锻炼法是指在锻炼过程中，采取变换环境、变换条件、变换要求等手段，以提高锻炼效果的一种方法。采用变换锻炼练习法，可以有效地调节生理负荷，提高锻炼情绪，强化锻炼意志，克服疲劳和厌倦情绪。

（四）锻炼法

循环锻炼法是指把各种类型的动作、具有不同练习效果的手段组成一组锻炼项目，并按一定顺序循环往复地进行锻炼的方法。这种方法具有综合锻炼的效果。

循环锻炼所安排的各个练习点，内容搭配要选用已经掌握的简单易行的动作，同时应规定好练习的次数、规格和要求。由于各点的动作及使用器械不同，练习时花样翻新，交替进行，可激发兴趣，减轻疲劳，提高密度，具有显著的健身效果。采用循环锻炼法时，要强调动作的质量，防止片面追求运动密度和数量的倾向。

第三节 现代广场类健身运动方法

一、健美操健身

（一）健美操的特点

1.高度的艺术性

健美操是融体操、舞蹈、音乐于一体的追求人体健与美的运动项目，因此大众健美操属于健美体育的范畴，具有高度的艺术性。其艺术性主要体现在“健、力、美”的项目特征上。

“健康、力量、美丽”是人类有史以来所追求的身体状况的最高境地。而在健美操运动中，无论是健身健美操，还是竞技健美操，无不处处表现出

“健、力、美”的特征，包含着高度的艺术性因素，使得健美操不同于其他运动项目，这也正是人们热爱健美操运动的原因之一。大众健美操具有运动协调、流畅、有弹性的特征，能够使练习者不仅锻炼了身体，增强体质，还能从中得到“美”的享受，提高艺术修养[1]。

2.强烈的节奏性

大众健美操动作具有强烈的节奏性特点，并通过音乐充分地表现出来。因此，音乐是健美操运动不可缺少的组成部分。健美操音乐的特点是节奏强劲有力、旋律优美，具有烘托气氛、激发人们情绪的效应。大众健美操运动之所以深受人们喜爱，除练习本身的功效性、动作的时代感外，很重要的因素之一是现代音乐给健美操带来的活力。健美操运动与音乐的强烈的节奏性使健美操练习更具感染力，表演更具观赏性。

3.广泛的适应性

健美操练习形式多样，运动量可大可小、容易控制，对场地器材的要求也不高。因此，健美操对各个年龄层次、不同性别、不同身体素质、不同技术水平的人都适宜，各种人群都能从健美操练习中找到适合自己的方式，从中得到乐趣。例如，中老年人可选择低强度的有氧练习，达到锻炼身体、娱乐身心、保持健康的目的；对具有较好身体素质、有意进一步提高的年轻人来说，可选择难度较高、运动量较大的健美操作为练习的手段，这样不仅锻炼了身体，还能提高技术水平满足其进取心要求。因此，健美操运动具有广泛适应性的特点。

（二）健美操的作用

1.塑造形体美功能

“形体”分为姿态和体型。姿态即从人们平时的一举一动表现出来的行为习惯，受后天因素的影响较大。而体型则是指人们身体的外形。虽然体育锻炼可适当改善体型外貌，但相对来说遗传因素起决定性作用。良好的身体姿态是形成一个人气质风度的重要因素。健美操练习的动作要求和身体姿态要求与人们日常生活中的状态要求基本一致。因此，通过长期的健美操练习可改善不良的身体状态，形成优美的体态，从而在日常生活中表现出一种良好的气质与修养，给人以朝气蓬勃、健康向上的感觉。健美操运动还可塑造健美的体型。通过健美操练习尤其是力量练习，可使骨

[1]何仲涛：《大众运动健身指南》，北京：科学出版社，2020年。

骼粗壮、肌肉围度增大，从而弥补先天的体型缺陷，使人变得匀称健美。其次，健美操练习还可消除体内和体表多余的脂肪，维持人体吸收与消耗的平衡，降低体重，保持健美的体型。

2.缓解精神压力，娱乐身心功能

随着时代的发展和社会的进步，人们在享受科学技术所带来的舒适生活和各种便利的同时，也承受着来自各个方面的精神压力。研究证明，长期的精神压力不仅会引起各种心理疾患，还会引起许多躯体疾病如高血压、心脏病、癌症等。体育运动可缓解精神压力、预防各种疾病的产生是科学研究已证实的事实。而健美操作为一项体育运动，以其动作优美、协调、锻炼身体全面，同时有节奏强烈的音乐伴奏而著称，是缓解精神压力的一剂良方。在轻松优美的健美操锻炼中，练习者的注意力从烦恼的事情上转移开，忘掉失意与压抑，尽情享受健美操运动所带来的欢乐，得到内心的安宁，从而缓解精神压力，使人具有更强的活力和最佳的心态。另外，健美操锻炼增强了人们的社会交往。目前，无论是国外还是国内，人们参加健美操锻炼的方式是去健身房，在健美操教练的带领和指导下集体练习，而参与健美操锻炼的人来自社会的各阶层。因此，这种形式扩大了人们的社会交往面，把人们从工作和家庭的单一环境中解脱出来，可让人们接触和认识更多的人，开阔眼界，从而为生活开辟了另一个天地。大家一起跳、一起锻炼，共同欢乐、互相鼓励，有些人因此成为终身的朋友。因此，健美操锻炼不仅能强身健体，同时还具有娱乐功能，可使人在锻炼中得到一种精神享受，满足人们的心理需要。

3.医疗保健功能

健美操作为一项有氧运动，其特点是强度低、密度大，运动量可大可小，容易控制。因此，健美操除对健康的人具有良好的健身效果外，对一些病人、残疾人和老年人也是一种医疗保健的理想手段。例如对下肢瘫痪的病人来说，可做地上健美操和水中健美操，以保持上体的功能，促进下肢功能的恢复。总之，只要控制好运动范围和运动量，健美操练习就能在预防损伤的基础上，达到医疗保健的目的。

(三) 大众健美操基本步伐

1.高冲击力步伐

高冲击力步伐动作是指在做动作时，两脚都离地的动作，其为平常所说的跳类动作。主要包括单脚起跳、两脚起跳、迈步起跳和跑步四大类。

(1)单脚起跳

此类动作是指先抬起一腿,另一腿跳起的动作。

第一,吸腿跳。动作描述:一腿屈膝抬起,落下还原,另一脚离开地面,向上跳起。技术要点:支撑腿保持屈膝弹动,大腿上抬至水平,上体保持正直,注意身体的稳定性。动作变化:向前吸腿跳、向侧吸腿跳、向前侧吸腿跳、转体吸腿跳。

第二,屈腿跳。动作描述:一腿站立(跳起),另一腿向后屈膝,放下腿还原。技术要点:支撑腿保持弹性,两膝并拢,脚跟靠近臀部屈膝腿的膝关节不宜超过支撑腿的膝关节,落地时注意缓冲。动作变化:左右依次后屈腿跳、转体后屈腿跳。

第三,弹踢腿跳。动作描述:两腿起跳,单腿落地,另一腿小腿后屈,然后小腿前踢伸直。技术要点:两脚落地的过程,弹踢腿脚尖伸直,上体保持正直。动作变化:向前弹踢腿跳、向侧弹踢腿跳、转体的弹踢腿跳、移动弹踢腿跳。

第四,摆腿跳。动作描述:一腿自然摆动,另一腿向上跳起,落地时两腿屈膝缓冲。技术要点:保持上体正直。主力腿屈膝缓冲,摆动腿抬起时幅度不要过大且要有控制。动作变化:向前摆腿、向侧摆腿。

(2)两脚起跳

动作描述:这类动作是指两脚起跳、两脚落地的动作。两腿的动作基本一致,两脚需要腾起一定高度,落地时注意屈膝缓冲。

第一,并腿跳。动作描述:两腿并拢同时跳起,屈膝,然后落地缓冲;技术要点:起跳时,两脚同时用力,落地缓冲有控制;动作变化:向前并腿跳、向后并腿跳、向侧并腿跳。

第二,开合跳。动作描述:由并腿跳起,分腿落地,再由分腿跳起,并腿落地。技术要点:分腿屈膝蹲时,两脚自然外开,膝关节沿脚尖方向屈,夹角不小于90°,膝关节有弹性的缓冲,脚跟落地。动作变化:原地开合跳,转体开合跳。

第三,弓步跳。动作描述:并腿向上跳起,前后成分腿姿势落地,接着再向上跳起,并腿落地。技术要点:落地时,膝关节有弹性地缓冲,分腿落地时双脚的脚尖都朝前方,且基本在一条直线上。动作变化:左右弓步跳、前后弓步跳、侧弓步跳。

(3)迈步起跳

第一,并步跳。动作描述:以右脚起步为例。右脚迈出,随之蹬地跳起,左脚并右脚,并腿落地。技术要点:身体重心随身体迅速移动,落地时注意缓冲。动作变化:向前并步跳、向后并步跳、向侧并步跳。

第二,迈步吸腿跳。动作描述:右脚向前迈出一步,之后身体重心跟进,同时左腿抬起,抬起至90°时,两脚起跳。技术要点:跳起时,上体保持正直,收腹立腰。动作变化:向前迈步吸腿、向侧迈步吸腿。

第三,迈步后屈腿跳。动作描述:一腿侧迈一步,另一腿向后屈膝,同时两腿起跳,缓冲落地。技术要点:两腿跳起时,屈膝腿脚尖绷直,落地时,两腿膝关节微屈,不宜伸直。动作变化:向前迈步后吸腿、向侧迈步后吸腿。

(4)跑步

动作描述:两腿腾空,依次落地缓冲,两臂屈肘摆臂。落地屈膝缓冲,脚跟尽量落地。

第一,后踢腿跑。动作描述:两脚依次经过腾空后,一脚落地缓冲,另一腿小腿后屈,两臂配合下肢前后摆动。技术要点:膝、踝关节有弹动的缓冲,落地时由前脚掌着地。动作变化:原地跑、向前跑、向后跑、弧线跑、转体跑。

第二,小马跳。动作描述:以右脚起步为例。左脚蹬地跳起,同时右脚向侧迈步落地,随之左脚并右脚点地,随后反方向做一次,动作相同,方向相反。技术要点:两脚轻松蹬地,身体重心随之平稳移动,注意膝踝的弹动。动作变化:原地小马跳、向前小马跳、向侧小马跳、向后小马跳、转体小马跳。

2.低冲击力步伐

低冲击力步伐动作是指在做动作时一脚着地,另一脚离地的动作。低冲击力步伐动作是目前健身健美操编排运用最多的动作类型,主要有踏步类、点地类、迈步类和抬腿类四种类型。

(1)踏步类

动作描述:此类动作两脚依次抬起,在下落时膝、踝关节有弹性地缓冲。

技术要点:注意两腿的相对位置以及脚尖膝盖的朝向,做动作时注意膝关节、踝关节有弹性地缓冲。另外,根据动作的需要,躯干部分要有适当的起伏变化,要与基本步伐协调。

第一,踏步。动作描述:两腿原地依次抬起,依次落地。技术要点:下落时,踝、膝、髋关节依次有弹性地缓冲。动作变化:踏步转体、踏步分腿、踏步并腿、弹动踏步。

第二,走步。动作描述:迈步向前走时,脚跟先落地,过渡到全脚掌;向后走时则相反。技术要点:落地时,踝、膝关节有弹性地缓冲。动作变化:向前向后走步、向侧前和侧后走步、向左右转体或弧线走步。

第三,一字步。动作描述:一脚向前一步,另一脚并于前脚,然后依次还原。技术要点:向前迈步时,脚跟先着地,过渡到全脚掌;前后均要有并腿过程;每一拍动作膝关节始终有弹性地缓冲。动作变化:向前向后的一字步、转体的一字步。

第四,"V"字步。动作描述:一脚向前侧方迈一步,另一脚随之向另一方迈一步,两脚开立,屈膝,然后依次退回原位。技术要点:两腿膝、踝关节始终保持弹动状态,分开后成分腿半蹲,重心在两腿之间。动作变化:倒"V"字步、转体"V"字步、跳的"V"字步。

第五,漫步。动作描述:一脚向前迈出,屈膝,重心随之前移,另一脚稍抬起,然后原地落下;或向后撤一步,重心后移,另一脚稍抬起,然后原地落下。技术要点:两脚始终保持交替落地,身体重心随动作前后移动,但始终在两脚之间。动作变化:转体的漫步、跳的漫步。

(2)点地类

动作描述:此类动作两腿有弹性地屈伸,点地时,一腿屈膝,另一腿伸直。技术要点:整个动作过程中,膝盖要有弹性地屈伸,包括动作完毕时,两腿膝盖也应处于微屈状态,而不应过分伸直,从而破坏健美操特有的弹性。动作变化:前点地、侧点地、后点地。

第一,脚尖点地。动作描述:一腿稍屈膝站立,另一腿伸出,脚尖点地,然后还原到并腿姿势。技术要点:支撑腿始终保持屈膝站立,并且随动作有弹性地屈伸。动作变化:脚尖前点地、脚尖侧点地、脚尖后点地。

第二,脚跟点地。动作描述:一腿稍屈膝站立,另一腿伸出,脚跟点地,然后还原到并腿姿势;只可做向前和向侧的脚跟点地。技术要点:支撑腿始终保持屈膝站立,并且随动作有弹性地屈伸。动作始终保持高度的弹性和节奏感。动作变化:脚跟前点地、脚跟侧点地。

(3)迈步类

动作描述:一条腿迈出一步,重心移到这条腿上,另一条腿用脚跟、脚尖点地或吸腿、屈腿、踢腿等,然后向另一个方向迈步。技术要点:注意重心之间的转换和跟进。

第一,并步。动作描述:一脚迈出,另一脚随之并拢屈膝点地,再向反方向迈步。技术要点:两膝保持弹动,动作幅度和力度以动作风格而定。动作变化:左右并步、前后并步、向两侧并步、转体并步。

第二,迈步点地。动作描述:一脚向侧迈一步,两脚经屈膝移重心,另一腿在前、侧或后用脚尖或脚跟点地。技术要点:两腿有弹性地屈伸,重心移动轨迹呈弧形;上体不要扭转。动作变化:左右迈步点地、前后迈步点地、迈步转体点地。

第三,迈步后屈腿。动作描述:一脚迈出一步,另一腿后屈,然后向相反方向迈步技术要点:经过屈膝半蹲,支撑腿稍屈膝,后屈腿的脚跟靠近臀部。动作变化:侧迈步后屈腿、前后移动后屈腿、转体后屈腿。

第四,迈步吸腿。动作描述:一脚迈出一步,另一腿屈膝抬起,然后向反方向迈步。技术要点:经过屈膝半蹲,还原时支撑腿稍屈膝。动作变化:向前迈步吸腿、向侧迈步吸腿、向侧前迈步吸腿、转体地吸腿。

第五,侧交叉步。动作描述:一脚向侧迈一步,另一脚在其后交叉,随之再向侧迈一步,另一脚并拢,屈膝点地。技术要点:第一步脚跟先落地,身体重心快速随着脚步而移动,保持膝、踝关节的弹动。动作变化:左右的交叉步、转体的交叉步。

(4)抬腿类

动作描述:一腿站立,另一腿抬起的动作。技术要点:这一类动作要求支撑腿有控制地屈膝弹动,另一腿以各种形式抬起,同时收腹、立腰。

第一,吸腿。动作描述:一腿屈膝抬起,落下还原。技术要点:支撑腿保持屈膝弹动,大腿上抬至水平,小腿自然下垂,绷脚尖,上体保持正直。动作变化:向前吸腿、向侧吸腿、向侧前吸腿、转体地吸腿。

第二,踢腿。动作描述:一腿稍屈膝站立,另一腿抬起,然后还原。技术要点:抬起腿要有控制,保持上体正直;主力脚脚跟不能离地,膝关节微屈缓冲;踢腿的幅度因人而异,避免受伤。动作变化:前踢、侧踢。

第三,摆腿。动作描述:一腿稍屈膝站立,另一腿做摆动,然后还原成并步。技术要点:摆腿时上体顺势前倾、后倒或侧倾;主力腿屈膝缓冲,摆动腿抬起时幅度不要过大且要有控制。动作变化:向前摆腿、向侧摆腿。

第四,弹踢。动作描述:一腿站立(跳起),另一腿先向后屈,再向前下方弹踢,还原。技术要点:腿弹出时要有控制,两膝盖紧靠,弹踢腿,脚尖伸直保持上体正直。动作变化:向前弹踢、向侧弹踢、转体地弹踢、移动弹踢。

3.无冲击力步伐

无冲击力步伐动作是指两腿始终接触地面的动作,主要包括并腿和分腿两大类。

(1)并腿类

动作描述:这类动作两腿始终接触地面,并且两脚始终并拢,脚尖朝前。技术要点:膝关节要有弹性地屈伸,把握好弹动的技术。

第一,膝弹动。动作描述:两腿并拢,膝关节有弹性地屈伸。技术要点:膝关节由弯曲到还原,还原时膝关节应处于微屈状态。

第二,踝弹动。动作描述:两腿伸直或屈膝,踝关节有弹性地屈伸。技术要点:脚尖或脚跟抬起时,保持身体的稳定性和踝关节的弹性。

(2)分腿类

动作描述:这类动作是指两腿分开,膝关节有弹性地屈伸。技术要点:膝关节屈伸要有较好的弹性,重心移动要平稳自如。

第一,半蹲。动作描述:两腿有控制地屈伸;可分为并腿半蹲和分腿半蹲。技术要点:分腿半蹲时,两腿左右分开稍宽于肩,脚尖稍外开,膝关节角度不小于90°,方向与脚尖方向一致,臀部向后45°方向下蹲,上体保持直立。动作变化:并腿半蹲、迈步半蹲、迈步转体半蹲。

第二,弓步(lunge)。动作描述:两脚前后分开,平行站立,下蹲。技术要点:半蹲时,后腿膝关节向下,大腿垂直于地面;重心在两脚之间,前腿膝关节弯曲不能超过90°,膝关节不能超过脚尖。动作变化:原地前后弓步、原地左右弓步、转体弓步。

第三,移动重心。动作描述:由两腿开立为初始动作,两腿屈膝下蹲之后,身体向右侧移动重心,然后两腿伸直,右脚全脚掌着地,右腿脚尖点地。技术要点:身体重心的移动要保持平稳。动作变化:左右移重心、前后移重心。

(四)健美操的注意事项

1. 巧妙控制好跳操的时间

并不是跳得越久效果越好,尤其是刚刚开始进入跳健美操的人,应该根据自己的实际身体情况来选择合适的时间。

2. 选择适合自己的方式

有些健美操运动量非常大,比较适合长期有锻炼的人。对目标的追求不同,跳健美操的种类选择也应该有所不同。一般情况下,依据目的,可分为健身性健美操和竞技性健美操;根据适用人群,可分为女子健美操和男子健美操;依据练习方式,可分为徒手健美操和持轻器械或专门器械的健美操,如健美球操;根据局部的训练部位分,可分为颈部健美操、腹部健美操、腿部健美操等。

3. 穿轻松舒适的衣服

跳健美操应该选择有弹性的运动服装,以动作不受束缚为好。棉质服装吸汗性较好,适合运动时穿着。有人为了减肥,喜欢穿塑胶紧身衣运动,事实上,这对减肥的帮助非常有限。塑胶紧身衣可以使人在运动时大量出汗,但这样减轻的体重容易反弹。所以,穿着合适的衣服来跳健美操是相当重要的。

4. 调节好呼吸

跳健美操能让整个人的每个细胞都活动起来,正确的呼吸能加快新陈代谢,有助于减肥瘦身。因此,遵从教练的指导,调整呼吸才能持续跳健美操,这是跳健美操的一个关键。

5. 做好准备活动

充分的准备活动能使关节、韧带、肌肉温度升高,增加身体灵活性、提高神经系统兴奋程度和心血管活动水平,从而防止运动伤害的发生。

6. 及时补充水分

在锻炼过程中应注意及时补充水分,以保证身体健康和正常机体的需要。补充水分的方法最好是少量多饮,随时保持体内水分的平衡。

7. 进食后2小时进行锻炼

一般进食后间隔2小时才可进行健美操锻炼。因为进食后胃中食物充盈,立即运动会影响消化,容易出现腹痛、恶心等症状。所以,运动前应吃些易于消化的食物，运动后应休息30分钟后再进食。

8.不要空腹锻炼

如果长期空腹锻炼，那么会导致体重急剧下降，脏器功能受损，产生疾患，影响健康。

二、广场舞运动

(一) 广场舞总体概述

广场舞是融自娱性与表演性为一体，以特殊的表演形式、热情欢快的表演内容，以集体舞为主体的，在公共场所多人参与的，以娱乐身心和锻炼身体为目的的，非专业性的舞蹈艺术表演活动。广场舞是舞蹈艺术中最大的一个子系统。

据艺术史学家考证，人类生活最早出现的艺术形式是舞蹈。广场舞源于社会生活，产生于人民群众之中。群众是广场舞的创作者和表演者。广场舞有着自己的表演形式和结构特征。如今的广场舞中运用了各个舞种中形式多样的技巧。广场舞的参与者多为中老年人，其中又以妇女居多。在社会生活中，广场舞因其良好的健身效果成为群众喜闻乐见的形式。而在实践中，小部分广场舞因为组织混乱，有时候会产生扰民的不良影响，应当加强管理。广场舞的流行与当下中老年妇女的健身需求结合之后，又促进了这部分人群改变了以前的蜗居生活转而形成交流互动。

(二) 广场舞的特征

1.特殊性

广场舞不是在剧场表演，剧场表演舞台幕布把观众和演员隔离开来，分为舞台表演区和观众欣赏区，使观众和演员分开。而广场舞是在观众当中表演，演员至少有三个面对着观众直接表演，演员和观众能直接交流。鲁迅曾经说过，美的享受的特殊性，即在直接性。失去了“直接性”，必然影响损害“美的享受”。舞台和观众是一体的，观众和演员打成一片，融为一体，使观众有一种特殊的感受。

由于广场舞表演形式的特殊性，表演现场三面或四面都是观众，表演舞台和观众是整体的，表演现场人头攒动、火爆热闹。这就使得大多数广场舞的表演内容一定是热情欢快的，用舞蹈术语讲就是“情绪舞”。这种表演形式决定广场舞不可能表现悲悲切切的内容或非常有意境的作品，这是由广场舞的特殊表演环境所决定的。

2. 集体性

广场舞是群众参与性很强的表演艺术形式。表演方式都以集体舞出现,少则几十人多则几百人,场面红火热闹。广场舞一定是在广场上表演,表演场地一般都比较宽阔,表演人数不能太少。所以,广场舞一般都是以集体舞的形式来表现的。在宽阔的场地中表演大多不采用单人舞、双人舞、三人舞的形式。

3. 因陋就简

广场舞是在广场上表演的艺术形式,同时广场舞的表演方式有很大的灵活性。时间可长可短,完全体现主客观的意愿和需要。广场这个表演环境不可能有很好的布景、舞美来体现很复杂的内容。所以,广场舞在表现内容和舞蹈结构上不能搞得过于复杂,只能凭借饱满的情绪和队形的变化来博得观众的喜爱。

4. 自娱性

自广场舞产生以来自娱性是广场舞的主要特征。民众在参与广场舞时并不要求名利,完全是为了自娱。晨练时的广场舞,大部分都是民众自发性的表演。利用舞蹈来抒发情感的艺术,使舞者内在情感得以宣泄,产生精神振奋的愉悦感,同时观赏者也得到精神享受,这使舞者得到表现自我的机会,产生自我价值感。这就是决定广场自娱乐性的原因所在,也是广场舞自产生以来经久不衰的原因。

5. 自发性

很多市民自发组织跳广场舞的活动,甚至自掏腰包买设备。虽然没有正规的场地,但他们的音响、镭射彩灯等设备却一应俱全。跳舞的市民越来越多,还有更多的人主动集资添置设备。团队中不少人还主动从网上看视频学习舞蹈,甚至到外地“取经”,学会后教大家,这样一来,舞蹈种类也变得越来越多。参与者敬佩义务教群众跳舞的人,为了集体的健康和娱乐活动,他们不计报酬,负责带音响设备的几乎不会缺席,带动了市民甚至是一个城市的舞动。

(三) 广场舞的作用

1. 健体作用

广场舞具有体育锻炼的价值。经常进行排舞练习能够使心血管和呼吸系统得到良好的锻炼，改善心肺功能，加速新陈代谢过程，促进消化，消除大脑疲劳和精神紧张，从而达到增强体质、增进健康、延缓衰退、提高人体的活动能力等良好的健身作用。

2.健心作用

从心理学的角度来分析，人的注意力是心理活动对一定对象的指向和集中。也就是说，注意是受指向制约的，在翩翩起舞的过程中，其注意力必然都集中在欣赏优雅的舞曲音乐，并随着节奏将内心情感抒发在舞姿上。由于存在注意力的转移，这样就能使身体其他部分的机能得到调整和充分休息。所以，参加排舞这项运动能消除紧张的情绪和缓解压力。在优美动听的音乐、美妙的舞姿中，能使练习者消除疲劳、陶冶心灵，感受到愉快的情绪，从而达到最佳的心理状态。

3.降脂作用

广场舞是活跃在各个城市中的一道靓丽风景，也是城市人很喜欢的一种健身减肥的舞蹈，所以广场舞中也有一种舞蹈叫作瘦身舞。跳舞其实也是一种运动，运动减肥不仅可最快、最有效地达到减肥目的，同时还可以增强体质，提高身体免疫力。不少朋友通过减肥瘦身舞参与运动减肥，并达到了意想不到的减肥效果。

4.健脑作用

记忆，就是过去的经验在人脑中的反映。它包括识记、保持、再现和回忆四个基本过程。其形式有形象记忆、概念记忆、逻辑记忆、情绪记忆、运动记忆等。排舞过程不仅需要运用形象记忆、概念记忆，还要运用情绪记忆和运动记忆。随着年龄的不断增长，个体记忆力会以很慢的速度减退，这是自然规律，也是正常现象。通过排舞练习以及对大脑神经的不断刺激，能够减缓记忆力减退的生理现象，达到良好的健脑效果。

5.健美作用

广场舞的练习是在优美动听的音乐旋律中，用心灵共舞，把细腻的情感注入舞姿中，并以高超的舞蹈技艺形神一致地表现出各种动与静的姿态，塑造出各种美妙的意境组合，体现出美的姿态、美的造型，创设出体育与艺术、健与力高度结合的意境，给人们艺术熏陶和美的享受。因此，广场舞练习对形态、姿态、健康等方面都有较高的要求。经常参加排舞练习是一项很好的形体训练，能够提高人体的协调能力，强健身体各个部位的肌肉群，以及增加骨骼的骨密度，故具有十分积极的健美作用。

6.调节作用

可以调节情绪、调节生活、调节人际关系。

(四) 广场舞的类型

1.原生态

原生态主要分布在乡村，包括汉民族和少数民族。这种表演形式一般都在正月十五闹红火出现，群众自发表演为主体，这只是指汉民族。少数民族会体现在生活的各个方面。但汉民族广场舞形式广泛，种类众多是我国广场舞的主体。原生态广场舞是中国的文化瑰宝，历史最悠久，文化内涵最多，也是创作舞蹈的基础，如在广场艺术节中的朔州《踢鼓子秧歌》。

2.加工舞

加工舞是在原生态舞蹈的基础上加以整理有所创新的广场舞蹈。这种广场舞历史不长，从延安新秧歌运动算起，加工舞只有几十多年的历史。但是，这种广场舞既保留了原生态最精华的东西，又赋予了舞蹈新的时代感，能与当代文化同步成为使人民群众容易接受的艺术品。这也是广场舞蹈中最难做好的广场舞，因为旧和新不好融合，创作难度大，但出现的精品较多。例如，在山西省广场文化艺术节中出现的运城《高台花鼓》、柳林县的《盛世华章》、忻州原平的《凤秧歌》、绛州的《鼓舞》等。

3.新创作

这种广场舞内容丰富，形式多样。当然在创作中决不能离开广场舞的特征。创作广场舞可以利用各种舞蹈种类。可以利用民间舞素材创作一个全新的广场舞。例如，在山西省广场文化艺术节中的晋城快板舞蹈《夸晋城》、第四届山西省广场艺术节中太原市北城少年宫用芭蕾创作的少儿舞蹈《花儿朵朵》。再如，第三届山西省广场文化艺术节中用中国舞创编的《潞安鼓书》、第四届广场文化艺术节的开场、尾声等。创作新广场舞比较容易，因为不受传统的条条框框所限制。可以创作全新的音乐，全新的舞蹈，编导可自由发挥，当然这离不开广场舞蹈本身的特点。但是，创作广场舞蹈很难成为精品，因为没有传统舞蹈的基石，全靠编导的创作功力和眼光。不过，创作新的广场舞蹈对传统民间广场舞蹈有着很好的推动作用。比如，20世纪90年代初就出现过百人《元宵夜》、百人《担鲜藕》、百人《回娘家》。这些作品对传统民间广场舞蹈有着推动和借鉴的作用。创作新广场舞好的普及，可因人而创作。例如，北京《新秧歌》就有着很好的普及作用，老少皆宜。

4.踏歌舞

这种广场舞是最近几年兴起的一种中老年喜爱的流行广场舞蹈。踏歌广场舞的全称是紫蝶踏歌广场舞，又称紫蝶广场舞、踏歌广场舞。随着音乐高低音节奏而有序踏出舞步，是一套广泛流行于网络、民间的广场健身舞蹈。踏歌广场舞，简洁明快、舒缓柔美，特别适合中老年人群做健身、娱乐活动。踏歌广场舞蹈一般有快三、中三、慢三、快四、中四、慢四。主要节目有：《秋风无情》《哥哥妹妹》《凤凰姑娘》《月光》《我的渴望》《为你等待》《红雨伞》等。

5.即兴舞

即兴舞是广场舞的一种。"即兴舞"是现代民间兴起的一种舞蹈，没有正规的策划和编排。随兴而舞和随机而舞的意识和思想内涵，是一种不受时间、空间、主题、意义等限制的自由舞蹈。即兴广场舞不要求动作统一，无须练习成套动作，追求差异美。只要有音乐，人人可跳，随到随跳。适应人群极广，任何一个人随时都可以到场和离场，因此这是真正意义上的全民健身运动。

（五）广场舞动作练习

1.节练习

即每节动作分别练习。常在新学一套动作、成套动作不熟练及动作变化较复杂的情况下采用。

2.分段练习

将全套动作分成几段，每次专门练习一段的各节动作，最后将各段连接起来练习成套动作。常为分段熟记和提高动作质量时采用。每段练习又可采用分节和连续练习方法。

3.累积练习

即从第一节开始，先本节单独练习一次，接着与前面的节数连起来练一次，依次练完全套动作。常为提高全套动作连接和熟记动作时采用。在返练前面节数时，又可采用分节和连续练习方法。

4.连续练习

即全套动作从开始至最后一节不停地连续完成。常在动作较熟练和加大身体负荷时采用。

5.断连练习

即在全套动作连续完成过程中,其中某一、两节动作暂停采用分节练习。常在全套动作基本熟悉、个别节的动作掌握不好时采用,以强化某节练习。

6.重复练习

即每节动作先练二八拍后进行纠正,接着再重复练习二八拍。常在学习新动作或较复杂动作时采用。

7.对称练习

即一节动作中,按左右路或前后排,在动作方向、部位、方法等方面对称地练习。常在动作熟练时,为提高练习难度、兴趣及配合能力而采用。对称方法可采用面对、侧对、背对、起伏、转动、移动等方式。

(六)广场舞的注意事项

1.跳舞时间

有些人为了跳广场舞,一大早就起床,连早饭都不吃;还有些人,在晚上要跳到很晚才回家睡觉,这都是不可取的。空腹跳广场舞,可能导致低血糖的发生,严重者甚至会昏厥。跳舞到很晚才休息,这不仅影响周围居民的休息,还会扰乱自身正常的生物钟,影响睡眠,时间长了还会导致多种慢性疾病的发生。此外,跳广场舞的场地一般会集中很多人,空气流通差,时间长了,对呼吸系统也会有影响。因此,建议大家最好饭后1小时再去跳舞,每次跳不超过1小时。

2.跳舞穿着

跳广场舞时,有些人会穿着硬底鞋、拖鞋,还有些人穿着紧身裤,这都不利于健康。广场舞虽然不像专业的舞蹈那样,但也是全身运动,腿脚活动的频率也很高。因此,鞋子一定要舒适,最好穿软底的防滑鞋,以免摔倒。好的运动鞋还能对跳舞时产生的冲击力有所缓冲,对心脏、大脑也能起到保护作用。穿拖鞋有摔倒的危险,穿硬底鞋则可能损伤腿脚,也没有缓冲的作用,最好别穿。

3.跳舞反应

广场舞的保健作用毋庸置疑,但有些人以为跳得大汗淋淋能起到健身作用,才会减肥、降脂、降糖,这种想法其实是错误的。其实,跳广场舞也是一种有氧运动。在跳舞过程中,以舞者能维持正常交谈、微微出汗为宜。

跳舞之后的大汗淋漓不仅容易引起感冒，还会使血容量减少，血液变得黏稠，有诱发心脑血管疾病的风险。

三、轮滑运动健身

（一）轮滑总体概述

轮滑曾经有很多汉化版本，旱冰、溜冰、滑冰、滚轴溜冰，但是现在，统一称为轮滑，但是并不是否定之前的叫法，因为这些都是正确的。

轮滑鞋分为双排轮滑和单排轮滑，两种类型的轮滑鞋又有着各自的项目。由于国内轮滑领域发展较晚，没有经过系统发展的后果导致了项目不完善，以至于国内玩家偏向于直排轮滑，这种认识不完整导致双排轮滑的落伍。而国内有不少说法是有双排基础想练单排或双排转单排之类的都是片面的且非常外行的说法。双排轮滑和单排轮滑作为运动器材都有着很高的国际地位，因为这是两种不同的运动器材。

轮滑也是很棒的代步工具，如果选对了类型，那么双排轮滑和单排轮滑都是可以刷街的。有人说双排轮滑不能刷街，这是非常不客观的说法。宽轮的路面适应能力是强过窄轮的，就像山地车和公路车的关系一样。双排轮滑的代步是和长板不相伯仲的，所有轮滑鞋代步，尤其是速滑鞋的刷街性能最为实用。

（二）轮滑运动的特点

1.娱乐性

轮滑运动有很强的娱乐性，从速度或技术上都是很有趣的，并且既可以个人单独练习也可以群体游戏。所以无论是平时休闲运动或朋友、同学之间举行小型比赛，轮滑这项运动可使人们从平时紧张、繁重的学习和工作中解脱出来，适当进行一些活动可以达到身心放松的目的。

2.环保性

轮滑运动本身不会产生任何污染，倡导了健康的环保理念，是一项时尚的健康运动。

3.健身性

轮滑是一项全身性运动，它能促进心脑血管系统和呼吸系统机能的改善和代谢作用的加强。例如，促进心脑血管系统和呼吸系统机能的改善和代谢，能增强臂、腿、腰、腹等各处肌肉的力量和身体各个关节的灵活性，特别是对人平衡能力的掌握有很大的帮助和协调。同时轮滑也是一项健康的有氧运动，可以达到强化心血管和燃烧脂肪的效果。所以，越来越多的女孩子把轮滑作为一项改善体形、减肥塑身的运动。

4.工具性

除了上述的特性外，轮滑还具有很多体育项目所不具备的一个特性，就是它可以当作交通工具。一般情况下，在平整的路面上，轮滑都可以代步成为交通工具。当然抓地性会因路况的不同而有所不同，但基本上是没有问题的。在交通越来越拥挤的今天，轮滑已经成为一种流行和时髦的交通工具。当然，还是要提醒大家，滑着轮滑穿梭于车来人往的大街上时，一定要注意交通安全。

5.安全性

作为一种非常受欢迎的运动，轮滑除了拥有极限运动所均有的娱乐性和刺激性外，轮滑还有着较强的安全性。美国麻省理工学院最近的研究报告提出了一项惊人的发现：直排轮鞋运动对关节所造成的冲击力较跑步对关节的冲击力低约50%。这主要是因为滑轮滑与跑步不一样，轮滑踏步的时候引起轮子的转动，采用聚氨酯制成的轮子的弹性对关节冲击很小，因此老年人和小孩子也适合这项运动。戴上头盔和护具，摔倒后受伤的危险性很小。

6.经济性

作为一项简单经济的运动，大家在玩轮滑的时候除了初学时需要储备的轮滑鞋和护具外，几乎不用再花费其他费用，这些运动器材的使用寿命很长，无需一直更换。而且，轮滑不像游泳、网球等运动那样，需要特定的运动场所。

7.方便性

轮滑不需要特定的运动场地，甚至专门有在公路上举办的轮滑公路赛等赛事，这些都展现出了轮滑这项运动的方便快捷性。同时，轮滑的另一大特点就是环保，它既不消耗能源也不造成环境污染。所以，玩轮滑基本没有什么需要顾虑的，只要想玩，就没有什么可犹豫的，只需找到一块平整的路面就可以享受轮滑带来的乐趣了。

8.刺激性

虽然轮滑是相对危险系数较低的一项极限运动，但这其实仅限于业余休闲的玩家来讲的，极限轮滑仍是一项非常具有挑战与刺激的运动。极限轮滑主要分为街式极限轮滑和专业场地极限轮滑，其专业场地的比赛又可分为道具赛和半管赛。这些比赛主要是做些危险动作，比如下梯、跳台、空中动作。评委会根据动作的难度和完成情况进行评分，观众在大饱眼福的同时也绝对能体会到轮滑无与伦比的刺激性。

9.观赏性

花样轮滑最初的出现是为了进行花样滑冰的训练，所以两者的观赏性也几近相当。轮滑的另一个项目——平地花式轮滑同样极具观赏性。从事平地花式轮滑时，运动员穿轮滑鞋灵活运用各种灵活多变的步法绕过放置在地上的障碍物，其动作敏捷、灵巧通常让观众惊叹不已，并且掌声不断。而速度轮滑则与跑步类似，更多注重的是速度。这以至于在轮滑的三个单项中，速度轮滑是观赏性相对较差的一项，但由于其运动的高速度和高难度，速度轮滑看起来仍是非常精彩的。

（三）轮滑运动的作用

第一，调整运动的量可以得到多方面的运动效果，如减肥等。每小时消耗2394～4830焦的热量，与跑步的效果不分上下。一般来说，轮滑的最大氧气消耗量（测量运动强度的基准）是跑步的90%，对保持有氧运动的最佳强度很有效果。根据研究发现，保持23千米/小时的速度滑轮滑时测量的心跳数是最高心跳数的74%，这属于典型的有氧运动，可以达到强化心血管和燃烧脂肪的效果。把速度加快到28千米/小时，心跳数会达到最高心跳数的85%，会超过无氧阈，这时候能提高肌肉的持久力。持续地滑轮滑可以把身体调整到最佳状态。

第二，对于成长期的孩子来说，轮滑是一个非常好的运动。能够提高平衡感、运动感、体力、持久力等，帮助成长期间孩子们的生长发育；在室外与更多的人一起运动使性格变开朗；有燃烧脂肪的效果会预防儿童肥胖。

第三，与家人一起做的运动。从成长期间的儿童到老年人男女老少都可以一起享受运动的快乐；易学的运动，女性也很容易学会。

第四，通过轮滑能交更多朋友。通过参与俱乐部等活动接触到更多的人会交很多朋友。

第五，不容易感到厌倦。轮滑可以做休闲、速滑、刷街、平花、轮滑球、花样等多样化的运动，所以不会让人容易厌倦，同时，看到自己轮滑技术的进步，会让人感受到成就感。

(四) 影响轮滑速度的因素

第一，起步。从"T"字形站姿起步，让一只脚保持前进姿势，脚尖向前，另一只脚向身体侧后方蹬地推出，就会有向前前进之力量。此时身体的重心应完全放在前脚上，身体稍向前倾(不是驼背)，这样后脚的发力收回过程才能顺畅。后脚收回后，换另一只脚向身体侧后方蹬出，重心位置依然放在前脚上。以此类推。

第二，滑行。滑行时为保持较好的平衡，要尽量屈膝弯腰。目的是稳定重心和便于发力。

第三，身体的重心。滑行时身体的重心要始终稍向前倾，随着两脚的不断交替，重心要不断地转移。当一只脚向侧后方蹬出时，身体重心必须要完全放在另一条腿上，这样才能保证蹬出的腿很顺畅地收回来。当这条腿收回落地时，重心马上转移到这条腿上，再把另一条腿蹬出。切记每次蹬腿时身体重心都要完全放在另一条腿上。如此循环。

第四，滑行姿势。双膝微弯，身体稍向前倾以保持重心。滑行速度越快，屈膝弯腰的幅度越大。标准的速滑姿势为双手自然背后(无摆臂的情况下)，背部与地面平行，大腿与小腿弯曲角度不大于120°。

第五，停止。以上述姿势滑行，双脚靠近保持平行，有刹车块的脚稍稍向前，使两脚距离相差约有半个脚，提起脚尖直到刹车块碰触到地面，然后慢慢将重心移到有刹车块的脚，增加压力，直到停下来。

(五) 轮滑的练习方法

轮滑是一项极易掌握的体育运动，任何人都能很快地学会。但对很多人来说，初次接触轮滑时，其心理上会产生一种畏惧感担心摔跤。其实，只要简单地掌握一些轮滑的方法和技巧，就能把这项运动变成乐趣。

初学轮滑者一定要有耐心，请记住以下禁忌：滑行前不做准备活动，不戴护具，滑行后立即喝水。初学时一定要注意培养正确姿势，滑行时腰、膝、踝关节保持自然弯曲，降低身体重心，身体失去平衡时要向下蹲。

平衡是掌握轮滑的基础，掌握平衡是非常重要的。初学者可以通过控轮练习慢慢地掌握平衡，控轮练习的目的就是尽快熟悉脚下的鞋和轮子，找到轮上的感觉，找到平衡。具体做法如下。

第一，原地错步。双腿自然弯曲保持重心，两脚一前一后错开，交错幅度视个人身高而定，两脚尖错开的距离以一肩宽为宜。两脚交错后两脚仍然保持平行，两脚尖朝前。身体保持原地不动，待重心稳定后两脚收回，换脚错开，要领同上。要点：每错开一步要等重心稳定后，即身体不再乱晃，方可收回再做下一步。

第二，原地高抬腿。首先将重心移至一条腿上，另一腿尽可能高地缓缓向上提膝，不要有滞空停留，缓缓落下。此过程中身体要始终保持正直，不可乱晃，待身体稳定后再换另一条腿抬起，要领同上。要点：循环过程中要始终保持身体正直不乱晃，抬腿落腿时尽可能慢，高度尽可能高。

第三，平行行走。首先向身体的一侧横向迈出该方向的一条腿，跨度视个人身高而定，以1.5倍的肩宽为宜。待身体稳定后向迈出的方向收回另一条腿，平行站立姿势站好。此过程要保持身体的稳定，不可前后乱晃。待身体稳定后再向同一方向走四步，要领同上。此方向走五步后，再向相反方向平行行走五步，要领同上。要点：每横向跨出一步，要待身体稳定后方可收回至平行站立姿势，平行站立站好稳定后方可再走下一步。循环过程中身体要始终保持正直稳定不乱晃。

1.标准速滑基础姿势

标准速滑基础姿势简称“静蹲姿势”。要点：两脚平行且两脚尖向前，两脚打开约一拳宽；膝盖弯曲下蹲，大腿与小腿角度为110°～120°，小腿与地面角度约60°～70°，膝盖之间的距离与脚保持同宽；弯腰俯身抬头向前，脊椎自然弯曲不僵直，保持背与地面平行，头抬起目视前方7～10米处地面；双臂自然背后。

2.重心转移的练习

重心转移是轮滑练习的最重要的一项，因为轮滑运动本身其实就是重心不断转移的过程。要点：静蹲姿势预备。先在保持身体原地不动的基础上，向身体的一侧横向蹬出该侧的腿，蹬出的腿要蹬直，此时一定要保持身体的重心完全放在没有蹬出去的那条腿上，且上身的姿势仍保持静蹲姿势不变。然后上身保持静蹲姿势不变的情况下向蹬出的腿的方向平行移动（切记两脚仍在原地保持不动），上身移动至蹬出的腿的上方，刚才的支撑腿就是现在的蹬出腿，平移的过程中从头至臀的轴线要始终保持朝向正前方，以静蹲姿势平移过去。如此循环练习，要领同上。要点：循环练习中上身要始终保持静蹲姿势,不可左右摇摆或忽高忽低;平移的过程中从头至臀的轴线要始终保持朝向正前方;每次重心转移必须将重心完全放在支撑腿上,待稳定后再做下步动作。

3.直线滑行

(1)分解直线滑行练习

静蹲姿势准备。先身体将重心转移至一条腿上,另一条腿用脚内侧向斜后方蹬地,蹬地后迅速收回至静蹲姿势自由滑行,此过程中上身始终保持静蹲姿势。接着重心转移至另一侧,换用另一条腿蹬地,左右如此往复练习,要领同上。要点:重心转移要到位,上身姿势要始终保持静蹲姿势。

(2)直线滑行练习

蹬出脚收回至静蹲姿势时不必再保持静蹲姿势自由滑行,而是一条腿蹬出收回后另一条腿马上再蹬出收回,如此循环练习,重心、姿势的要领和要点同分解直线滑行练习。

(3)直道滑行的摆臂动作

滑行过程中加入摆臂的动作的目的和陆地上跑步、走步摆臂的原理是一样的,都是为了更好地保持平衡以达到平稳加速的目的。

直线滑行时的摆臂:两臂用力一前一后摆动,摆幅高度为向前摆时手的高度不超过面部,以视线以下为佳;向后摆动时,手要从身体下面过,再向上摆动,手臂伸直,尽量向身体内侧收,不要太向外打,摆动高度为尽可能地向后摆的一个自由高度。

弯道时的摆臂:入弯时弯道内侧的手臂自然背后,外侧的手臂用力摆动以保持平衡。此时摆臂的幅度可稍减小。

4.弯道滑行

弯道滑行要克服的难点就是自身体重造成的离心力。由于弯道时的离心力,所以身体就要向弯道内侧倾斜。转弯半径越小的弯道,身体倾斜度就得越大,这就给一些胆子比较小的初学者带来了不小的难题。

(1)平行转弯

平行转弯是直线滑行的基本转弯。要点:入弯时两脚一前一后平行错开,弯道内侧的脚向前错,弯道外侧的脚向后错,然后身体重心向弯道内侧倒,同时身体头尾的纵轴线的朝向,也要跟着弯道转向,直至出弯后再收回两脚。要点:重心的倾斜和身体轴线的转向要同步,两脚错开的距离根据个人身高适当调整。

(2)弯道夹脚

弯道夹脚是标准速滑的转弯动作,它的特点就是利用弯道进行加速。平行转弯的过程是个减速的过程,但是弯道夹脚却是个加速的过程。所以,在速滑比赛中,运动员们都是利用狭小的弯道空间进行加速超过对手。要领:入弯时静蹲姿势,身体重心向弯道内侧倾斜,同时弯道外侧的脚向外侧蹬出,蹬出后收回至内侧脚的前面,此时两脚呈交叉状。切记外侧腿收回至内侧腿前面的同时,内侧腿要向外侧蹬出,这样等外侧腿收回后可直接收回内侧腿蹬出外侧腿。内侧腿收回后要放在身体重心的下方,以稳定重心,此时外侧腿已开始蹬出收回。如此往复练习,要领同上。要点:重心的倾斜和身体轴线的转向要同步;两脚蹬出收回要紧凑,两腿的蹬出都要发力,同时上身始终保持静蹲姿势;始终要保持一条腿蹬出时另一条腿已经收回,一只脚落地时,另一只脚已离开地面,一定要紧凑。

5.停止法

不少初学者学要面对的难题不仅是转弯,还有更重要的刹停。所谓刹停就是刹车停止。最基本的刹车就是"T"刹,它适用于一般的直线滑行的刹停。然而,急速的速滑选手需要进行减速之后再用一种叫"A"刹的刹车方式停止。刹停技巧如下。

(1)初级基本法

第一,绕障法。如果滑行的路两旁是草地等较软的东西的话,就直接滑到上面去。其表面能帮助减速,不过还是要小心速度的突然变化。若之前已经失控了,但至少摔的是草地,而不是路面。

第二,借助固定物体。这种停止其实很简单,可以向墙壁或任何合理的固定对象滑去,在接触它们的同时使用胳膊缓冲。当速度较低时,应该是相当安全的(在接触墙体的时候,记得转头,这样就不至于把脸撞到墙上了)。

鞋或许会也或许不会撞上墙壁,这取决于滑行的速度。关键点在于要学会用胳膊作缓冲(就像在站着做俯卧撑一样)。一种练习的方法是这样的:穿上鞋在离墙0.3~0.6米处站定。这样应该会有轻微的反弹,前提是要避免头和墙撞上。靠墙的速度越快,反弹的程度越小。另一种练习的方法是像撞球中球一样停止,把冲力转到其他人身上。为了安全起见,在接近对方时要大声提醒他。这种方法在平地和中低速的情况下很有效,但在高速时和身边没有熟悉的同伴时,不建议采用此法。

第三,借助风力。借助风力与其说是刹车方法,还不如说是一种控制速度的方法(虽然在大风天气情况下,借助风力也可以停下)。可以站立,充分伸展胳膊,想象着像一只鼓起的风帆。有必要的话,需要将身体向前微微倾斜,以加强风的力量。

第四,"V"字刹。低速滑行中,可以脚跟并拢呈"V"字(适用于倒溜),或脚尖并拢呈"V"字(适用于正溜),两鞋撞到一起后,使人停止。这可能会使人向滑行的方向摔倒(取决于当时的速度),因此要用向前倾斜身体或向后倾斜身体的动作来补偿,甚至可以让动作更夸张一点。两腿开列,超出肩宽,像前面一样在脚跟或脚尖方向上靠拢(这个动作不会使两鞋碰撞)。用腿力压内刃,这时减速会很有效果,也可运用于较高速的时候。

(2)中级刹车法

滑到草地的时候,可以让自己在草坪和地面间交替滑行,以此来控制速度。这种方法在下坡的时候很管用。如果要停下的话,那么一直在草地上就可以了。上草地时,双膝保持弯曲,一只脚是在另一只脚前面的。几乎所有重量都在首先接触草地的一脚上。绷紧前腿,它就好像是在为后面的跟随腿犁出一条道一样。很少重量是落在后面的跟进腿上的。放松肌肉,后面的腿起的作用只是稳定和保持平衡而已。这时,主导的腿要完成大多数的工作。

在从初级向中级成长的过程中,很多人其实都体会到了这点,仅从身体的动作来说,只是雕虫小技而已。难的部分是,要真的理解动作的作用和含义。

(3)高级刹车法

由轮子提供摩擦力,使滑行者停止。做动作时,一个脚拖后,它几乎处在一个和滑行脚成垂直的位置。双膝稍弯曲一点,在地面上拖拽后脚的轮子。做动作时,要强调一种概念,那就是拖拽的重点要放在脚跟上,而不是第一个轮子上。如果拖拽前轮太多,那只会让人转起来。整个过程中,身体重量主要放在那个保持滑行的(前)脚上。假如是在高速情况下,要注意只有给后面拖动的鞋加更大的压力,才能使人在短时间内停下。要切记此时身体重量的大部分还是放在前脚上的。

一种特别值得注意的现象是:“T”刹或任何一种用轮子拖拽来刹车的方法(如拖拽前轮),容易产生“被磨平的轮子”。如果在刹车的时候,轮子一点都不滚动,那么最后只能是一个结果,那就是轮子被磨平了。不圆的轮子将在很大程度上影响顺畅滑行。

脚刹,此动作基本上和“T”刹相似,和“T”刹相比,脚刹的好处是:它只磨损一个轮子,更加重要的是,它可以更好地在刹住时控制转向。就算在拖拽时,前轮仍在滚动,那也能让人停下来。因此,脚刹能让人在相当高速时停下。但是,由于它只采用一个前轮刹车,所以和脚刹刹车或“T”刹比,停止距离会更长些。

(六) 轮滑运动的注意事项

第一,练习轮滑前,应先做好准备活动,尤其是手腕和下肢各关节及韧带,要充分活动开。

第二,如有可能,应戴一些防护用具,如轮滑专用的护腕、护肘、护膝及头盔等。现在很多体育商店都有轮滑的专用护具。

第三,练习前要检查轮滑鞋的螺丝等紧固部件,以免滑行中因轮滑鞋出问题而受伤。

第四,初学者应在初学场内或规定范围内练习,或尽可能在人少的地方练习,不要任意滑行。初次学习轮滑时,最好有滑行熟练的同伴或辅导员进行辅导。

第五,禁止做危险或妨碍他人的动作,特别是在人多的公共轮滑场内。例如,几人拉手滑行,在速滑跑道上逆行或与大家滑行方向逆向,乱蹦乱跳,在场内横插乱窜,追逐打闹,突然停止等,这都是既妨碍他人,又容易发生危险的事情。如果在公路上滑行,那么更要注意交通安全,最好在人少车少的地方练习。

第六,学习轮滑时摔跤是不可避免的,但要学会在摔跤时做好自我保护。当要向前或向侧摔倒时,要主动屈膝下蹲,用双手撑地缓冲,减小摔倒的力量;当要向后摔倒时,也要主动屈膝下蹲,降低重心,尽量让臀部先坐下,并注意保护尾骨处,同时低头团身,避免头部向后仰磕地。摔倒时应尽量避免直臂单手撑地,否则很容易损伤手腕。

第七,患有严重疾病的人(如心脏病、高血压等)不宜参加激烈的轮滑活动。此外,饮酒后和过度疲劳的人也不宜参加轮滑活动。

参考文献
REFERENCES

[1]丛俊杰.高校健身健美运动现状研究[J].新教育时代电子杂志(教师版),2021(22):130-130.

[2]方国清,黄晓.中国传统武术健身学导读[M].杭州:浙江工商大学出版社,2016.

[3]宫彩燕.全民健身工程下的社会体育发展机制研究[M].北京:中国原子能出版社,2018.

[4]郭立三.全民健康推进中的大众体育健身需求与方法探索[M].北京:中国水利水电出版社,2019.

[5]韩超,郝君.体育发展促进全民健身的思考[M].长春:吉林大学出版社,2015.

[6]何仲涛.大众运动健身指南[M].北京:科学出版社,2020.

[7]李广东.全民健身推动健康中国建设的路径研究[J].当代体育科技,2021,11(21):210-212.

[8]李霖.基于健康生活视角下的全民健身研究[M].北京:人民体育出版社,2019.

[9]李秋初,吴素芬,陈志红.球类运动与健身[M].杭州:浙江大学出版社,2012.

[10]刘东鹏,刘革,赵兴东.体育科学健身与健康导论[M].哈尔滨:哈尔滨地图出版社,2017.

[11]刘芳,李田天,张蕊.全民健身背景下[M].长春:吉林文史出版社,2018.

[12]刘姿含.运动健身的三条主要原则[J].青春期健康(家庭文化),2017(12):38-39.

[13]卢文云，王兴宇，等.新农村建设背景下西部农村体育发展研究[M].成都：电子科技大学出版社，2012.

[14]苗国琳，田杰.基于全民健身的社区体育人才培养路径选择与优化[J].体育世界(学术版)，2019(10)：180-181.

[15]阮凌.体育保健与康复系统的建立与应用研究[M].北京：中国原子能出版社，2018.

[16]宋卉，刘华.健康管理概览[M].北京：中国轻工业出版社，2016.

[17]王德涛.田径运动健身价值与实践研究[M].北京：科学技术文献出版社，2018.

[18]王冬梅.全民健身理念解读与运动方法研究[M].北京：中国水利水电出版社，2016.

[19]王金花.健康中国与全民健身的融合发展研究[M].北京：北京理工大学出版社，2018.

[20]王金壮，王发昌.休闲体育与社会体育的发展[M].北京：中国戏剧出版社，2012.

[21]吴戈，马昆，李葳."健康中国"背景下健康教育融入学校体育教学的改革研究[J].体育视野，2020(12)：85-86.

[22]张国清.健康中国战略下的全民健身体系构建研究[M].北京：九州出版社，2017.

[23]张虎祥.体育文化与全民健身[M].北京：九州出版社，2018.

[24]张钧，何进胜.运动健康管理[M].上海：复旦大学出版社，2019.

[25]张雷.高校体育文化教育与全民健身研究[M].天津：天津科学技术出版社，2020.

[26]张彤.全民健身与全民健康融合研究[M].沈阳：辽海出版社，2018.

[27]张旭.体育文化与全民健身[M].长春：吉林文史出版社，2017.